इनसानियत के फरिश्ते

AF527761

इनसानियत के फरिश्ते

साधारण लोग, असाधारण मानव सेवा

Network 18 टीम

प्रभात पेपरबैक्स
प्रभात प्रकाशन
ISO 9001 : 2008 प्रकाशक का उद्यम
www.prabhatbooks.com

प्रकाशक

प्रभात पेपरबैक्स

4/19 आसफ अली रोड, नई दिल्ली–110002

फोन : 23289555 • 23289666 • 23289777 ❖ फैक्स : 23253233

इ–मेल : prabhatbooks@gmail.com ❖ वेब ठिकाना : www.prabhatbooks.com

संस्करण

प्रथम, 2014

सर्वाधिकार

सुरक्षित

अनुवाद

एन.एन. त्रिपाठी

मूल्य

एक सौ पच्चीस रुपए

अ.मा.पु.स. 978-93-5048-841-6

मुद्रक

भानु प्रिंटर्स, दिल्ली

———— ★ ————

INSANIYAT KE FARISHTE

Ed. Network 18 Team

Rs. 125.00

Published by **Prabhat Paperbacks** (A Division of Prabhat Prakashan)
4/19 Asaf Ali Road, New Delhi-2
by arrangement with TV 18 & Roli Books Pvt. Ltd

ISBN 978-93-5048-841-6

भूमिका

सकारात्मक और सतत तरीके से दूसरों के जीवन पर प्रभाव डालने तथा बदलाव लानेवाले कार्यों को करनेवाले साधारण पुरुषों और महिलाओं के उदाहरण योग्य प्रयासों से बढ़कर अधिक प्रेरणादायक कुछ भी नहीं है। जैसा कि ऑस्कर वाइल्ड ने इसी बात को कहा भी है, 'साधारण लोग दुनिया को इसका स्वरूप देते हैं, जबकि असाधारण लोग इसको इसका मूल्य देते हैं।' हमारे नायकों के परिवर्तनकारी कार्यों की तारीफ और उसमें भागीदारी हममें से बहुतों को उनके चरण-चिह्नों पर चलने के लिए प्रेरित करती है। रियल हीरोज की पहल से किसी के सपनों से गहरा भावनात्मक सरोकार रखते हुए दूसरों के समक्ष जरा हटके तथा स्थायी रूप से कुछ कर गुजरने के इनसानी जज्बे की विजय की खुशी मनाई जा रही है।

पूरी ताकत के साथ सबसे निचले स्तर पर काम करते तथा सृजन एवं सहानुभूति की शक्तियों को एकाकार करते हुए इन असली नायकों ने असंभव-से प्रतीत होनेवाले कार्यों को संभव कारनामों में बदल दिया। उन्होंने यह सिद्ध कर दिया कि इस दुनिया को बेहतर बनाने के लिए कृतसंकल्प लोगों को कोई रोक नहीं सकता। इन विकट पथ-अन्वेषकों ने स्वयं से यह वादा किया है कि वे उन लोगों के लिए जीवन पथ देकर रहेंगे जिनके लिए वे काम कर रहे हैं, भले ही उन्हें उनके इन कारनामों के लिए मान-प्रतिष्ठा एवं प्रचार-प्रसार न मिले।

इन नायकों ने अपनी जरूरतों से ऊपर उठकर दूसरों के लिए कुछ कर गुजरने के साहस का प्रदर्शन किया है। उन्होंने उन कठिनाइयों का सामना किया, जो असामान्य थीं। हम उन सब में एक ही तरह की प्यार की भावना का साक्षात्कार करते हैं कि दूसरों को खुश रखना, मलिन मुखमंडल पर मुसकान देखना और मर्यादित एवं प्रतिष्ठित जीवन जीने के लिए अनुभूति प्रदान करना। इन बहादुरों के कारनामों से एक महत्त्वपूर्ण संदेश मिलता है कि अदम्य इनसानी जज्बे की कोई सीमा नहीं होती।

रिलायंस इंडस्ट्रीज लिमिटेड को इस अद्वितीय पहल का हिस्सा बनकर अपार गर्व है। मैं सी.एन.एन. और आई.बी.एन. की टीम को बधाई देती हूँ कि उन्होंने इन अनजाने बहादुरों के जज्बे और उद्देश्य को कामयाबी के रूप में छायांकित करने तथा उनकी कहानियों को इस पुस्तक के रूप में प्रकाशित करने में सफलता प्राप्त की है। मैं आशा करती हूँ कि उनके इस प्रयास से सेवा की भावना जाग्रत् होगी और आर्थिक विकास तथा सामाजिक सद्भावना का नया संतुलन सृजित करने की क्षमता बृहदाकार होगी। मैं प्रार्थना करती हूँ कि परिवर्तन के इन उत्प्रेरकों के कारनामे हम सब में मौजूद अपने असली नायकत्व को पहचानने में पथ-प्रदर्शक का काम करेंगे।

शुभकामनाओं सहित

—नीता एम. अंबानी
अध्यक्ष, रिलायंस फाउंडेशन

दो शब्द

एक पत्रकार से, जिसे अमूमन गिलास आधा भरा हुआ दिखाई देता है, अकसर यह प्रश्न पूछा जाता है कि भारतीय पत्रकारिता का सकारात्मक पक्ष कब उजागर होगा? किंतु प्रश्न पूछनेवाला व्यक्ति जब भारत का सबसे अधिक अमीर और लाखों लोगों का आदर्श स्वयं मुकेश अंबानी हो तो प्रश्न पर गंभीरता से विचार करना पड़ता है। राष्ट्रपति भवन में एक समारोह-भोज के ऐसे अवसर पर असली नायकों के विचार का सूत्रपात हुआ। नकारात्मकता और दुःख-क्लेश के परिवेश में असली नायक सी.एन.एन. और आई.बी.एन. का रिलायंस इंडस्ट्रीज के लिए भागीदारी का प्रयास था, ताकि गुमनाम लोगों को भी शोहरत हासिल हो सके और जानी-मानी हस्तियों के परे विद्यमान एक भारत की प्रतिष्ठा में चार चाँद लगाए जा सकें।

लक्ष्य बिलकुल साफ था—हरेक वर्ष 24 असली नायकों की पहचान करना। मसलन ऐसे साधारण भारतीय स्त्री-पुरुषों का पता लगाना, जिन्होंने असाधारण कारनामों को निस्स्वार्थ सेवाभाव से अंजाम दिया था। मगर लक्ष्य के स्पष्ट होने के बावजूद यह काम आसान नहीं था। इसमें रोजमर्रा के कामों से हटकर काम करना था, जिससे कि इस विशाल देश के कोने-कोने से उन छुपे मोतियों का पता लगाया जा सके। हमने जो खोज की, उससे इन नायकों को खजाने के रूप में प्राप्त किया।

इस प्रकार महत्त्वाकांक्षाओं को प्रतिष्ठापित करनेवाले समाज में हमारी मुलाकात एन. कृष्णन से हुई, जो एक पाँच सितारा होटल के शेफ थे, जिन्होंने अपने शहर मदुरै के गरीब एवं असहाय लोगों के लिए दो जून की रोटी के जुगाड़ में अपनी नौकरी छोड़ दी।

जब कॉरपोरेट जगत् की लोलुपता के परिणाम-स्वरूप बाजार सबसे बुरी तरह लड़खड़ाकर गिरा था, उस समय निशीथ मेहता गुजरात भावनगर स्थित अपने कारखाने में केवल विकलांग लोगों को रोजगार मुहैया कराकर कॉरपोरेट जिम्मेदारी को नए सिरे से परिभाषित कर रहे थे।

हमारी मुलाकात पश्चिम बंगाल के मुर्शिदाबाद में रह रहे, पंद्रह साल के बाबर अली से हुई, जो एक अति विपन्न स्कूल चला रहे थे और दुनिया के सबसे कम उम्र के प्रधानाध्यापक थे।

सुभाषिनी मिस्त्री एक फल-विक्रेता थीं, जिन्होंने पक्के इरादे के बल पर कोलकाता के पास हुनसुकपुर में गरीबों के लिए मुफ्त के हॉस्पीटल की स्थापना की।

लद्दाख में हम हकीकत के फुनसुक वांग्दू सोनम वांगचुक से मिले, जिन्होंने 'थ्री इडियट' फिल्म में आमिर खान के चरित्र को प्रेरणा दी थी।

ये कुछेक उदाहरण हैं। इस पुस्तक में आपका सामना 48 असली हीरो (नायकों) से होगा। इनमें से हरेक हीरो एक ऐसे भारत का दिग्दर्शन कराता है, जिससे हजारों लोगों को आशा और प्रेरणा प्राप्त होती है। हमने असली नायकों को कई भागों में विभाजित किया है—जैसे कि ग्रामीण विकास, महिलाएँ एवं बच्चे, स्वास्थ्य, सामाजिक कल्याण, पर्यावरण एवं युवा नायक। इन सबको जो चीज एकजुट रखती है, वह है बेहतर समाज की खातिर प्रज्वलित इच्छा-शक्ति एवं दीप-शिखाओं को सुशोभित किए बिना अपने इरादों को प्राप्त करने की उनकी ताकत।

इसके बावजूद ये गुमनाम भारतीय परिवर्तन के कारक बनने की अपनी साहस और प्रतिबद्धता को लेकर हमारे साथ एकमेव हो जाते हैं। मुझे अब भी वह पहला साल याद है, जब हमने उन्हें सम्मानित करने के लिए मुंबई में एक समारोह का आयोजन किया था। उनमें से कइयों के लिए पाँच सितारा होटलों की तो बात ही छोड़ दें, इस महानगर में आने का उनका पहला मौका था। नीता और मुकेश अंबानी, आमिर खान, सुनील गावस्कर सरीखे लोगों से वे पहली दफा सम्मान प्राप्त कर रहे थे। सामने जो दर्शक थे, उनमें इस महानगर की जानी-मानी हस्तियाँ थीं। इसके बावजूद हमारे वास्तविक नायकों में से कोई भी नायक इस अवसर पर भयभीत नहीं हुआ। इसके उलट, वे अपनी-अपनी कहानियाँ मंच पर सुनाते रहे। उनकी उपस्थिति एवं भाव-भंगिमा में झलक रहे उनके स्वाभिमान और आत्मविश्वास से दर्शक-दीर्घा में उपस्थित लोग भाव-विभोर हो रहे थे। कई लोगों की आँखें नम हो गईं। वास्तव में वे अपने को छोटा महसूस कर रहे थे। उन्हीं में से एक ने, जो उत्तराखंड के किसान उद्यमी थे, मुकेश भाई के साथ कारोबारी भागीदारी करने का प्रस्ताव तक दे डाला।

आज रियल हीरोज मात्र एक टेलीविजन धारावाहिक नहीं, यह सी.एन.एन. और आई.बी.एन. में हम सबके लिए पैशन बन चुका है। एक ऐसा अवसर, जो भारत और इंडिया को सकारात्मक ऊर्जा की भावना से जोड़ेगा। हमारी वेबसाइट

एक ऐसा मंच बन चुकी है, जो इन अद्‌भुत लोगों को एक साथ लाने का मंच प्रदान करती है और समाज में बदलाव लाने के लिए एक आंदोलन का सृजन करती है।

प्रस्तुत पुस्तक उसी प्रक्रिया का एक भाग है। हमारी महत्त्वाकांक्षा सिर्फ एक है—वह है कि इन रियल हीरोज की कहानियों से हजारों भारतीयों को प्रेरणा मिले, ताकि भारत को रहने के लिए एक बेहतर देश बनाने के उनके आत्मविश्वास को बल मिल सके।

—राजदीप सरदेसाई

प्रधान संपादक

CNN-IBN, IBN7 एवं IBN-Lokmat

संपादकीय टिप्पणी

इस पुस्तक का संकलन रियल हीरोज के निर्माताओं रितु कुमार, वैशाली सूद और त्रिदीप के. मंडल की मेहनत का परिणाम है, जो शुरू से ही इस कार्यक्रम और इस पुस्तक से जुड़े रहे हैं। यह भिन्न-भिन्न रिपोर्टरों के माध्यम से प्राप्त स्टोरी थीं, जिनके संकलन का सवाल ही नहीं था। मूल रिपोर्टरों में से कुछेक ने कंपनी को छोड़ दिया और अपने नए कार्यभार को सँभालते हुए अपनी कहानियों को लिखने के लिए समय निकालना पड़ा।

यह दरअसल टेलीविजन के लिए लिखी गई कहानियों का अनुवाद करने का भी प्रयास है, जो शब्दों के प्रयोग से और अधिक प्रभावशाली हो चुकी हैं। जैसा कि आशा थी, कुछ रिपोर्टर समय पर काम नहीं कर पाए और मजबूर होकर निर्माताओं को उनके बदले कुछेक 20 कहानियाँ लिखनी पड़ीं। यह भी तय किया गया कि हम हरेक कहानी की पोस्ट स्क्रिप्ट भी लिखेंगे, जिनसे सम्मानित किए जाने से लेकर हमारे असली नायकों के जीवन-चरित्र को अद्यतन बनाया जाएगा। इसका सीधा मतलब यह था कि सभी 48 कहानियों की पृष्ठभूमि का सिलसिलेवार पता लगाना और उनके किरदारों से मिलने का समय माँगना।

हम निर्माताओं के लिए यह शो और पुस्तक दोनों ही सूचनाओं को मात्र एक-दूसरे से जोड़ने से अधिक मायने रखते हैं। असली नायकों से मिलना और उनके साथ बातचीत करना व्यक्तिगत रूप से सम्मानजनक बात रही है और यह पुस्तक उनके असाधारण कारनामों को सम्मानित करने का हमारा एक छोटा प्रयास भर है।

अनुक्रम

अंजिना राजागोपाल

मातृत्व की डोर

भारत में सड़कों व गलियों से गुजरते वक्त ऐसा अमूमन देखने को मिल जाता है। ऐसा केवल अंजिना राजागोपाल के साथ ही नहीं हुआ था। एक जाने-माने समाचार-पत्र में स्टेनोटाइपिस्ट के रूप में काम कर रही नोएडा की रहनेवाली राजागोपाल रोज की तरह एक शाम कार्यालय से अपने घर लौट रही थीं, तभी उन्होंने देखा कि एक फल विक्रेता अपने अपाहिज बच्चे को बुरी तरह पीट रहा था। उन्होंने उसे रोका और उस लड़के को पीटने की वजह पूछी। फल बेचनेवाले ने उत्तर दिया, 'वह पागल लड़का है।' गरमागरम बहस होने लगी, जिसके बाद अंत में राजागोपाल को उस लड़के को अपने घर ले जाना पड़ गया। यह वर्ष 1990 की बात है। जो भी हो, यह घटना एक मानव कल्याण के मिशन की शुरुआत थी, जो आज फैलकर राजागोपाल की सोच से काफी आगे जा चुकी है। आज वे इस तरह के 40 बच्चों की देखभाल करती हैं, उनमें से सभी परित्यक्त व बेघर हैं। कुछ बच्चे पास की झोंपड़पट्टियों के हैं तथा बाकियों को लोग उनके दरवाजे पर छोड़कर चले गए हैं। उन्होंने उन सबको एक आरामदेह घर में रखा है और आज उन सबकी रक्षक और माँ के रूप में पहचानी जाती हैं।

यह एक टूटा-फूटा एवं जर्जर घर है, जिसे उन्होंने 'साईं कृपा' नाम दे रखा है, किंतु आम घरों में जो आशा, खुशी झलकती है, वह इस घर में शायद ही कभी देखने को मिलती है। बच्चों और माँ के बीच का वह दुर्लभ संबंध भी यहाँ देखने को नहीं मिलता है। कुछ बच्चों का दरअसल जन्म ही 'साईं कृपा' में हुआ है। अक्षय ऐसा ही एक लड़का है। उसकी पागल माँ को गर्भावस्था के अंतिम दिनों के दौरान इस 'साईं कृपा' में लाया गया। ''बच्चे फिल्म कलाकार अक्षय कुमार के फैन थे, अतः उन्होंने इस बच्चे का नाम अक्षय रखा,'' राजागोपाल हँसते हुए कहती हैं। लेकिन इस हँसी के पीछे कई वर्षों के पसीने का दर्द छिपा है, जिसे इस

घर को चलाने में बहाया गया है।

शुरू-शुरू के दिन तो बहुत ही चुनौतीपूर्ण थे। राजागोपाल अपने भाई और दो अन्य छोड़े गए बच्चों के भरण-पोषण के साथ समाचार-पत्र में काम करते हुए बड़ी मुश्किल से उनकी देखभाल कर पा रही थीं। जो भी हो, उनके कल्याण-कार्य के बारे में बात फैल गई और आस-पड़ोस के लोग चावल, गेहूँ, सब्जियों का दान लेकर आने लगे। धीरे-धीरे सरकारी दान भी मिलने लगा, जिससे 40 बच्चों का पालन-पोषण चलने लगा।

जिंदादिल, स्नेहमयी, हिम्मती, 58 वर्षीय राजागोपाल किशोर बच्चों के साथ नरमी एवं धैर्य से पेश आती हैं और छोटे-छोटे बच्चे उन पर खेलते-इठलाते रहते हैं। उनका वास्ता हर तरह के बच्चों से पड़ा है "अर्जुन आठ वर्ष की आयु में एक झोंपड़पट्टी से आया था। वह बहुत गाली देता था और मैं घबरा गई थी कि इसका दूसरे बच्चों पर गलत असर पड़ेगा।" याद करते हुए राजागोपाल कहती हैं। उन्होंने अर्जुन पर विशेष ध्यान दिया और आज वह काफी बदल गया है और उन्हें 'मैम' कहता है। राजागोपाल इन बच्चों को अच्छा नागरिक और मनुष्य बनाने के लिए कृतसंकल्प हैं। राजू को उसके दादा-दादी उनके दरवाजे पर तब छोड़कर चले गए थे, जब उसकी उम्र सिर्फ 12 वर्ष थी। आज बड़ा होकर वह एक मॉल में सेल्समैन का काम कर रहा है। अपने खाली समय में वह 'साईं-कृपा' के बच्चों के लिए खाना पकाता है।

लड़कियों की परवरिश एवं पालन-पोषण बहुत कठिन काम था। वे स्वीकार करती हैं कि लड़कियों के साथ बहुत संवेदनशील होना पड़ता है। उदाहरण के लिए 22 वर्ष की रितु अपने बचपन में बड़ी दबंग थी। राजागोपाल ने उसे स्कूल भेजा, जहाँ से अपनी दबंगई को लेकर उसे कई बार वापस घर भेज दिया गया। रितु के साथ अनगिनत परामर्श करने के बाद राजागोपाल ने उसे अपने व्यवहार में बदलाव लाने के लिए मना लिया। आज रितु बहुत ही सुशील लड़की है। उसकी अच्छी-भली नौकरी है और एक बेटी भी है और अब वह अपने घर में जा चुकी है। उसने 'साईं कृपा' में रहते हुए जो शिक्षा ग्रहण की उसे भूली नहीं है। कुछ सप्ताह बीतने पर वह अपने बच्चे को लेकर यहाँ आती है, "ताकि वह अपनी दादी के साथ खेल सके," रितु कहती है।

दूसरे बाल गृहों की तरह राजागोपाल के केंद्र में गोद लेने को लेकर कुछ अलग बाते हैं। "मैं इन बच्चों से काफी घुल-मिल जाती हूँ और उसके बाद लोग आते हैं और पूछते हैं, क्या आपके पास कोई ऐसा लड़का है, जो देखने में सुंदर हो

और उसके माँ-बाप भी अच्छे रहे हों? मुझे बहुत बुरा लगता है। यदि किसी व्यक्ति को बच्चा ही चाहिए तो उसे इन बातों को लेकर परेशान होने की क्या आवश्यकता है। यह तो उसी तरह से हुआ कि बाजार से आप कोई सौदा ले रहे हों।'' वे गुस्से में कहती हैं। आज उनके प्रयासों को 'क्राई' और अन्य कॉरपोरेट दानदाताओं द्वारा सहायता दी जा रही है, किंतु वे कोशिश में हैं कि उनके कार्यक्षेत्र एवं गतिविधियों का विस्तार हो। वे अविवाहित हैं और उनका अपना कोई बच्चा नहीं हैं, किंतु जब आपके पास 40 बच्चे देखभाल के लिए हों और बहुतों का आशीर्वाद हो तो क्या किसी तरह का अफसोस हो सकता है? अंजिना राजागोपाल को निश्चित रूप से कोई अफसोस नहीं है।

नोट : वर्ष 2009 में 'रियल हीरोज पुरस्कार' के बाद अंजिना राजगोपाल ने 'साईं कृपा' के पास विकलांग बच्चों के लिए एक स्कूल खोलकर अपना दूसरा सपना पूरा किया है।

❑

सी.एन.एन. और आई.बी.एन. संवाददाता सरयू महाजन की संवेदनशीलता का परिणाम है कि अंजिना राजागोपाल की त्याग एवं निस्स्वार्थ सेवा की इस कहानी को जीवंत बनाया जा सका। इसकी जनवरी 2009 में नोएडा में शूटिंग की गई।

अंशु गुप्ता

गूँज की पुकार

यह एक स्थानीय अखबार में छपी छोटी सी खबर थी। बहुतों ने उसे अनदेखा कर दिया होगा, लेकिन अंशु गुप्ता की नजरों से वह नहीं बची। यह खबर फिरोजाबाद की एक महिला के बारे में थी, जिसके पास उसकी रजोनिवृत्ति के दौरान इस्तेमाल के लिए सैनिटरी नैपकिन तो दूर, साफ कपड़े का एक टुकड़ा तक नहीं होता था और अभाव में उसने अपने पुराने ब्लाउज का इस्तेमाल कर लिया था, जिसमें जंग लगे हुक लगे हुए थे। उसे टिटनेस हो गया और कुछ दिनों बाद वह चल बसी। गुप्ता इस घटना से इस कदर दयार्द्र और विचलित हुए कि उन्होंने अपनी आरामदायक कॉरपोरेट की नौकरी छोड़ दी और वर्ष 1998 में एक एन.जी.ओ. 'गूँज' की शुरुआत कर दी। उनका उद्देश्य था—किसी भी महिला को उसके मासिक धर्म के दौरान साफ कपड़ा प्राप्त कर पाने में कठिनाई नहीं होनी चाहिए और उसे किसी तरह के संक्रमण का शिकार नहीं होना चाहिए। उन्होंने देश के विभिन्न हिस्सों में इस्तेमाल किए हुए खराब कपड़ों को एकत्र करने के लिए कलेक्शन सेंटरों की स्थापना की। उन्होंने दिल्ली में एक छोटी जगह की तलाश की, जहाँ उन्होंने सैनिटरी नैपकिन बनाने के लिए महिलाओं को कपड़े धोने, साफ करने, आइरन करने और अंत में उन्हें सैनिटरी नैपकिन के रूप में सिलने का काम दिया। वे कहते हैं, "हमारे पास इतना सारा वेस्ट क्लॉथ है और वह बहुत बड़ा संसाधन बन सकता है। इसके कुछ भाग को तत्काल सैनिटरी नैपकिन में बदला जा सकता है।"

हालाँकि कपड़े एकत्र करना और उनसे उत्पाद बनाना एक चुनौतीपूर्ण काम था, किंतु उससे भी बड़ी कठिनाई महिलाओं को उन्हें अपनाने और इस काम के लिए राजी करने की थी, जो समाज में वर्जना मानी जाती है। गाँव-गाँव के लोगों का अपमान और उनका विरोध झेलना पड़ा; किंतु उन्होंने धैर्य नहीं छोड़ा। उन्हें

मालूम था कि लोगों को शिक्षित करने से ही स्वीकार्यता बढ़ेगी। धीरे-धीरे उन्होंने इस बाधा को दूर करने में सफलता प्राप्त कर ही ली और जो परिणाम प्राप्त हुए, आज सामने हैं। मुजफ्फरनगर के पास एक गाँव में रंग-बिरंगी साड़ी पहने हँसती-फुसफुसाती महिलाओं के बीच गुप्ता खड़े होते हैं और उनसे बातचीत करते हैं। वे पूछते हैं, ''मासिक धर्म शुरू होने पर शुरू के चार दिन तुम लोग क्या चीज इस्तेमाल करती हो?'' वे आगे कहते हैं, ''इसमें शरमाने की कोई जरूरत नहीं, यह पूरी तरह प्राकृतिक कार्य है।'' यह आश्चर्य की बात है कि महिलाएँ अपने मासिक धर्म के बारे में किसी पुरुष से बात करते समय न शरमाएँ! वे बताती हैं कि उस दौरान उन्हें साफ कपड़ा नहीं मिल पाता कि सैनिटरी नैपकीन की जगह उसका इस्तेमाल करें।

वे उन्हें गंदे और खराब कपड़ों का इस्तेमाल करने के खतरे के प्रति आगाह करते हैं और उनके समूह के लोग उनकी फैक्टरी में बने नैपकीन को उनमें बाँटते हैं। वे कहते हैं, ''यही उनका मुख्य लक्ष्य है कि वे उन्हें समझा सकें कि मासिक धर्म का होना कोई वर्जित विषय नहीं है। यह स्वाभाविक प्राकृतिक घटना है।''

वे इस अभियान में इतने दिनों से लगे हुए हैं कि गाँववाले उन्हें अब 'नैपिकन मैन' के नाम से पुकारते हैं। जो भी हो, जो मामला उन्होंने उठाया है, वह बहुत गंभीर है। ग्रामीण क्षेत्रों में तो मासिक आने पर महिलाएँ जूट बैगों, भूसे, यहाँ तक कि प्लास्टिक की बोरियाँ का इस्तेमाल करती हैं, क्योंकि उनके पास साफ कपड़ा उपलब्ध होता ही नहीं है। उदाहरण के लिए, एक लड़की सीमा, जो कहती है कि इस दौरान वह अपने पापा के पुराने पाजामे के कपड़े का इस्तेमाल करती थी। वह 'गूँज' का आभार व्यक्त करती है कि वे लोग मुफ्त में सैनिटरी नैपकिन दे रहे हैं।

इसके अलावा 'गूँज' केवल स्वास्थ्य और साफ-सफाई के बारे में ही नहीं है, इससे लोगों में आत्मनिर्भरता भी आई है। गुप्ता की दिल्ली की इकाई में 100 महिलाएँ काम करती हैं, किंतु यहाँ भी काम के साथ जुड़े दाग को तोड़ने के लिए संघर्ष करना पड़ रहा है। ''लोग उनसे कहा करते थे कि वे वह नौकरी करने जा रही हैं, जो कबाड़ी के काम से भी खराब है, क्योंकि इसमें फटे-पुराने और बेकार के कपड़ों की काँट-छाँट का बेकार का काम है। महिलाओं के लिए यह बहुत कठिनाई का दौर होता था।'' अंशु कहते हैं। आज उनके कारखाने में हँसी की आवाज आती है, क्योंकि महिलाएँ खुशी-खुशी कपड़े छाँटती हैं और उनकी सिलाई होती है। उन्हें अब किसी बात का आश्चर्य नहीं होता, बल्कि उनके काम के लिए अब प्रशंसा ही की जाती है।

गुप्ता का प्रयास अद्वितीय है। वे दूसरे लोगों के उलट स्पष्ट दृष्टिकोणवाले शख्स हैं। वे उन मुद्दों के बारे में सोचते हैं, जिन पर आमतौर पर लोग ध्यान नहीं देते लेकिन जिन्हें शहरी क्षेत्रों में भी काफी संवेदनशील माना जाता है। उनका अनुसरण करते हुए दूसरे संगठनों ने भी उसी तरह की परियोजनाओं पर काम करना शुरू कर दिया है और गुप्ता को यह सब देखकर बड़ी प्रसन्नता होती है। वे उत्सुक होकर कहते हैं, "मेरा उद्देश्य एक आंदोलन फैलाना था। मैं चाहता हूँ, देश भर के लोग इसकी नकल करें।" गुप्ता ने अपने काम की शुरुआत सिर्फ 67 कपड़ों के टुकड़ों की मदद से नई दिल्ली में एक छोटे से कमरे से की। आज 'गूँज' लगभग 2,000 कि.ग्रा. कपड़ा प्रत्येक महीने उठाती है। गुप्ता ने दिल्ली, मुंबई, पुणे, चंडीगढ़, बिहार, कोलकाता, बंगलौर, चेन्नई, हैदराबाद और जालंधर में कलेक्शन सेंटर खोल रखे हैं। इसके अलावा उनकी यूनिटों ने सैनिटरी नैपकिन बनाने से भी आगे बढ़कर काम करना शुरू कर दिया। जो भी कपड़ा कारखाने में आता है, उसके कतरे-कतरे का अच्छा इस्तेमाल किया जाता है। रजाइयों से लेकर कंबल तथा बैग से पर्स तक हरेक वस्तु का यहाँ उत्पादन किया जाता है। देश में संकट की घड़ी आने पर उनका दल दिन-रात काम करता है। लेह में बादल फटने की आपदा के दौरान तथा उत्तरी भारत में बाढ़ के दौरान दान के माध्यम से उनका कपड़ा एकत्र करने का अभियान और भी तेज हो गया था और प्रभावित क्षेत्रों के दूर-दराज के इलाकों में वितरण चैनलों की स्थापना की गई थी। वे अपने इस अभियान को 'वस्त्र सम्मान' के नाम से पुकारते हैं।

अंशु गुप्ता की चाहत कभी एक लेखक बनने की थी। आज उन्होंने एक अनूठी और प्रेरणादायक कहानी गढ़ी है। 'वस्त्र सम्मान' के लिए कपड़े के किसी भी टुकड़े को बरबाद नहीं होने दिया जाता और एक-एक कतरे से आसन, कंबल यहाँ तक कि अधोवस्त्र आदि बना लिये जाते हैं। इन्हें या तो बिना किसी लागत के वितरित किया जाता है या बाजार में बेच दिया जाता है और जो आमदनी इस बिक्री से मिलती है, उसे वापस अभियान के काम में ही लगा दिया जाता है। ये लोग पुरानी किताबें, साइकिलें, खेल का सामान, पत्र-पत्रिकाएँ, रेनकोट और छाते आदि भी एकत्र करते हैं और स्कूलों में गरीब छात्रों में बाँट देते हैं। उनका उद्देश्य शहरी क्षेत्र के स्कूलों के बच्चों को उनके ग्रामीण भाइयों की जरूरतों के प्रति संवेदनशील बनाना है। उनके इस समेकित प्रयास की वजह से ग्रामीण तमिलनाडु के तीन स्कूलों के 500 छात्रों को यूनिफॉर्म पहनना मयस्सर हो रहा है और पॉलीथिन बैग की जगह उन्हें स्कूल बैग में पुस्तकें ले जाने की सुविधा मिल रही है। नागनी,

उत्तराखंड के दो स्कूलों में जाड़े में ठंड से मुकाबला करने के लिए बच्चों के पास स्वेटर और कोट उपलब्ध हैं।

नोट : बिहार बाढ़ राहत कार्य के अपने भाग के रूप में 'गूँज' ने 1,500 टन सामान भेजा। अंशु गुप्ता कहते हैं कि वर्ष 2009 में 'रियल हीरोज पुरस्कार' प्राप्त करने के बाद उनके काम में उल्लेखनीय रूप से तेजी आई है। अधिक-से-अधिक गैर-सरकारी संगठन उनके मॉडल की नकल कर रहे है। उनकी यूनिटों में लगभग दो लाख सैनिटरी नैपकिन हरेक माह तैयार होते हैं। केंद्र सरकार नीतिगत शुरुआत के रूप में इस कार्यक्रम को 21 राज्यों में ले जाने की तैयारी कर रही है।

❑

संभवत: इस कहानी के साथ केवल कोई महिला ही न्याय कर सकती थी और सरयू महाजन ने ऐसा ही किया। यह एक बहुत जटिल कहानी है, जिसमें यह बताया गया है कि एक आदमी किसी औरत की इस निहायत जरूरी आवश्यकता को कैसे पूरा कर पाएगा। इस कहानी की शूटिंग उत्तर प्रदेश के गाँवों और जनवरी 2009 में दिल्ली में अंशु गुप्ता के केंद्र पर की गई थी।

अंसॉन थॉमस

ईश्वरीय कार्य को करते हुए

सूनी ताकती आँखें, सूखे होंठ, लंबे बिखरे बाल और बदन को फटे वस्त्रों से ढँके एक औरत। यह मुंबई के सबसे पुराने और एशिया के सबसे बड़े वेश्या क्षेत्र कमाठीपुरा का प्रवेश-द्वार है। यह उन हजारों यौनकर्मी महिलाओं का घर और उनके देह-व्यापार की जगह है, जहाँ कुछ स्वयं ही और अधिकांशतः खरीद-फरोख्त के जरिए इस पेशे से जुड़ गई हैं। बिना नाम-पते के ये चेहरे हर रात बिक्री के लिए सज-सँवर जाते हैं। सँकरी और मैली-कुचैली गलियों में जहाँ गैर-कानूनी देह व्यापार धड़ल्ले से किया जाता है, आपको एक लंबा साँवले रंग का आदमी हाथ में बाइबिल लिये मिल सकता है। वह पूरे विश्वास के साथ कमाठीपुरा की गलियों में आता-जाता दिख सकता है। कुछ यौनकर्मी आगे बढ़कर उसका स्वागत भी करती हैं। यह यहाँ का जाना-माना आदमी है, जिसका नाम अंसॉन थॉमस है और पिछले अठारह वर्षों से वह यहाँ आता रहा है। उसका लक्ष्य उपदेश देना अथवा धर्म-परिवर्तन कराना नहीं है बल्कि उन यौनकर्मियों को बचाना है, जिन्हें उनकी इच्छा के खिलाफ यहाँ लाया गया है, चाहे वह बलपूर्वक हो या धमकी देकर या बहला-फुसलाकर।

थॉमस इस मिशन से उस वक्त जुड़े जब वे इसी तरह के एक दूसरे मिशन पर काम कर रहे थे, जिसमें यह देखना था कि यौन कर्मियों के बच्चे अपनी माँ के कदम पर न चल दें और इसके लिए उन्हें खेल सिखाने का उनका काम था। कस्टम अफसर और हॉकी के खिलाड़ी थॉमस को यौन कर्मियों की दुर्दशा के बारे में जानकारी तब हुई जब वे उनके बच्चों को खेल-कूद सिखा रहे थे। छोटी लड़कियों की स्मगलिंग करके उन्हें भूगत कोठरियों में बंद करना, उन्हें टार्चर करना और गाली देना आम बात थी।

एक रात उन्होंने एक ग्राहक का वेश बनाया और एक वेश्यागृह के अंदर चले

गए, जहाँ पर लड़कियों को बंद करके रखा गया था। इस घटना ने उनके जीवन की दिशा बदल दी। उन्होंने छुड़ाने की कीमत अदा की और एक औरत के पास बैठकर घंटों उसकी दर्द भरी दास्तान सुनते रहे। उन्होंने उसे ढाढ़स बँधाया कि वे उसे कमाठीपुरा से बाहर निकाल देंगे और वैसा ही किया। यह शुरुआत भर थी। आज थॉमस 650 से अधिक यौन कर्मियों के रक्षक हैं, जिन्हें उन्होंने अकेले ही कमाठीपुरा की गंदी गलियों से बचाया है।

दूसरे रेड लाइट एरिया की तरह यहाँ भी स्थानीय पुलिस और वेश्यागृह मालिकों की मिली-भगत होती है, पुलिस उन्हें नजरअंदाज करने के लिए उनसे पैसा लेती है। थॉमस का अपना काम बीच में ही गड़बड़ हो जाता था, जब वे बंदी बनाकर रखी गईं और यौन कर्मियों और वेश्यागृह के ठिकानों के बारे में पुलिस को जानकारी देते थे। वेश्यागृह के मालिकों और लड़कियों को शिफ्ट करा दिया जाता था। सीनियर अफसरों से संपर्क के बाद ही छापे मारे जा सके और कुछ लड़कियों को बचाया जा सका, जो उन दलालों के डर के मारे भाग जाने के बारे में सोच भी नहीं सकती थीं; क्योंकि वे उन्हें बुरी तरह मारते थे। थॉमस को कई बार जान से मारने की धमकियाँ और चेतावनियाँ मिलीं। एक बार तो दलालों ने कमाठीपुरा में हाथ में तलवार लेकर लगभग एक घंटे तक उनका पीछा किया, किंतु संयोग से सँकरी गलियों से भागते हुए वे बच निकले। इन सबके बावजूद उन्होंने धैर्य नहीं छोड़ा।

थॉमस का काम छापा मरवाने और बचा लेने तक ही सीमित नहीं रहा। वे बचाई गई इन औरतों को रिमांड होम में आश्रय भी देते हैं, उनके मामले लड़ते हैं और यह सुनिश्चित करते हैं कि उनमें से कुछ अपने घरों को लौट जाएँ, जबकि दूसरी लड़कियों-महिलाओं के लिए उनके सिर पर छत का इंतजाम करते हैं। उनकी लड़ाई सिर्फ इस धंधे को बंद कराना नहीं है, बल्कि इन औरतों को समाज की मुख्य धारा के साथ जोड़ना भी है। वे उन्हें 'सिस्टर' कहकर बुलाए जाने पर जोर देते हैं, न कि वेश्या या यौनकर्मी। बिंदू इसी तरह की एक सिस्टर है, जो कभी कमाठीपुरा में यौनकर्मी थी। आज वह शादीशुदा और दो बच्चों की माँ है। वह अपने इस जीवन का सारा श्रेय थॉमस को देती है।

थॉमस ने अपनी नौकरी से रिटायर होने की उम्र से पहले ही सेवानिवृत्ति ले ली है, ताकि वे अपना सारा समय इस काम में लगा सकें। उन्हें इसके लिए ताकत उस बाइबिल से प्राप्त होती है, जिसे वे हमेशा हाथ में लिए रहते हैं। उन्हें विश्वास है कि वे ईश्वर द्वारा बताए गए काम को कर रहे हैं। उनका एक निश्चित लक्ष्य है।

उनके ही शब्दों में वह है—"समूचे रेड लाइट एरिया को बदलकर ग्रीन लाइट एरिया कर देना।"

नोट : वर्ष 2009 में 'रियल हीरोज पुरस्कार' प्राप्त करने के बाद अंसॉन थॉमस ने अपना पूरा समय लड़कियों को वेश्यावृत्ति से बचाने में लगा दिया है। दरअसल, उन्होंने पुरस्कार की समूची राशि बिंदू को दे दी, जिसे उन्होंने बचाया था। दूसरे एन.जी.ओ. और पुलिस की मदद से उन्होंने महाराष्ट्र में कुछ बड़े वेश्यागृह मालिकों के खिलाफ बड़े छापे डलवाने में मदद की है।

❑

जनवरी 2009 में मुंबई के रेडलाइट एरिया में इस कहानी की शूटिंग सी.एन.एन.-आई.बी.एन. संवाददाता उर्मि साहनी के लिए बहुत कठिन थी। कैमरा देखकर यौनकर्मी और दलाल भड़क उठते थे और हिंसक हो जाते थे अथवा वे शूटिंग कराने से परहेज करते थे।

अनिल जोशी

जीवन-सशक्तिकरण

कभी-कभार प्राचीन ज्ञान की बातों में आधुनिक जीवन की जटिल समस्याओं का समाधान मिल जाता है, जिसमें विकास प्रकृति के साथ सतत रूप से विद्यमान होता है। हिमालय के पहाड़ व उसकी वादियाँ ऐसे ज्ञान के विशाल भंडार हैं, जो पीढ़ी-दर-पीढ़ी चले आ रहे हैं। डॉ. अनिल जोशी, जिन्हें प्यार से 'माउंटेन मैन' कहा जाता है, इसे व्यावहारिक इस्तेमाल में ला रहे हैं। उत्तराखंड में शिवालिक पहाड़ियों पर स्थित कोटद्वार गवर्नमेंट कॉलेज के विश्वास से परे वनस्पतिशास्त्र के इस प्रोफेसर ने इस क्षेत्र के प्राचीन ज्ञान का इस्तेमाल न केवल यहाँ के हजारों गाँवों को आत्मनिर्भर बनाने में किया है, बल्कि इससे वहाँ की मौजूदा पर्यावरण प्रणाली को बरबाद किए बिना संपन्नता लाई जा सकी है। सन् 1986 में जब वे मात्र 29 साल के थे तो उन्होंने समाप्त हो रहे परंपरागत यंत्र, जिसे 'घरट' कहते हैं, के साथ एक प्रयोग किया। यह एक तरह का स्थानीय वाटर मिल था, जिसका प्रयोग अनाज पीसने के लिए किया जाता था। वे कोई इंजीनियर नहीं थे कि उन्हें इस बात की पर्याप्त जानकारी हो कि कुछ बदलाव के साथ इसका उपयोग बिजली पैदा करने में किया जा सकता है। जोशी का कहना है, वह आधारभूत सिद्धांत, जिस पर ये 'घरट' काम करते हैं वही है जो हाइड्रो-इलेक्ट्रिक परियोजनाओं में विद्युत् उत्पादन के लिए होता है।

उन्होंने काम करनेवाले ग्रेन मिलों में संशोधन किया और इससे 5-10 किलो वाट बिजली का उत्पादन करना शुरू किया; और अच्छी बात यह रही कि इससे स्थानीय संसाधनों अथवा पर्यावरण पर कोई अतिरिक्त दबाव भी नहीं पड़ा।

जो पहल एक गाँव में प्रयोग के तौर पर शुरू हुई, वह शीघ्र ही आस-पास के गाँवों में फैल गई। उनके इस अग्रणी प्रयास के कारण उत्तरांचल में गढ़वाल के 1,000 से अधिक गाँवों में लगभग 150 वाटर मिलों को वर्ष 1986 से तकनीकी

रूप से उन्नत बनाया गया। उनका कहना है, "हमारे लगभग 1.5 लाख लोगों को सीधा फायदा पहुँचा है। चूँकि वाटर मिल अभी शुरुआती कार्यक्रम है और अधिकांश राज्यों ने इसे बढ़ावा देना शुरू कर दिया है, 25000 से अधिक गाँव इस कार्यक्रम का हिस्सा हैं।"

'घरट' का पुनरुद्धार डॉ. जोशी के प्रयासों व कारनामों का अभी छोटा सा हिस्सा है। सन् 1981 में उन्होंने 'हेस्को' की स्थापना की—'हिमालयन एन्वायमेंतल स्टडीज ऐंड कंजरवेशन ऑर्गेनाइजेशन'। उनके कुछ विद्यार्थी और कॉलेज के सहयोगी भी इस पहल में उनके साथ हैं। सहभागिता शोध के मूलभूत सिद्धांत के आधार पर विज्ञान और परंपरा को आपस में जोड़ते हुए वे गाँवों में गए और स्थानीय लोगों को उन्हें उनके अनुसंधान कार्य में सहयोग प्रदान करने को कहा। जो परिणाम सामने आए, वे आकर्षक थे। उदाहरण के लिए, पहाड़ियों पर कुर्री की भरमार थी, जो एक तरह की घास थी, जिसकी पहचान 'हेस्को' की टीम ने खरपतवार के रूप में की थी। उन्होंने इस घास का उपयोग करना शुरू किया, ताकि इसके फैलाव को रोका जा सके। कुर्री घास की डंठलें इतनी मजबूत होती हैं कि उनका इस्तेमाल फरनीचर बनाने के लिए किया जाने लगा तथा उसके फूल व पत्तियों का इस्तेमाल धूपबत्ती बनाने के लिए तथा बेकार हिस्से का प्रयोग बकरियों के चारे के रूप में होने लगा।

श्रीधन के पीछे जोशी की सोच का ही कमाल है। जैसा कि वे बताते हैं, "श्रीधन की वजह से उनका प्रयास एक सतत प्रक्रिया बन चुका है। विकास की एक श्रृंखला की तरह काम करने लगा है और किसी एक गाँव तक सीमित नहीं है। यह तेजी से फैलता जा रहा है। और इसी तरह से हमारे प्रयास, दृष्टिकोण व विकास बढ़ते जा रहे हैं और हरेक गाँव को स्वतंत्र व आत्मनिर्भर बनाते जा रहे है।" इसके काम करने का तरीका अद्भुत है—एक गाँव जिसे विकास का फायदा मिल रहा है, बदले में उस ज्ञान व तकनीक को दूसरे गाँवों में जरूरत पड़ने पर पहुँचाता है। प्रौद्योगिकी अंतरण के इस तरीके को आमतौर पर श्रीधन यानी एक समुदाय से दूसरे समुदाय तक पहुँचाना, के नाम से जाना जाता है। जीव-विज्ञान के तरीकों का इस्तेमाल करते हुए भूस्खलनों और मृदा-अपरदन को रोकने से लेकर जंगली आग को रोकने की वकालत तथा आपदा प्रबंधन के तौर-तरीके, जिसके अंतर्गत महिलाओं के लिए रोजगार और विपणन अवसरों का सृजन किया जाता है तथा बच्चों के एक स्थानीय अखबार का प्रचार-प्रसार तथा स्थानीय विकास का एक ऐसे साधन के रूप में इस्तेमाल करना, ताकि सीमावर्ती क्षेत्रों में युवाओं को

असामाजिक गतिविधियों में संलग्न होने से रोका जा सके, कुछ ऐसे काम हैं जिन पर 'हेस्को' और जोशी काम कर रहे हैं, ताकि स्थानीय लोगों के जीवन में बदलाव लाया जा सके। इसके अलावा भाभा परमाणु अनुसंधान केंद्र (बी.ए.आर.सी.), मुंबई के सहयोग से डॉ. जोशी ने सूखते हुए पानी के स्रोतों के पुनरुद्धार का काम भी शुरू किया है, ताकि उस क्षेत्र के लोगों को पानी मिल सके। बी.ए.आर.सी. की 'पर्यावरण आइसोटोप अनुप्रयोग प्रौद्योगिकी' का प्रयोग इन स्रोतों की पहचान के लिए किया गया और उन्हें रासायनिक एवं जीव-विज्ञान के प्रयोगों के आधार पर साफ किया गया। जम्मू व कश्मीर तथा उत्तराखंड में ऐसे कुल 17 जलस्रोतों को फिर से काम करने योग्य बनाया गया है और 140 पर काम चल रहा है।

यह आश्चर्य की बात नहीं है कि सरकार और अंतरराष्ट्रीय समुदाय ने जोशी के पर्यावरण संरक्षण और उनके दूरगामी प्रयासों को नोटिस किया है। उन्हें वर्ष 2001 में 'पद्मश्री' से नवाजा गया। किंतु वे इन पुरस्कारों और प्रतिष्ठाओं के लिए काम नहीं कर रहे हैं। उन्हें सिर्फ इस छोटी सी बात से अत्यधिक खुशी मिलती है कि उनके काम से कुछ फायदा मिलता है। उन्हें अकसर पहाड़ों की तराई में गाँववालों के साथ पाया जा सकता है। अधिकतर शाम को वे एक पुराने टेलीविजन पर फिल्म देखते हुए मिलते हैं। साथ में फतेहग्राम के बच्चे भी होते हैं। इस गाँव को घरट से बिजली मिलती है, जिसके पुनरुद्धार में उन्होंने सहायता प्रदान की थी।

नोट : 2008 में 'रियल हीरोज पुरस्कार' मिलने के बाद घरट परियोजना को केंद्र सरकार और कई राज्य सरकारों द्वारा समुदाय विकास के लिए एक महत्त्वपूर्ण साधन के रूप में अपनाया गया है। उत्तराखंड, हिमाचल प्रदेश और उत्तर-पूर्व के राज्यों में 100 से अधिक वाटर मिलों का पुनरुद्धार किया गया है।

❑

2007 की बसंत ऋतु में सी.एन.एन. और आई.बी.एन. के संवाददाता रिशप मल्होत्रा ने अनिल जोशी द्वारा किए गए कामों पर डॉक्यूमेंटरी बनाने के लिए उत्तराखंड के एक छोटे से गाँव 'फतेहग्राम' का दौरा किया।

अभय आनंद और आनंद कुमार

सुपर-30

पटना स्थित अशोक राजपथ गली में सैकड़ों कोचिंग केंद्रों का जमावड़ा है। बेहतर भविष्य की तलाश में युवाओं के लिए इन केंद्रों के माध्यम से कक्षाएँ चलाई जाती हैं और इनसे यह आशा की जाती है कि वे भारतीय प्रौद्योगिकी संस्थान जैसी महत्त्वपूर्ण एवं प्रतिष्ठित संस्थाओं की विभिन्न प्रतियोगी परीक्षाओं को पास कर लेंगे। कोचिंग सेंटरों की इस भीड़ में एक सेंटर बाकियों से अलग स्तंभवत् खड़ा है।

इस कोचिंग सेंटर की जो बात इसे बिलकुल अलग महत्त्व प्रदान करती है, वह यह है कि यहाँ पर पढ़नेवाले अधिकांश छात्र आर्थिक रूप से कमजोर पृष्ठभूमि वाले हैं और उन्हें यहाँ रखकर मुफ्त भोजन और शिक्षा प्रदान की जाती है। 'सुपर 30' का दावा है कि आई.आई.टी. प्रवेश परीक्षा में उनके छात्रों की सफलता की दर करीबन 95 प्रतिशत है। शिक्षा के इस करिश्मे को संभव बनानेवाले दो लोग हैं—एक आई.पी.एस. अधिकारी अभय आनंद और गणित के एक अध्यापक आनंद कुमार। उनके सेंटर को 'सुपर-30' इसलिए कहा जाता है, क्योंकि इनके कार्यक्रम में 30 मेधावी और प्रबुद्ध छात्रों का हर वर्ष चयन किया जाता है, जिनका वास्ता समाज के आर्थिक रूप से कमजोर वर्ग के परिवारों से होता है और इन्हें आगामी प्रतियोगी परीक्षाओं के लिए प्रशिक्षण दिया जाता है।

प्रशिक्षण का यह विचार तब आया था जब अभय आनंद अपने खुद के बच्चों की 2002 में प्रवेश परीक्षा के लिए तैयारी करा रहे थे। उन्होंने अनेक दलित, किंतु मेधावी बच्चों को देखा, जिन्हें कोचिंग सुविधाओं का मिल पाना कठिन था।

उन्होंने महसूस किया कि उनमें से अधिकांश छात्र, यदि उन्हें उचित ट्यूशन और प्रेरणा दी जाए तो प्रतियोगी परीक्षा पास कर सकते हैं। तभी 'सुपर-30' का विचार मन में आया।

आनंद कुमार का संबंध भी एक गरीब परिवार से रहा था। उन्हें मालूम था कि अभावग्रस्त छात्रों को कितना संघर्ष करना पड़ता है। उनका दाखिला कैंब्रिज यूनिवर्सिटी में हो चुका था, किंतु वे फीस नहीं दे पाए। उन्होंने तय किया कि वे आनंद के इस प्रयास में सहयोग देंगे और इस प्रकार इस आधुनिक शिक्षा के लेजेंड का उद्भव हुआ। आनंद कहते हैं—''हम मेधावी बच्चों की मदद करना चाहते थे, जिनके पास कोचिंग सेंटरों की भारी-भरकम फीस देने के लिए पर्याप्त धन नहीं होता।''

उन्होंने पहले 'रामानुजन स्कूल ऑफ मैथेमेटिक्स' की स्थापना की, ताकि अपने सपने को पूरा करने के लिए कुछ वित्तीय सहायता प्राप्त हो सके। शुरू-शुरू में उन्होंने कई स्कूलों के प्रधानाचार्य और अध्यापकों से राय ली और उनसे परामर्श किया। उसके बाद अपने 30 होनहार उम्मीदवारों के पहले बैच का चयन किया। इन बच्चों में से अधिकांश छात्र गरीब किसानों के घर के थे और उन्होंने पंचायत के स्कूलों में पढ़ाई की थी। उन्हें पटना ले जाया गया तथा उनके लिए मुफ्त भोजन, आवास और कोचिंग की व्यवस्था की गई। परिणाम अपने आप बोलता है। 2003 के लिए प्रवेश परीक्षा के परिणाम जब घोषित किए गए तो 30 में से 18 बच्चों ने इसे पास कर लिया था।

तब से प्रतिशतता में लगातार सुधार होता रहा है। वर्ष 2006 में 28 छात्रों ने आई.आई.टी. परीक्षा उत्तीर्ण की। आनंद और कुमार की सफलता की दर 90 प्रतिशत से अधिक है और इसकी वजह से उन्हें अंतरराष्ट्रीय मान-प्रतिष्ठा हासिल हुई है। 'टाइम' पत्रिका ने 2010 के लिए 'बेस्ट ऑफ एशिया' की सूची में 'सुपर-30' का चयन किया। 'सुपर-30' को अमेरिका के राष्ट्रपति बराक ओबामा के विशेष दूत रसद हुसैन से भी सम्मान प्राप्त हुआ, जिन्होंने इसे देश का सर्वोत्तम संस्थान घोषित किया। इसके अलावा 'न्यूज वीक' पत्रिका ने 'सुपर-30' को दुनिया के 4 सर्वाधिक नवोन्मेषी विद्यालयों में से एक के रूप में शामिल किया। इसका जादुई फॉर्मूला अभी भी काम कर रहा है और होनहार छात्रों को उनके सपनों को हकीकत में बदलने का अवसर प्रदान कर रहा है।

नोट : 2008 में 'रियल हीरोज' पुरस्कार प्राप्त करने के बाद दोनों संस्थापकों ने अपने-अपने रास्ते चुन लिये हैं। अभय आनंद ने कानपुर, गुवाहाटी, जोरहाट

और गाजियाबाद जैसे शहरों में इसी तरह की प्रायोजित संस्थाएँ खोल रखी हैं, जबकि आनंद कुमार अभी भी सुपर-30 का सफलतापूर्वक संचालन कर रहे हैं। लगातार साल 2008, 2009, 2010 'सुपर-30' में प्रशिक्षित सभी 30 छात्रों ने आई.आई.टी. संयुक्त प्रवेश परीक्षा में सफलता प्राप्त की है।

❑

अर्मिनी मोदी

बेहतर भविष्य की ओर प्रस्थान

1980 के दशक के उत्तरार्ध में जापान में अपने शिक्षाकाल के दौरान अर्मिनी मोदी को एक जापानी मुहावरे से बड़ी प्रेरणा मिली—'आस्टा नो काई'। इसका मतलब है— 'बेहतर भविष्य'। इस मुहावरे से उन्हें जीवन का नया अर्थ और प्रेरणा मिली है। यह बात पुणे के पास, जहाँ वे रहती हैं, की युवा ग्रामीण महिलाओं द्वारा सामना की जा रही चुनौतियों को देखकर वे कहती हैं। 1990 के दशक के पूर्वार्द्ध में उन्होंने नौकरी छोड़ दी और वापस स्वदेश आ गईं। उन्होंने अपने मिशन के लिए, साथ-ही-साथ अपने एन.जी.ओ. के लिए इस मुहावरे को मंत्र बना लिया। उन्होंने साक्षरता, स्वास्थ्य और विकास का अभियान छेड़ा। खासतौर पर उन महिलाओं के लिए, जो गाँवों में रहती हैं—पुणे जिले के अंतर्गत आनेवाला शिरुर तालुका।

मोदी महाराष्ट्र सरकार द्वारा की गई जनगणना से विशेष रूप से बहुत आहत हुईं, जिसमें यह बताया गया था कि गाँव की 38 प्रतिशत लड़कियों का विवाह 16 वर्ष की उम्र में ही हो जाता है। उनका मानना था कि इसका एक कारण शिक्षा का अभाव है। सरकारी परिवहन सुविधा का न होना दूसरा कारण था। इस इलाके में कुल 5 हाई स्कूल थे और लड़कियों को वहाँ जाने में एक से डेढ़ घंटे का समय लगता था। यह कोई आश्चर्य की बात नहीं है कि उनमें से अधिकांश आठवीं के बाद पढ़ाई छोड़ देती थीं।

मोदी ने तय किया कि बेहतर जिंदगी जीने का उनका भी हक है और इसके लिए उन्होंने स्वयं ही एक समाधान प्रस्तुत किया—समाधान था साइकिल बैंक। उन्होंने 2002 में शिरुर में साइकिल बैंक परियोजना की शुरुआत की, जिसके अंतर्गत उनका इरादा ग्रामीण महिलाओं और स्कूली छात्राओं में साक्षरता को बढ़ाना था। उन्होंने महसूस किया कि इस काम में सबसे बड़ी चुनौती सुविधाजनक,

सस्ती और कम रख-रखाववाली ट्रांसपोर्ट व्यवस्था की थी। साइकिल से इन सभी कमियों का समाधान संभव था। किंतु उनमें से कोई भी उनका खर्च वहन कर पाने में समर्थ नहीं था। इसके लिए उन्होंने साइकिल बैंक बनाने के बारे में सोचा, जहाँ साइकिलें दरअसल रिसाइकिल की जाती हैं। मोदी के एन.जी.ओ. को शहर में रहनेवाले उनके शुभचिंतकों से दान के रूप में साइकिलें मिलती हैं और वे नाममात्र के मासिक किराए पर शिरुर में महिलाओं और लड़कियों को साइकिलें चलाने के लिए देती हैं। अधिकांश ग्रामवासी साइकिलें स्कूल जाने-आने के लिए लेते हैं। एक बार जब वे घर आ जाते हैं तो उन्हें दूसरे यूजर को किराए पर दे दिया जाता है।

इस साइकिल बैंक परियोजना की वजह से न केवल उनका स्कूल और पास हो गया है, बल्कि इससे उनकी आकांक्षाएँ भी बढ़ रही हैं। जबसे यह साइकिल प्रोजेक्ट शुरू किया गया है तब से लेकर आज तक कुल 445 लड़कियों को फायदा पहुँचाया जा चुका है। मोदी कहती हैं, ''हमने देखा है कि स्कूल में फेल होनेवाले बच्चों की संख्या कम हो गई है। लड़कियों की शादी की उम्र में भी वृद्धि हुई है। ये वे सकारात्मक संकेत हैं, जो साइकिल बैंक-प्रणाली शुरू होने के बाद दिखाई देने लगे हैं।''

मोदी को वह दिन याद है, जब शुरू-शुरू में उन्हें विरोध का सामना करना पड़ा था। अकेले ही दूर तक साइकिल से जाने के लिए लड़कियों के माँ-बाप को मनाना कठिन काम था। इसलिए उनके दिमाग में दूसरा विचार आया, क्यों न एक साइकिल दो लड़कियाँ शेयर करके चलाएँ? यह आइडिया न केवल सस्ता था बल्कि इससे माँ-बाप की दुश्चिंता भी दूर हो गई। अब यह बहुत ही क्रांतिकारी विचार बन गया है।

सत्रह साल की अनिता के लिए साइकिल यातायात के एक साधन से बढ़कर है। उसका स्कूल 7 कि.मी. दूर है। रोज-रोज स्कूल जाना थकाऊ तो था ही, इसमें समय भी अधिक लगता था। वे बताती हैं, ''चूँकि मैं पैदल ही स्कूल जाती थी, अतः मुझे कक्षा में पहुँचते-पहुँचते अकसर देर हो जाया करती थी। किंतु अब चूँकि मेरे पास साइकिल है, इस वजह से मैं समय पर आ-जा सकती हूँ और अन्य दूसरे काम भी कर सकती हूँ, जिन्हें कर पाना इससे पहले असंभव था।'' गीता जैसी लड़कियाँ जिन्हें इस प्रोजेक्ट से फायदा मिला है, अर्मिनी मोदी के साइकिल बैंक के बारे में शब्दों का प्रचार-प्रसार कर रही हैं। मिलनेवाले परिणाम नाटकीय हैं। अब इन साइकिलों को लेनेवालों की संख्या देनेवालों से बहुत अधिक है।

शिरुर में साक्षरता दर बढ़ रही है। किंतु मोदी के लिए उनका काम अभी पूरा नहीं हुआ है। वे चाहती हैं कि शिरुर की प्रत्येक लड़की बेहतर भविष्य के पथ पर आगे बढ़ती रहे।

नोट : 2008 में अर्मिनी मोदी को 'रियल हीरोज पुरस्कार' से नवाजे जाने के बाद उन्होंने साइकिल बैंक को कम करके 7 गाँवों तक सीमित कर दिया है। हाल के वर्षों के दौरान रियल इस्टेट में भारी उछाल आने के बाद गाँवोंवालों को रुपए-पैसे के मामले में काफी लाभ प्राप्त हुआ है। मोदी दूसरे क्षेत्रों में काम जारी रखे हुए हैं, ताकि ग्रामीण भारत को आत्मनिर्भर बनाया जा सके।

❑

अशोक राठौड़

फुटबॉल और ऑस्कर क्लब

कफ परेड के बारे में कौन नहीं जानता। मुंबई के पास का वह समृद्ध इलाका जो शहर के दक्षिणी छोर पर बसा है और जहाँ रियल एस्टेट की कीमतें न्यूयॉर्क शहर से भी अधिक हैं। गगनचुंबी और खुले-खुले अपार्टमेंट सोच-विचारकर पश्चिमोभिमुख बनाए गए हैं, ताकि पीछे की ओर बसे स्लम के बदनुमा दृश्य को ढका जा सके। फिर भी हरेक शनिवार के दिन जब वहाँ रहनेवाले नीचे की ओर झाँकते हैं; उन्हें एक असामान्य दृश्य दिखाई पड़ता है: युवा बालकों का एक समूह फुटबाल पर किक मारते हुए आजाद मैदान की ओर बढ़ा चला जा रहा है, जिसके आगे-आगे अपने सीने पर सीटी बाँधकर लटकाए हुए एक व्यक्ति होता है। उनका नाम अशोक राठौड़ है और उन्हीं की बदौलत टीम के अधिकांश बच्चे मादक पदार्थों के सेवन और अपराध करने के रास्ते को छोड़कर फुटबॉल जैसे स्वास्थ्यवर्धक खेल से जुड़ गए हैं। अब तो कोई उन्हें झुग्गी-झोंपड़ी में रहनेवालों के रूप में पहचान भी नहीं सकता। वे लाल, पीले और बिजली सी नीली रंग की जरसी, शॉर्ट, घुटने तक ऊँचे मोजे और स्पाइक्ड ट्रेनर पहनते हैं। राठौर ने उनका नाम ऑस्कर क्लब रखा है। वे सभी बाबा साहेब आंबेडकर नगर स्लम के रहनेवाले है, जिनकी संख्या 35,000 के करीब है और जो वर्ड ट्रेड सेंटर के नीचे बसा हुआ है। इसके तमाम निवासियों की पृष्ठभूमि संदेहास्पद है, जिनमें राठौर के ऑस्कर क्लब के शंकर और गोविंद जैसे लोग शामिल हैं। शंकर की उम्र 16 वर्ष की है, लेकिन अभी तक उसका वास्ता सिर्फ ड्रग्स और गैंबलिंग (जुए) से रहा है। गोविंद, जो ऑस्कर टीम में सबसे बड़ा है, की भी इसी तरह की कहानी है: जुआखोरी और जहरीली देशी शराब की नशाखोरी।

आजाद मैदान में राठौर उन्हें वार्मअप, प्ले फॉर्मेशनों के लिए ले जाते हैं और वहीं पर उन नियमों को दोहराते हैं, जिन्हें वे इससे पहले 100 बार सुन चुके होते हैं

और भूल जाने का बहाना बनाते हैं। इस बीच खेल शुरू हो जाता है। राठौर बड़े सख्त रेफरी और कोच हैं। समूह के सभी खिलाड़ी उन्हें 'भैया' कहते हैं, जो इस झोंपड़पट्टी के निवासियों द्वारा बंजारा जाति की भाषा का शब्द है। एक घंटे के बाद खेल खत्म हो जाता है। राठौर अपना दूसरा रूप धारण करते हैं—वह है टीचर और काउंसलर का। बच्चे एक गोल घेरा बनाकर बैठ जाते हैं और वे वहाँ सम-सामयिकी के ऊपर लेक्चर देते हैं। राठौर बच्चों से स्कूल के बारे में बातचीत करते हैं कि यह बात महत्त्वपूर्ण क्यों है। आतंकवाद के बारे में चर्चा करते हैं कि किस प्रकार इसका कोई धर्म नहीं है और परिवार, दोस्तों व समाज के साथ धैर्य का महत्त्व, नैतिकता और धर्म कैसे अर्जित करें। दूसरे शब्दों में जीवन जीने की कला के बारे में शिक्षा देते हैं। बच्चे उनका हरेक कहना मानते हैं। इसका कारण यह है कि वे स्वयं उसी झोपड़पट्टी के उत्पाद हैं।

दरअसल, जब वे रोज सुबह माहिम के लिए ट्रेन पकड़ने हेतु कफ परेड होकर गुजरते हैं तो उन्हें अपने मूल के बारे में स्मरण हो आता है। माहिम में वे 'मैजिक बस' नामक एन.जी.ओ. में काम करते हैं। बच्चों की शक्ल-सूरतवाले वे 20 वर्ष के युवा हैं, जिनके बाल घुँघराले हैं और चेहरे पर हमेशा मुसकान रहती है। वे झोंपड़पट्टी में रहनेवाले उन कुछ लोगों में से हैं, जिन्होंने नगरपालिका स्कूल में पढ़ाई की है। उनके पिता मछुआरे का काम करने के लिए '70 के दशक में मुंबई आ बसे। उनके परिवार का भरण-पोषण दिन भर पकड़ी गई मछली पर निर्भर था, जिसे बेचकर 50-100 रुपए की आमदनी हो जाती थी। कोलाबा नगर महापालिका माध्यमिक विद्यालय से 10वीं करने के बाद अपनी पढ़ाई-लिखाई पूरी करने के लिए सिद्धार्थ कॉलेज जाने का राठौड़ का निर्णय उनके परिवार के लिए बहुत गर्व एवं प्रतिष्ठा का विषय था, लेकिन वर्ष 2007 में जब वे 12वीं की परीक्षा पास नहीं कर पाए तो उन्हें बहुत तगड़ा झटका लगा। राठौर का कहना है, "मैं बुरी तरह हतोत्साहित हो गया कि मैंने इतना कुछ सिर्फ असफल होने के लिए किया था। तभी मानो कृपा हुई। मुझे मैजिक बस जॉइन करने का मौका मिल गया, जो कमजोर एवं दलित वर्ग के बच्चों को अनौपचारिक शिक्षा प्रदान करती है।" इस एन.जी.ओ के सामाजिक कार्य ने उन्हें जीवन के उद्‌देश्य का भान कराया, जो उनके भविष्य की दिशा का द्योतक था—एक छिपी हुई आशा कि एक दिन वे एक बार फिर से अपनी 12वीं की परीक्षा पास करने का प्रयास करेंगे।

राठौर ने अपने दोस्तों को मादक पदार्थों, जुआ तथा शराब के दुर्व्यसन का शिकार होते देखा था। एन.जी.ओ. में काम करते हुए उन्हें परिदृश्य और अपनी

नैतिकता दोनों का बोध हुआ और बदलाव लाने की ताकत मिली। उन्होंने युवा बच्चों की मदद करने की ठान ली, ताकि वे गहरे गर्त में न गिर पाएँ। उनके दिमाग में एक विचार आया कि क्यों न उन्हें हर सप्ताहांत फुटबॉल खेलने के लिए बुलाया जाए। वे कहते हैं—''मैं अकसर देखता था कि ये बच्चे अपना जीवन यों ही बरबाद कर रहे हैं। मैं कुछ हटकर करना चाहता था, मेरे लोगों के बारे में मुझे भरोसा था कि वे जरूर अपने लिए कुछ-न-कुछ कर लेंगे, जैसे कि मैंने किया है। बाहर की दुनिया को जानने के लिए शिक्षा एक छोटी उपलब्धि प्रतीत होती है, किंतु हमारे लिए यह बहुत बड़ी उपलब्धि है।'' इस तरह ऑस्कर का जन्म हुआ।

''मैं आस्कर अवॉर्ड्स के बारे में सोचा करता था—और हमें पता था कि अमेरिका में इसकी बहुत प्रतिष्ठा है। इसलिए मैंने सोचा कि क्यों न कुछ ऐसा सृजित किया जाए, जो यहाँ पर बड़ा हो और लोगों को प्रेरित करे। फुटबॉल ऐसा खेल है, जिसमें बच्चे बड़े रुचि लेते हैं। मैंने सोचा फुटबॉल के बहाने उन्हें स्कूल की ओर मोड़ा जा सकता है।'' क्षणिक रुककर वे आगे कहने लगे, ''फुटबॉल टीम भावना को ज्यादा बढ़ानेवाला खेल है, बनिस्पत क्रिकेट के, जिसमें अमूमन केवल श्रेष्ठ बल्लेबाज और गेंदबाज को ही प्रोत्साहित किसा जाता है।'' एक अहम् शर्त पर ही क्लब में नाम दर्ज कराया जा सकता था। फुटबॉल क्लब के हिस्सेदार के रूप में लड़कों को हफ्ते में तीन बार चलनेवाली अनौपचारिक कक्षाओं में भाग लेना लाजिमी था। ''मैंने उन्हें बिलकुल साफ बता दिया था—स्कूल नहीं तो फुटबॉल नहीं।'' राठौड़ कहते हैं। सात से अठारह साल के बच्चे ऑस्कर के हिस्सेदार हैं और आयु के अनुरूप उन्हें तीन टीमों में बाँटा गया है। जो लड़के अच्छी फुटबॉल खेलते हैं, जिनका क्लब में बाहर व्यवहार जिम्मेदारी भरा है और जिनकी भाषा भी भद्र होती है, उन्हें चौथी टीम का हिस्सा बनने का मौका मिलता है। चौथी टीम का हिस्सा बनना एक प्रकार के इनाम के जैसा होता है, जिसकी उन सभी को कामना होती है। यहाँ उन्हें अतिरिक्त कोचिंग दी जाती है और वे ऑस्कर का स्थानीय प्रतियोगिताओं में प्रतिनिधित्व करते हैं और जिला स्तर पर भी खेलते हैं। अगर कोई लड़का अच्छा खिलाड़ी है, लेकिन अन्य मापदंडों में वह कमतर है तो वह चौथी टीम का हिस्सा नहीं बन पाता। उन्नीस वर्षीय शंकर स्वीकार करते हुए कहता है, ''ऑस्कर से पहले हम आवारा घूमते थे, जुआ खेलते थे और नकारा थे।'' आज शंकर गणित, जीव-विज्ञान और बातचीत की कला में माहिर है। वह टीम का कप्तान है। वरिष्ठ सदस्य के रूप में वह ऑस्कर क्लब की गतिविधियों को पड़ोस के इलाकों में भी फैला रहा है। फुटबॉल सबके केंद्र में है;

शराब और जुए का शौक फीका पड़ गया है। वह कहता है, ''हमने उन सबसे तौबा कर ली है।'' गोविंद की भी जुए की लत कहीं पीछे छूट गई है। वह गर्व से कहता है, ''मैं सेना में भरती होकर माँ-बाप का सिर गर्व से ऊँचा करना चाहता हूँ।'' इस वर्ष 10वीं की परीक्षा उसने 74 प्रतिशत अंकों से उत्तीर्ण की है।

बच्चों को आस-पड़ोस के नगरपालिका स्कूलों में भेजने के लिए माँ-बाप को मनाने में राठौड़ को खासी मशक्कत करनी पड़ती है। 16 वर्षीय मारुति 8वीं में पढ़ रहा है और टीम का एक सबसे अच्छा खिलाड़ी है, लेकिन उसकी माँ को समझाने में राठौड़ को 2 वर्ष लगे कि छोटे-छोटे कामों से थोड़े से पैसों का लालच छोड़कर उसे पढ़ने भेजे। मारुति की माँ कहती है, ''मुझे लगता है, स्कूल जाकर उसका भविष्य सँवर जाएगा, वह जीवन में कुछ बन जाएगा। अशोक भी कहते हैं कि सबकुछ मुमकिन है तो मुझे भी आशा है।'' राठौड़ को पता है कि चूँकि वे भी मलिन बस्ती की उपज हैं और इसलिए लोग उनकी बात पर भरोसा करते हैं। और इन्हीं तंग गलियों से होकर वे एक सम्मानित व्यक्ति के रूप में उभरे हैं; बहुधा क्लब का खर्च अपनी जेब से उठाते हैं। वे सांस्कृतिक कार्यक्रमों का आयोजन करते हैं, जिनमें गंदी बस्तियों के बच्चे अपनी नृत्य, अभिनय और वाक्-कला का प्रदर्शन करते हैं। खेलों के लिए अधिकांश खर्च लड़के स्वयं जुटाते हैं—वे 15 रुपए महीना देते हैं और छोटे-मोटे काम करके धन अर्जित करते हैं। ''वे यह सोचें कि हमें ये सब मुफ्त में मिल रहा है इसलिए मैं अब उनसे पैसे लेता हूँ ताकि वे इसकी कीमत समझें।'' राठौड़ कहते हैं।

आज ऑस्कर क्लब सदस्यों की बढ़ती संख्या से जूझ रहा है। केवल 18 सदस्यों से शुरू क्लब में आज 100 सदस्य हैं। एक बड़ा कठिन काम मुँह बाए खड़ा है—माँ-बाप को मनाना कि वे अपनी बेटियों को स्कूल भेजें। ''मगर लड़कों के लिए उन्हें मनाना कठिन था, तो यह तो बिलकुल नामुमकिन जैसा है। दो साल की मशक्कत के बाद आखिर 20 माँ-बाप ने रजामंदी दे दी कि उनकी बेटियों के नाम टीम में दर्ज कर लें।'' कठिन लड़ाई लड़ना राठौड़ की खासियत है। वे कहते हैं, ''मुझे अनोखी खुशी हाथ लगी है। अनोखी इस मायने में कि मैं सोच भी नहीं सकता कि ये सब मैंने कैसे कर लिया और खुश इस बात से हूँ कि हमें बहुत सा समर्थन मिल रहा है। मुझे लगता है, यही आगे बढ़ने की शुरुआत है।''

नोट : आज ऑस्कर क्लब सदस्यों की बढ़ती संख्या से जूझ रहा है। केवल 18 सदस्यों से शुरू हुए इस क्लब में आज 100 सदस्य हैं और कई गैर सरकारी संगठन इंतजार कर रहे हैं कि राठौड़ मुंबई की अन्य मलिन बस्तियों में अपनी पहल

की शुरुआत करें। इस माँग को पूरा करने के लिए 22 वरिष्ठ खिलाड़ियों को प्रशिक्षित किया गया है, ताकि वे समानांतर ऑस्कर क्लब शुरू करके उद्देश्य को पूरा कर सकें। क्लब ने अब अपनी वेबसाइट भी शुरू कर दी है। इसका शीर्षक है—'ऑस्कर : एजूकेशन विद ए किक'। वर्ष 2010 में आखिरकार अशोक ने 12वीं की परीक्षा उत्तीर्ण कर ली। वे स्नातक और उसके बाद सामाजिक कार्य में परास्नातक होना चाहते हैं। एक अर्थ में वे पहले से ही हैं।

❑

दिसंबर 2008 में सी.एन.एन.-आई.बी.एन. संवाददाता रमा शेट्टी ने मुंबई की मलिन बस्तियों में इस स्टोरी की शूटिंग की और इस युवा गुरु के काम को जगजाहिर किया।

अहमद खान

अपशिष्ट पदार्थों की रिसाइक्लिंग

प्लास्टिक से पर्यावरण को होनेवाले नुकसान के बारे में भारत के लोग बहुत देर से समझ पा रहे हैं। हमारी नदियों की दयनीय स्थिति इस बात की गवाह है। गैर-जैविक और जहरीला होने के कारण प्लास्टिक पर्यावरण के लिए अत्यधिक नुकसानदेह है, इसमें कोई दो राय नहीं है। चूँकि इससे मनुष्य की सेहत पर भारी नुकसान हो सकता है, अत: इसके दैनिक प्रयोग को लेकर अनेक तरह के प्रतिबंध लगाए गए हैं और चेतावनियाँ जारी की गई हैं, लेकिन एक आदमी ऐसा भी है जिसने प्लास्टिक की इस गलत छवि को उलटते हुए इसका प्रयोग उपयोगी सेवाओं के लिए कर दिखाया है। दरअसल रिसाइक्लिंग प्लास्टिक का लाभदायक ढंग से इस्तेमाल करने का एक जाना-माना तरीका है, किंतु अहमद खान इसके भावी प्रयोग को अधिक स्पष्ट तरीके से समझ पाए। इनके बारे में एक बात तो यह सही है कि उन्हें प्लास्टिक के बारे में सबकुछ मालूम है। रसूल खान के साथ उनकी बंगलौर स्थित कंपनी 'के.के. पॉलिफ्लेक्स' पिछले 20 सालों से प्लास्टिक की बोरियाँ बना रही है।

आठ साल पहले की बात है, 56 वर्ष के इस व्यापारी ने यह निर्णय लिया कि प्लास्टिक निर्माण उद्योग से पर्यावरण को भारी नुकसान हो रहा है। इस पेशे से बाहर निकल जाने के बजाय उन्होंने इस स्थिति में ही अवसर की तलाश की। अब उनकी कंपनी में सड़क बनाने के लिए प्लास्टिक का रिसाइकिल किया जाता है, जिसमें पेटेंट की हुई प्रौद्योगिकी का इस्तेमाल किया गया है। उनके लिए यह बहुत ही वाजिब एवं तर्कसंगत कदम है, क्योंकि जिसे हम सब फेंका करते हैं, उसे लेकर कुछ उपयोगी चीज बनाई जाती है और इसका इस्तेमाल हम सबके काम में आनेवाली सड़कों के निर्माण में करते हैं। खान याद करते हुए कहते हैं— ''प्लास्टिक से पर्यावरण का भारी नुकसान हो रहा है। इस मसले पर मैं अपने

भाई के साथ काफी बहस करता था कि इसका प्रयोग हम सड़क बनाने में किस प्रकार कर सकते हैं।'' इसीलिए उन्होंने ऐसी तकनीक पर काम करना शुरू किया, जो सड़क-निर्माण में प्लास्टिक का उपयोग कर सकती थी। अपनी इस सुविचारित प्रौद्योगिकी के विकास पर उन्होंने काफी समय और धन खर्च किया है। इस काम में अपने भतीजे अमजद खान को भी शामिल करते हुए, जो एक केमिकल इंजीनियर हैं, 'के.के. पॉलिफ्लेक्स' ने 'के.के. पॉलिब्लैंड' का निर्माण किया है, जो एक तरह का रिसाइकिल किया हुआ महीन प्लास्टिक है, जिसमें कुछ और चीजें भी मिलाई गई हैं।

इसके बाद उन्होंने बंगलौर विश्वविद्यालय से मदद माँगी, जिन्होंने 'के.के. पॉलिब्लैंड' और 'बिटुमेन' की विभिन्न तरह की मिलावटों को लेकर प्रयोग करने के लिए 'आर.वी.कॉलेज ऑफ इंजीनियरिंग' के छात्रों को भेजा।

इसके बहुत उम्दा परिणाम सामने आए। इससे खान प्रौद्योगिकी और शोध से आगे बढ़ते हुए मार्केटिंग की बात सोचने लगे। खान बंधुओं ने 'के.के. वेस्ट मैनेजमेंट प्रा.लि.' की स्थापना की। वर्ष 2002 में बंगलौर महानगर पालिका ने 'के.के. पॉलिब्लैंड' का इस्तेमाल करके शहर के 12 भिन्न-भिन्न क्षेत्रों में लगभग 40 कि.मी. सड़क पर इसे बिछाया। इन्हें 18 महीनों वर्षा के दो मौसमों तक देखा गया। जो परिणाम सामने आए, वे उत्साहजनक थे। के.के. पॉलिब्लैंड ने बिटुमन की जोड़क क्षमता को बढ़ाकर सड़कों को मजबूत कर दिया और पानी के प्रति सड़कों को और अधिक सुरक्षित बनाते हुए उन्होंने उन्हें बहुत दिनों तक चलने लायक बना दिया। एक आँकड़े के मुताबिक खान की टेक्नोलॉजी में लगी अतिरिक्त लागत की भरपाई पॉलिब्लैंड से सड़क की आयु तीन गुना तक बढ़ाकर चुकाई जा सकती है। उनकी कंपनी द्वारा सड़कों पर बिछाने में प्रत्येक दिन चार से पाँच टन प्लास्टिक का प्रयोग किया जाता है।

शुरू में मिली सफलता के कारण वे और अधिक सड़क-निर्माण के ठेके लेने लगे। बंगलौर कंप्यूटर हार्डवेयर का केंद्र होने के कारण शहर के कूड़ेदानों में बहुत अधिक मात्रा में प्लास्टिक डाला जाता था। वे रोज वहाँ जाते हैं और फेंकी गई प्लास्टिक एकत्र करते हैं, ताकि उनके पेटेंट किए गए मिक्सचर में उसे मिलाया जा सके। चूँकि प्लास्टिक सड़कों को मजबूत बनाने में जोड़क का काम करती है, एडहेसिव का काम करता है ताकि वे अधिक दिनों तक चल सकें। इस टेक्नोलॉजी के प्रयोग से प्रतिदिन 9,000 टन प्लास्टिक वेस्ट पैदा करनेवाले इस शहर को इससे निजात मिलती है। खान ने अपने इस काम में कूड़ा बीननेवालों को भी शामिल

किया है, जो कूड़े से अलग की गई प्लास्टिक को खरीदते हैं। आगे का उनका रास्ता उत्साहवर्धक प्रतीत होता है। उनकी इस पैटेंटेड तकनीक के प्रयोग द्वारा बंगलौर नगर कॉर्पोरेशन के साथ मिलकर बंगलौर के इर्द-गिर्द लगभग 2,000 कि.मी. सड़क की मरम्मत व रख-रखाव का काम होता है।

नोट : पर्यावरण कैटेगरी में 2008 में 'रियल हीरोज पुरस्कार' प्राप्त करने के बाद अहमद खान अपनी पेटेंट की हुई तकनीक को हैदराबाद और यहाँ तक कि दिल्ली में भी प्रयोग करने के बारे में विचार कर रहे हैं। उनकी योजनाएँ तैयार हैं, किंतु उन्हें स्थानीय निगमों से अतिरिक्त निधि का इंतजाम किए जाने का इंतजार है।

❑

एन. कृष्णन

एक शेफ की फूड सर्विस

तमिलनाडु स्थित मंदिरों का शहर मदुरै अपने मीनाक्षी देवी मंदिर के लिए दुनिया भर में जाना जाता है। यह मंदिर 2,500 वर्ष पुराने इस शहर का दिल और जीवन रेखा है और बड़ी संख्या में पर्यटकों व स्थानीय भक्तों को आकर्षित करता है। ऐसे ही एक स्थानीय साधक एन. कृष्णन के लिए पूजा और सेवा की भावना मंदिर के प्रांगण से बाहर निकलकर शहर की गलियों तक देवी माँ के पवित्र चरणों से परे भूखे लोगों के निवाले तक जाती है।

ताज समूह के होटलों के शेफ रह चुके कृष्णन ने अपनी अच्छी भली नौकरी इसलिए छोड़ दी कि वे गरीब और भूख से पीड़ित लोगों के पेट भरने के लिए अपना जीवन समर्पित कर सकें। एक दिन शहर की गलियों से गुजरते समय उनका सामना एक बुजुर्ग और विक्षिप्त आदमी से हुआ, जो भूख से पीड़ित होकर कीचड़ और मानव अपशिष्ट तक को खाता जा रहा था। उन्होंने बताया, ''मैं उसे देखकर पास के एक होटल में गया और कुछ इडली-साँभर ले आया और उसे दे दिया। शेफ के रूप में काम करते हुए मैंने आज तक किसी आदमी को इतनी जल्दी-जल्दी खाना खाते हुए नहीं देखा था। भोजन करने के बाद उसकी आँखें भर आईं। खुशी से भरे आँसुओं के बीच मेरे जीवन का रास्ता स्पष्ट हो गया। मुझे मालूम हो गया कि मुझे दरअसल क्या करना चाहिए।'' जैसा कि मंदिरवाले सभी शहरों में होता है। मदुरै में भी बड़ी संख्या में पयर्टक आते हैं, किंतु इनमें भिखारियों और बिना घरबारवाले लोगों की संख्या अधिक होती है। कृष्णन रोज-रोज अपनी गाड़ी को खाने-पीने की चीजों से भरते हैं और शहर में इधर-उधर घूमते एवं गाड़ी चलाते हुए उन्हें भिखारियों को बाँटते रहते हैं। अधिकांश भिखारियों को अब वे नाम से जानने लगे हैं और वे भी उन्हें जानते-पहचानते हैं। गाड़ी चलाते हुए वे किसी भी चौराहे पर रुकते हैं और इडली, वड़ा और साँभर से भरा पेपर प्लेट

भिखारियों को पकड़ा देते हैं। आगे बढ़ते हुए गली में सोए भिखारी को 'दामू ताहता' कहकर जगाते हैं और आगे बढ़ने से पहले उससे थोड़ी देर बातचीत करते हैं।

प्रत्येक दिन बिना घर-बारवाले लोगों को वे अपने हाथों से तीनों वक्त खाना खिलाते हैं, जिनमें से अधिकांश मानसिक रूप से विक्षिप्त होते हैं। ये ऐसे लोग हैं, जो बहुतायत लोगों की नजरों से परे हैं। शेफ के रूप में उनका अनुभव काम आता है। वे रोज सुबह रसोईघर में आते हैं, जहाँ चार सहायक दोपहर का भोजन बना रहे होते हैं। रसोईघर में ताजा सब्जियों की टोकरियाँ, नमक, चीनी, चावल के पैकेट पड़े होते हैं। उस कमरे के एक कोने में तीस वर्ष का अशोकन सब्जी काट रहा होता है। वह उस दिन को याद करता है, जब वह स्वयं बिना घर-बार का था और सड़क पर रहता था। तीन वर्ष पहले कृष्णन को वह गली में घूमता हुआ मिला था। वे उसे यहाँ लाए। वह बड़े गर्व से कहता है, 'उनके रसोईघर में उनकी मदद करता हूँ और मुझे नियमित रूप से पगार मिलती है।'

इतनी अधिक मात्रा में रोज-रोज तीनों वक्त खाना बनाना बड़ा ही कठिन काम है तथा खर्चीला भी। लगभग 400 भूखे लोगों के लिए 1,200 पैकेट खाना देने के लिए कृष्णन हर रोज लगभग 15,000 रुपए खर्च करते हैं। अभी तक वे कुछ स्थानीय दानदाताओं की मदद से इंतजाम करते रहे हैं। ये लोग त्योहारों अथवा अपने जन्मदिन के अवसर पर 'अन्नदानम' प्रायोजित करते हैं। अन्य दिनों वे अधिकांश रूप से अपना पैसा खर्च करते हैं। किंतु ये तमाम बाधाएँ उन्हें उनकी सोच से डिगा नहीं सकी हैं। उन्होंने 'अक्षय ट्रस्ट' नामक एक संस्था बनाई है। उसके तहत बेसहारा एवं बिना घर-बार लोगों के लिए घर बनवाया है। उनका कहना है कि अब वे भूखे और बेसहारा लोग भूखे नहीं रहते, क्योंकि मैं उन्हें खाना खिलाता हूँ। किंतु जब मैं बड़े आराम से अपने कमरे में सो रहा होता हूँ तो गलियों में खुले में आकाश के नीचे सोए पड़े इन लोगों की चिंता हर रात मुझे सताती है। वे उनके लिए आठ ब्लॉक बनवाना चाहते हैं, किंतु फिलहाल धन के अभाव में वे केवल पाँच ब्लॉक ही बनवा पाए हैं। यह अपने आप में चमत्कार है। 2008 में 'रियल हीरोज' पुरस्कार से उन्हें कुछ राहत मिली। उन्हें 2010 में 'सी.एन.एन हीरोज' के शीर्ष दस में से एक स्थान प्राप्त हुआ है।

मदुरै में शाम होते ही लोग पूजा-अर्चना करने के लिए मीनाक्षी मंदिर में जुटने लगते हैं। स्थानीय लोगों के मुताबिक मीनाक्षी को शुभ रात्रि कहकर विदा किया जाता है। किंतु कृष्णन के लिए ऐसा नहीं है। सायंकालीन पूजा-अर्चना के

दौरान घंटों-नगाड़ों की आवाज उन्हें यह याद दिलाती है कि भूखे और बेसहारा लोग रात्रि में अभी अपने खाने का इंतजार कर रहे होंगे।

नोट : वर्ष 2008 में मिली 'रियल हीरोज' पुरस्कार राशि से कृष्णन 2007 में 150 की जगह 400 लोगों को हर रोज खाना खिलाते हैं। वे एक बसेरे का निर्माण भी करा रहे हैं, जिसे बेसहारा लोगों के लिए 'अक्षय होम' कहा जाता है।

❑

रियल हीरोज कहानियों के लिए मिसाल बन चुकी इस कहानी का छायांकन मई 2007 में मदुरै में सी.एन.एन. और आई.बी.एन. की संवाददाता रोहिणी मोहन द्वारा किया गया।

एम.सी. मैरी कॉम

जूझने के लिए पैदा हुईं

हिंसा और घुसपैठ से त्रस्त इलाकों में बेरोजगार युवा अमूमन एक क्षेत्र की ओर उन्मुख हो जाते हैं, जहाँ उन्हें बेहतर भविष्य की आशा होती है, वह है खेल-कूद। मणिपुर के कंगाथी गाँव की 17 वर्षीया इस युवती द्वारा यही रास्ता अपनाया गया और इसके बारे में आगे की कहानी उनकी उपलब्धियों की कहानी है। उस युवती का नाम एम.सी. मैरी कॉम है, जिसकी खेल-कूद के क्षेत्र में भारी सफलता ने उत्तर-पूर्वी राज्य के दूर-दराज के इलाकों में जागरूकता बढ़ाने का काम किया है। यह उपलब्धि और भी महत्त्वपूर्ण इसलिए बन जाती है, क्योंकि जिस खेल-कूद को उसने चुना, उससे परंपरागत रूप से महिलाएँ बचती हैं। मैरी कॉम, जैसा कि उनके रिकॉर्ड से ज्ञात होता है, वाकई बड़ी मजबूत फौलाद की बनी हैं। उनकी विस्फोटक मुक्केबाजी, धारदार प्रहार एवं प्रहार की गति और तकनीक ने उन्हें विश्व चैंपियन बना दिया है—एक बार नहीं, अनेक बार।

जानकारी के लिए बता दें कि वे लगातार पाँच बार विश्व बॉक्सिंग चैंपियन रह चुकी हैं। वर्ष 2008 में लगातार चौथी बार विश्व अमेच्योर बॉक्सिंग गोल्ड लेने से दो वर्ष छोटी होने के कारण चूक गईं। यह एक ऐसी उपलब्धि थी, जिस पर अंतरराष्ट्रीय बॉक्सिंग एसोसिएशन को 'शानदार मैरी' कहकर संबोधित करना पड़ा। मैरी कॉम ने अपनी पाँचवीं—एक के बाद एक विश्व बॉक्सिंग चैंपियनशिप की उपाधि ब्रिज टाउन, बारबाडोस में सितंबर 2010 में हासिल की। यह काफी सराहनीय उपलब्धि थी, क्योंकि पहले से अधिक भार श्रेणी में वे बॉक्सिंग कर रही थीं। उसके पहले के चार विश्व खिताब 46 किलोग्राम की श्रेणी के थे, किंतु वर्ष 2010 में उन्होंने 48 किलोग्राम की ओर रुख किया, वह भी तब जबकि प्रतिद्वंद्वी उनसे काफी तगड़ा था। वे एकमात्र महिला खिलाड़ी हैं, जिन्होंने प्रत्येक 6 विश्व चैंपियनशिप में से एक में मेडल जीता है। विश्व खिताबों के अलावा उन्होंने तीन एशियाई और

11 राष्ट्रीय खिताब भी जीते हैं। उनकी बेजोड़ उपलब्धियों की वजह से उन्हें वर्ष 2010 में दिल्ली में आयोजित राष्ट्रमंडल खेलों के उद्घाटन समारोह के अवसर पर क्वींस बैटन ले जाने का सम्मान प्राप्त हुआ।

बहादुरों के भी बहादुर होते हैं। मैरी कॉम का पहला प्यार एथलेटिक है, किंतु अपने साथी मणिपुर के बॉक्सर डिंग्को सिंह की सफलता के बाद उन्होंने बॉक्सिंग अपना लिया। जो भी हो, वे लड़ने के लिए ही पैदा हुई थीं, जैसा कि वे याद करती हैं, ''मेरे पिता इस पक्ष में नहीं थे कि मैं बॉक्सिंग खेलूँ। पाँच भाई-बहनों में मैं सबसे बड़ी थी और हमारी आर्थिक स्थिति भी खराब थी। मैं समझ सकती थी, उन्हें डर था कि कहीं मुझे चोट न लग जाए और खेल के लिए संसाधन जुटाने की भी चिंता थी। लेकिन तब मैंने इन सब बातों की जरा भी चिंता नहीं की—मुझ पर तो बस बॉक्सिंग का जुनून सवार था।''

अपने जुनून को पूरा करने के लिए मैरी कॉम चोरी-छिपे बॉक्सिंग सीखने लगीं। उनके पिता को तब भनक लगी जब वे प्रतियोगिताएँ जीतने लगीं और उनका नाम स्थानीय अखबारों में छपने लगा। किसी खिलाड़ी के बारे में यह सुनने में बड़ा अजीब लगता है, लेकिन मैंरी कॉम के मामले में सच है—उनकी शादी के बाद उनका कैरियर परवान चढ़ा। जैसा कि वे कहती हैं, ''शादी और कैरियर में से एक को चुनना बड़ा कठिन था। कुछ लोग चाहते थे कि मैं अपने दस्ताने उतार फेंकूँ और बाल-बच्चोंदार शांत वैवाहिक जीवन बिताऊँ, लेकिन तब केवल मेरे पति मेरे साथ खड़े थे। जब सब ये चाहते थे कि मैं बॉक्सिंग से तोबा कर लूँ, उन्होंने मुझे प्रोत्साहित किया कि मैं आगे बढ़ूँ और विजेता बनकर उभरूँ।''

और उन्होंने ठीक वैसा ही किया। वे एक दशक से भारतीय महिला बॉक्सिंग की ध्वजवाहिका बनी हुई हैं। उनका कैरियर सन् 2000 में आरंभ हुआ। इसकी प्रेरणा उन्हें मणिपुर में एक वर्ष पूर्व आयोजित हुए राष्ट्रीय खेलों में बॉक्सिंग को देखकर हुई। उनके गाँव में प्रशिक्षण का नितांत अभाव था इसलिए उन्हें गाँव छोड़कर राजधानी इंफाल जाना पड़ा। लेकिन वहाँ भी आधारभूत सुविधाओं की कमी थी। इसे भी मैरी कॉम ने अलग रूप में लिया। वे कहती हैं, ''मैं हमेशा सोचती थी के मैं लड़ने के लिए पैदा हुई हूँ, मुझमें कुदरती आक्रामकता, गति और लोच है, जो मेरी सफलता का मूल कारण है।''

वर्ष 2007 में जुड़वाँ बच्चों को जन्म देने के बाद उन्होंने खेल को थोड़ा विराम देने का फैसला किया और निश्चित किया कि इस दौरान वे मणिपुर में बॉक्सिंग की छिपी प्रतिभाओं को उभारने की दिशा में काम करेंगी। इंफाल के

बाहरी इलाके में उन्होंने एक बॉक्सिंग अकादमी खोली, ताकि बॉक्सिंग की प्रतिभाएँ उनके नक्शे कदम पर चलने के लिए प्रेरणा पा सकें। जैसा कि तब उन्होंने कहा था, "इन लड़कियों की प्रतिभा उभारने के लिए मैं अपना अंशदान कर रही हूँ। इनमें मुझे अपनी ही छवि दिखाई देती है—जैसे मैं 8 वर्ष पहले थी। और अगर मैं इतनी आगे बढ़ सकती हूँ तो ये भी सक्षम होंगी।" वे उनके लिए बॉक्सिंग किट का इंतजाम करती हैं, उनके सही खान-पान पर नजर रखती हैं और यहाँ तक कि उनकी शिक्षा पर भी खर्च करती हैं। "जब ये लड़कियाँ कोई मेडल जीतकर लाती हैं, चाहे वह स्थानीय बॉक्सिंग प्रतियोगिता का ही क्यो न हो, मुझे वह मेरी बड़ी जीत नजर आती है। वह उनका मेरे लिए सबसे अच्छा तोहफा होता है।" वे कहती हैं।

अनेक विश्व खिताबों के अलावा उन्हें अर्जुन अवॉर्ड, पद्मश्री, राजीव गांधी खेल रत्न पुरस्कार और इंटरनेशनल बॉक्सिंग फेडरेशन का विशिष्ट पुरस्कार इत्यादि सम्मान मिल चुके हैं—क्या यह दस्तानों को तौबा करने का उचित वक्त है? किसी भी तरीके से नहीं, उनके पति और सबसे बड़े प्रशंसक कहते हैं, "उनका अभी लंबा बॉक्सिंग जीवन बाकी है।" मैरी कॉम सहमति में सिर हिलाती हैं। एक खिताब अभी भी जीतना बाकी है—ओलंपिक स्वर्ण। उनका प्रशिक्षण फिर से चालू हो गया है और उनकी नजर ओलंपिक में स्वर्ण पर है।

नोट : वर्ष 2008 में प्राप्त 'रियल हीरोज पुरस्कार' राशि से मैरी कॉम को अपने पसंदीदा खेल और अपनी खेल अकादमी को नए उपकरणों से सुसज्जित करने में मदद मिली।

❑

मई, 2007 में जब सी.एन.एन.-आई.बी.एन. संवाददाता त्रिदीप के. मंडल मैरी कॉम के साथ इस कहानी पर काम कर रहे थे, वे 7 महीने की गर्भवती थीं और जुड़वाँ बच्चों की माँ बननेवाली थीं। इस दौरान बॉक्सिंग शॉट देने बड़ा कठिन था, लेकिन मैरी ने जीवटता दिखाई और कैमरे को निराश नहीं किया।

करसनभाई पटेल

लहरों के खिलाफ तैरते हुए

गुजरात के सुरेंद्रनगर जिले में प्रतापपुरा स्थित एक प्राइमरी स्कूल में तकरीबन 50 लड़के व लड़कियाँ एक टेलीविजन सेट के इर्द-गिर्द बैठे दिखाई देते हैं। वे ओलंपिक खेलों की तैराकी प्रतिस्पर्धा की रिकॉर्डिंग देख रहे होते हैं। इसके केंद्र में होते हैं जाने-माने अनेक स्वर्ण पदकों के विजेता माइकेल फेल्प्स, जो एक के बाद दूसरा विश्व कीर्तिमान बना रहे होते हैं। बच्चे उनकी हर जीत पर ताली बजाते हैं, मानो वहाँ आँखों देखी प्रतिस्पर्धा चल रही हो। अमेरिकन तैराक, जिन्हें विश्व का सबसे बड़ा तैराक सिद्ध किया जाता है, को इस बात का ज्ञान नहीं है कि ओलंपिक पूल में उनके कारनामों ने उन्हें इस विशाल मरु क्षेत्र के बीच स्थित इस छोटे से गाँव के अनेक बच्चों के लिए प्रेरणा का स्रोत बना दिया है। इस प्रस्तुति को दिखानेवाले व्यक्ति का नाम करसनभाई पटेल है, जो स्कूल के हेडमास्टर हैं, जिन्होंने तैराकी का कोच बनकर अपने निज के माइकेल फेल्प्स बनाने शुरू कर दिए हैं। वे कहते हैं, ''मैंने इस फुटेज की रिकॉर्डिंग की है और इन बच्चों के लिए यह जरूरी है कि वे इसे हर सप्ताह देखें। यदि वे सर्वोत्तम बनना चाहते हैं तो सर्वोत्तम प्रतिस्पर्धाओं को देखना आवश्यक है।''

यह उनका पुराना शौक है। गुजरात के इस शुष्क क्षेत्र में जल संकुल क्षेत्र कम और दूर-दूर हैं। स्थान व जलवायु के कारण प्रतापपुरा जैसे गाँव को परंपरागत रूप से जलाशय के किनारे ही बसाया गया। प्रतापपुरा के 1,000 निवासियों के लिए एकमात्र जलाशय चंद्रसर झील है। अभी थोड़े दिन पहले की बात है, यह पीने योग्य पानी का एकमात्र स्रोत हुआ करता था। यहीं कपड़े और बरतन भी धोए जाते थे। आज इस जगह पर भावी विजेताओं को प्रशिक्षण दिया जाता है। यह झील स्वयं ही बिलकुल साफ है—बिलकुल किसी अखाड़े की तरह जिसमें बड़ी-बड़ी सीढ़ियाँ तीन ओर से पत्थरों को काटकर बनाई गई हैं। चौथी तरफ एक प्राचीन

मंदिर है। यह मनमोहक दृश्य है। ''वर्ष 1978 में जब मैं प्रतापपुरा आया, मुझे तत्क्षण ही इस झील से प्यार हो गया। रोज सुबह-शाम मैं इसमें तैरा करता था, क्योंकि स्वीमिंग हमेशा से मेरा शौक रहा है,'' पटेल याद करते हैं, जो स्वयं राज्य स्तर के तैराक हैं।

यह जल्दी ही सभी बच्चों का शौक बन गया। अपने हेड मास्टर को प्रत्येक सुबह तैरता देखकर उनकी उत्सुकता बढ़ गई; किंतु कोई यह नहीं जानता था कि तैराकी किस प्रकार की जाती है। पटेल उन्हें सिखाने के लिए अपने आप ही आगे आए। बाकी सब यहाँ का स्थानीय इतिहास है। यह प्रशिक्षण 30 वर्षों से चल रहा है और इसने उनके जैसे अनेक तैराकों को उत्पन्न किया है, जो राज्य और पूरी आशा के साथ देश का प्रतिनिधित्व कर रहे हैं। पटेल याद करते हुए बताते हैं, ''मैंने उन्हें तैराकी सिखाने से शुरुआत की, किंतु एक शुभ दिन मैंने इन बच्चों को और अधिक लगन से सिखाने का निश्चय किया, ताकि ये पेशेवर तैराक बन सकें।'' एक दिन में दो बार, इस अनजान से गाँव के 20 बच्चे, लड़के और लड़कियाँ चंद्रसर झील की तरफ आगे बढ़ते हैं, जहाँ उनका प्रशिक्षण केंद्र और तरणताल है। पटेल सीटी बजाते हैं और उनका प्रशिक्षिण सत्र शुरू हो जाता है। खेल में रोमांच तब आता है जब दो लड़के मुकेश व असलम 100 मीटर की दौड़ में अपने कोच को चुनौती देते हैं।

54 वर्षीय कोच का इन बच्चों के साथ कोई मुकाबला नहीं है। आज ये दोनों बच्चे राष्ट्रीय तैराकी चैंपियनशिप में गुजरात का प्रतिनिधित्व करते हैं। ज्यों ही ये तीनों पानी से बाहर निकलते हैं, एक-दूसरे के गले मिलते हैं; जो प्रशिक्षक एवं प्रशिक्षुओं के बीच तालमेल को दरशाता है। असलम कहते हैं, ''करसनभाई को हराने के बारे में हम सपने में भी नहीं सोच सकते। उन्हीं की वजह से हमें जिला स्तर पर और फिर राज्य स्तर पर तैराकी प्रतियोगिता में भाग लेने का मौका मिला।'' कई सालों में पटेल तैराकी स्कूल के 35 बच्चों ने राज्य स्तरीय प्रतिस्पर्धाओं में भाग लिया, वहीं 26 प्रशिक्षित बच्चों ने लगभग 3 लाख की पुरस्कार राशि गुजरात में राज्य स्तरीय तैराकी प्रतिस्पर्धा में जीती है।

राज्य स्तर की तैराकी तक ही इसकी इति नहीं है। इसमें सरकारी या निजी क्षेत्र में नौकरी की भी गारंटी है। इस प्रकार तैराकी की वजह से प्रतापपुरा में कइयों की जिंदगी बदल गई है, आज भी पटेल दरवाजे-दरवाजे जाते हैं और भावी चैंपियनों की पहचान करते हैं। घरों में उन्हें चाय और नाश्ता मिल जाता है और लोग यह भी पूछते हैं कि चंदा आदि भी चाहिए। उनका उत्तर होता है, ''मुझे

किसी तरह की वित्तीय मदद की आवश्यकता नहीं है। केवल अपनी बेटी जिग्ना को तैराकी के लिए भेज दो। मैंने उसे देखा है और उसमें काफी सामर्थ्य है।'' जो बात दरअसल ध्यान देने योग्य है, यह है कि इस सूखी बंजर जमीन में जहाँ वर्षा अत्यधिक दुर्लभ है, में इतने तैराकी चैंपियन पैदा हुए हैं और इतने सारे लोगों को इसकी बदौलत रोजगार के अवसर प्राप्त हुए हैं। जो भी हो, पटेल के लिए उनकी महत्त्वाकांक्षा अभी अधूरी है। उनका सपना एक दिन भारत के लिए माइकल फेल्प्स पैदा करना है। उनकी प्रतिबद्धता तथा शिष्यों के उत्साह को देखते हुए वह दिन दूर नहीं लगता।

नोट : पटेल ने 'रियल हीरोज पुरस्कार' राशि का इस्तेमाल वर्ष 2009 में अपने शिष्यों के लिए नए उपकरण खरीदने पर किया, जिसमें आर्म पुल, स्वीमिंग फ्लिपर्स, किट बैग और तैराकी पोशाकें शामिल हैं।

❑

गुजरात के प्रतापपुरा गाँव की कहानी की संपूर्ण शूटिंग ने सी.एन.एन.-आई.बी.एन. संवाददाता त्रिदीप के. मंडल को एक ऐसी कहानी प्रस्तुत करने का मौका दिया, जो न केवल प्रेरक थी, बल्कि आश्चर्यचकित करनेवाली थी। इस कहानी की शूटिंग जनवरी 2009 में हुई।

के.एम. चिन्नप्पा

वह आदमी,
जिसने नागरहोल को बचा लिया

मैसूर से 94 किलोमीटर दूर स्थित नागरहोल राष्ट्रीय उद्यान (जिसे 'राजीव गांधी नेशनल पार्क' भी कहा जाता है) देश के सर्वाधिक सुरम्य एवं मनोहारी उद्यानों में से एक है। मैसूर के भूतपूर्व शासकों का खास शिकार क्षेत्र रहा यह पार्क चारों ओर से घने वृक्षों से आच्छादित है तथा इसमें जगह-जगह जलधाराएँ, घाटियाँ तथा पानी के झरने फैले हुए हैं। इसे देश के सबसे बेहतरीन प्रबंधन किए जानेवाले पार्क के रूप में भी जाना जाता है, जहाँ चीते और उसके शिकार का अनुपात उचित है तथा चीतों, जंगली भैंसों और हाथियों की संख्या दक्षिण भारत के किसी भी दूसरे वन्य जीव अभयारण्य की तुलना में काफी अधिक है।

जो भी हो, ऐसा पहले नहीं था। दरअसल, वर्ष 1970 में शिकारियों और शक्तिशाली टिंबर माफिया के मिले-जुले खतरों ने इस पार्क और इसकी नैसर्गिक खूबसूरती को बरबाद कर दिया। हर रोज इस जंगल में से 50 ट्रक लकड़ी और लगभग इतने ही पेड़ स्थानीय ग्रामवासियों द्वारा जलाने की लकड़ी के लिए उखाड़ दिए जाते थे। ऐसे ही समय में एक युवा, आदर्शवादी एवं साहसी फॉरेस्ट रेंजर के.एम. चिन्नप्पा का यहाँ आगमन हुआ, जिन्हें उस हीरो (नायक) के रूप में सम्मानित किया जाता है, जिसने नागरहोल को बचा लिया।

यह कल्पना से परे लगता है कि विभिन्न किस्म के पेड़-पौधों, फूलों-फलों से लदे-फँदे ये घने जंगल, स्वच्छ पानी की झीलें और पानी के सोते कभी पेड़ों के ठूँठ व गंदे जल के भंडार थे।

जब चिन्नप्पा ने इन सबको देखा तो उन्हें सबसे अधिक आश्चर्य इस बात का हुआ कि जंगल में पशुओं से अधिक संख्या आदमियों की थी और जब तक कुछ किया नहीं जाता, नागरहोल पूरी तरह बरबाद हो जाएगा। जब उन्होंने जाँच-

पड़ताल की तो पता चला, जंगल की घास का इस्तेमाल फसल उगाने के लिए किया जा रहा है और जानवरों से फसलों को बचाने तथा भूमि की रक्षा करने के लिए शिकारियों को वहाँ पर बुलाया जा रहा है। चिन्नप्पा की पहली सबसे बड़ी चुनौती परारी थिम्मा नामक खतरनाक अवैध शिकारी के आतंक को बेअसर करने की थी। चिन्नप्पा कहते हैं, "परारी का मतलब अदृश्य है। वह केवल रात में शिकार करता था और उसके शिकार हाथी थे, जिनका शिकार हाथीदाँत के लिए करता था।" इसलिए चिन्नप्पा का पहला काम अपने अप्रशिक्षित और बे-हथियार वन रक्षकों को अवैध शिकार उन्मूलन बल के रूप में तैयार करना था। इसके बाद पूरा साल उन्होंने अपने लक्ष्य को ढूँढ़ने में लगाया। एक रात उन्होंने बंदूक की आवाज सुनी। अँधेरे में उन्होंने जहाँ से आवाज आई थी, उसी तरफ फायर किया। लक्ष्य पाने में संदेह होने का सवाल ही नहीं था। इसके बाद परारी कभी नहीं दिखा। इस घटना के बाद नागरहोल में अवैध शिकार में काफी कमी आई।

किंतु दुश्मनी गहरे पैठ गई थी। कई अवसरों पर चिन्नप्पा स्वयं घायल होने से बचे। जंगल को बचाने की उसकी मुहिम को नाकाम करने के लिए भ्रष्ट राजनीतिज्ञों, अधिकारियों और शिकारियों ने कई बार प्रयास किए। स्थानीय गाँव वाले लालफीताशाही और शारीरिक हमले के कई बार शिकार हुए। सबसे दुःखद घटना वर्ष 1992 में घटी, जब चिन्नप्पा के शत्रु संगठित होकर जंगल में एक मृत शरीर को छोड़ गए और उन पर हत्या का मामला बना। चिन्नप्पा को फँसाने की कोशिश की गई। इसके बाद ये लोग एक भीड़ को उनके पैतृक घर और 96 वर्ग कि.मी. जंगल में आग लगाने के लिए उकसाने लगे। जैसा कि बड़ी तल्खी से याद करते हुए वे कहते हैं, "25 वर्षों के दौरान मैंने जो कुछ भी बचाया था, उन्होंने सिर्फ 2 दिनों में बरबाद कर दिया। मैंने सोचा, अब बहुत हो गया और त्यागपत्र दे दिया।"

जो भी हो, वन विभाग से उनके त्यागपत्र से उनकी मुहिम का अंत नहीं हुआ। इसका उद्‌देश्य सिर्फ इतना था कि लड़ाई का रुख और परिदृश्य बदल चुका है। उन्होंने एक एन.जी.ओ. 'वाइल्ड लाइफ फर्स्ट' की स्थापना की और स्थानीय लोगों के बच्चों को वनों के महत्त्व बताने लगे। चिन्नप्पा का दर्शन बिलकुल सरल है। बच्चों को वाइल्ड लाइफ से जोड़े रखो। हमारे वनों के भावी रक्षक वे ही हैं। इसलिए धार्मिक कार्य की तरह हर रोज चिन्नप्पा 'पाइड पाइपर' की तरह झुंड-के-झुंड बच्चों को घने जंगलों में ले जाते हैं, जहाँ जैव विविधता के बारे में उन्हें विस्तार से समझाते हैं और यह भी बतलाते हैं कि इनका संरक्षण आवश्यक क्यों

है। अपने प्रयासों से यह छोटा-मोटा कॉफी उत्पादक का बेटा न केवल एक महान् हस्ती बन चुका है और प्रेरणा का केंद्र भी, बल्कि एक शिक्षक और नागरहोल को बचानेवाला भी बन गया है—जहाँ उसने लगभग 40 वर्ष बिताएँ हैं। जाने-माने वनस्पति वैज्ञानिक उल्हास कारंथ का कहना है, ''चिन्नप्पा जैसे लोग ही हमारे वन्य पशुओं की रक्षा के लिए आगे आ सकते हैं।''

और ऐसा सिर्फ नागरहोल में ही नहीं है। चिन्नप्पा और उनके समूह के लोगों ने इस संदेश को समूचे कर्नाटक में फैला दिया है और बच्चों को यह समझा पाने में कामयाब हो चुके हैं कि चीतों का जलभराव क्षेत्रों और हाथियों का पेड़ों की छालों से क्या संबंध है। जैसा कि वे कहते हैं, ''यही मैं उन्हें सिखाना चाहता था—आगे बढ़ते रहो और सिखाते रहो।'' इसका बच्चों के माता-पिता के ऊपर अधिक प्रभाव पड़ा, जो गाँव के लोग गुस्से में पागल लोगों के साथ हुआ करते थे, उनके घर को जला डालते थे, उनके बच्चों को शिक्षित करने तथा उनके जीवन में सुधार के लिए उन्हें सम्मान की नजर से देखते हैं। नागरहोल के बाहर स्थानीय लोगों के मजबूत मकान हैं, जहाँ वे रहते हैं। इन घरों को चिन्नप्पा के कार्यकाल के दौरान उन्हें दिया गया था। अब बच्चे विद्यालय जाते हैं, जो उनके पूर्व ऑफिस के पास ही स्थित है। यह सब चिन्नप्पा के प्रयासों का फल है कि जो लोग बिना सोचे-समझे नागरहोल को बरबाद करने पर तुले थे, आज उसकी रक्षा के लिए प्रेरित हैं। जो भी हो, उनका सबसे बड़ा पुरस्कार नागरहोल का बचाव है। जैसा कि वे कहते हैं, सबसे पहले जब मैं यहाँ आया, मेरा मानना था कि यह वन, तीस वर्षों से अधिक नहीं बच सकता था, लेकिन आज यह सर्वाधिक सुंदर वनों में से एक है। यह अब 100 से भी अधिक वर्षों तक बना रहेगा।''

❑

चिन्नप्पा वनों के शेरे-दिल हैं इसलिए सी.एन.एन.-आई.बी.एन. के के. विक्रम वेंकटेश्वरन ने अपनी कहानी कुछ इस अंदाज में बयाँ की कि इस आदमी की निर्भीकता समूची कहानी में दिखे। इसकी शूटिंग जनवरी 2009 में नागरहोल राष्ट्रीय उद्यान के बेहद बीहड़ भू-क्षेत्र में की गई।

के.पी. थॉमस

नायकों के गुरु

जब 2010 में गो–झो में आयोजित एशियाई खेलों की 400 मीटर की प्रतियोगिता में जोसेफ अब्राहम ने स्वर्ण पदक हासिल किया तो वे खेलों की दुनिया के हीरो बन गए। विजय स्थल पर उनकी भावविह्वल प्रतिध्वनि में कोट्टायम, केरल के एक पूर्व एथलीट का नाम सुनाई पड़ा और वे थे उनके भूतपूर्व कोच के.पी. थॉमस।

एक आम सैलानी के लिए कोट्टायम जलाशयों, नौका दौड़, कलारीपायत और कथकली का एक दूसरा नाम है। यहीं से अधिकांश पर्यटक सुप्रसिद्ध जलाशयों में अपनी नौका यात्रा शुरू करते हैं। किंतु वहाँ के स्थानीय लोगों के लिए यह जिला किसी दूसरे कारण से प्रसिद्ध है और वह है खेल। कोट्टायम का कोरुथोड एक तरह से खेलों का पालना है, जहाँ देश के जाने–माने एथलीट पैदा हुए। लंबी कूद की ओलंपिक विजेता अंजू बॉबी जॉर्ज, तेज धावक जिंसी फिलिप्स और 800 मीटर में एशियन गेम की दोहरा स्वर्ण पदक विजेता साइनी विल्सन; सबने एथलेटिक्स में अपने पेशे की शुरुआत यहीं से की—भूतपूर्व एथलीट और कोच के.पी. थॉमस के सफल निर्देशन में, जिन्हें प्यार से 'थॉमस मास्टर' कहकर भी बुला जाता है। उनके साधारण से घर में एक भव्य शोपीस है, जो समाचार–पत्रों की कतरनों से पूरी तरह ढका हुआ है। ये कतरनें वर्षों पुरानी हैं और इनमें उन खिलाड़ियों की उपलब्धि को सिलसिलेवार ढंग से इन समाचार कतरनों के माध्यम से दरशाया गया है, जिन्होंने उनकी शागिर्दी में ट्रेनिंग ली है। इनमें नवीनतम नाम जोसेफ अब्राहम की स्वर्ण पदक दिलानेवाली दौड़ का है।

थॉमस याद करते हैं, 'एक दिन एक ऐसा खिलाड़ी मेरे पास आया, जिसने जिला स्तरीय प्रतियोगिता में अच्छा काम किया था और उस लेख को चस्पाँ कर दिया, जिसमें उसके बारे में लिखा गया था। इसके बाद मुझे यह समझ नहीं आया

कि उपलब्धियों को चस्पाँ करने का यह काम परंपरा कैसे बन गया? बच्चे अधिक-से-अधिक लेख चिपकाते गए। हरेक लेख में इन खिलाड़ियों के बारे में जिला स्तर, राज्य स्तर अथवा राष्ट्रीय स्तर की उपलब्धियों का जिक्र था। जब मैंने इस बारे में उनसे पूछा तो उनका कहना है कि आभार प्रकट करने का यह उनका अपना तरीका है, किंतु मुझे ऐसा लगता है कि यह उनका प्यार और मेरे लिए सम्मान है। मैं सच कहता हूँ, मैं जब भी इस दीवार की ओर देखता हूँ तो मेरा मन खुशी और गर्व से भर जाता है।'

शोहरत की यह दीवार उन्होंने बड़ी मेहनत से कमाई है। थॉमस के पास बिलकुल पैसे नहीं थे। केवल पेंशन का सहारा था, जो उनके ट्रेनिंग स्कूल को चलाने पर खर्च हो जाता था। अधिकांश गरीब छात्र उनके घर पर ही खाना खाते हैं, जिसे उनकी धर्मपत्नी पकाती हैं। थॉमस कहते हैं, "कुछ वर्ष पहले जब मेरी अच्छी कमाई थी, उस समय लगभग 50 बच्चे हमारे पास रहते थे और भोजन करते थे। किंतु अब मैं इतनी कम पेंशन पर उनका भरण-पोषण नहीं कर सकता।"

63 वर्षीय थॉमस मास्टर अपने स्कूल में 170 एथलीटों को बिलकुल मुफ्त ट्रेनिंग देते हैं। कभी-कभार स्थानीय दानदाता भी आ जाते हैं, किंतु स्कूल उनकी पेंशन पर ही चलता है। उन्हें इसकी कोई बहुत अधिक फिक्र नहीं है। दरअसल इससे उन्हें प्रेरणा मात्र प्राप्त होती है। जैसा कि वे कहते हैं, "लगभग 90 प्रतिशत बच्चे गरीब परिवारों के होते हैं। उनमें से सभी राष्ट्रीय या अंतरराष्ट्रीय स्तर के एथलीट नहीं बन सकते, किंतु स्पोर्ट्स के जरिए उन्हें बेहतर नौकरी व खुशहाल जीवन मिल सकता है।"

उनके स्कूल में ट्रेनिंग सुविधाएँ भी कामचलाऊ मात्र हैं। महज अनुशासन और मानसिक प्रेरणा के बल पर थॉमस अपने शिष्यों को प्रेरित करते हैं और उन्हें विजेता बनाते हैं। इन शिष्यों की ओर मुखातिब होने पर वे कहते हैं, "मास्टर कभी नहीं चाहते कि ट्रेनिंग के दौरान हम लोग कुछ और करें। हमें इधर-उधर देखने पर मास्टर बहुत गुस्सा करते हैं।" किंतु इन छात्रों का मानना है कि वैसे मास्टरजी बिलकुल सीधे हैं।

रोज की प्रैक्टिस लगभग 2 घंटे चलती है और बच्चे, बालक और बालिकाएँ बराबर संख्या में दौड़ते हैं। बाधा दौड़ में शामिल होते हैं, लंबी दूरी की दौड़-दौड़ते हैं, गड्ढ़ों को पार करते हैं और दूसरे एथलीटों के साथ दूसरे कार्यक्रमों में भी भाग लेते हैं। इधर-उधर घूमते हुए थॉमस उन्हें करीने से देखते रहते हैं, उन्हें सलाह देते हैं और उनके गलत पोस्चर और तरीकों में सुधार की बात करते रहते हैं। वे पूरे

सख्त तो हैं ही लेकिन अच्छे माँ-बाप की तरह उन्हें चाहते भी हैं। तभी तो सारे छात्र उन्हें वैसा ही आदर-सम्मान देते हैं। एम.एम. अंजू और टीना मैरी थॉमस, दोनों ने उन्हीं से ट्रेनिंग ली थी। उन्होंने वर्ष 2010 के कॉमनवेल्थ गेम्स में 100 मीटर बाधा दौड़ और 200 मीटर की दौड़ में भाग लिया। उनके सिखाए एथलीटों ने वर्ष 2010 की इंटरस्टेट सीनियर एथलेटिक्स चैंपियनशिप में 13 स्वर्ण पदक जीते। थॉमस मास्टर इन युवाओं को बड़े सपने देखने की ही शिक्षा नहीं देते, बल्कि जीवन की दौड़ शुरू करने की भी शिक्षा देते हैं, जैसा कि उन्होंने हाल ही में भारत के खेल नायक जोसेफ अब्राहम के साथ किया है।

नोट : 2008 में 'रियल हीरोज पुरस्कार' पाने के बाद थॉमस अब अपने क्षेत्र का विस्तार करने लगे हैं। वे अब 110 बच्चों को ट्रेनिंग देते हैं और अपनी पुरस्कार राशि का प्रयोग उन्होंने आठ अन्य बच्चों को प्रायोजित करने में लगाया है। उन्होंने अपने स्कूल को कोट्टायम जिले से स्थानांतरित करके इदुक्की जिले में कर दिया है।

❑

अप्रैल 2007 में सी.एन.एन. और आई.बी.एन. की रोहिणी मोहन ने कुछ समय मास्टर थॉमस के साथ कोट्टायम के पास उनके गाँव में बिताया, ताकि भारतीय खेल के क्षेत्र में इस व्यक्ति के योगदान का प्रस्तुतिकरण तैयार किया जा सके।

के. सुजाता

निजी त्रासदी या तो मानव मन को तहस-नहस कर देती है या कुछ दुर्लभ मामलों में भुक्तभोगी को कुछ ऐसा करने के लिए प्रेरित करती है, ताकि ऐसी परिस्थितियों में फँसे हुए लोगों के दुःख को कम किया जा सके। के. सुजाता (वे केवल अपना पहला नाम इस्तेमाल करती हैं) इस अदम्य साहस और परोपकार की साक्षात् मूर्ति हैं। छह वर्ष पहले उनके इकलौते बेटे का मस्कूलर डिस्ट्रॉफी (एम.डी.) की वजह से निधन हो गया। यह एक ऐसी बीमारी है, जो समय बढ़ने के साथ मांसपेशियों को कमजोर बना देती है और जिसके लिए कोई इलाज नहीं है। जो भी हो, अवसाद में डूब जाने की जगह उन्होंने इसी तरह की बीमारी से ग्रस्त दूसरे लोगों की मदद के लिए आगे बढ़ने का निर्णय लिया। उन्होंने इस बीमारी से प्रभावित गरीब ग्रामीण परिवारों के बच्चों की देखभाल के लिए हैदराबाद में अपने बेटे के नाम पर 'वेंकटेश मस्कूलर डिस्ट्रॉफी फाउंडेशन' की स्थापना की। इस फाउंडेशन को इस उद्देश्य के साथ शुरू किया गया कि यह एक ऐसी बीमारी है, जो शरीर पर हमला करती है, जबकि रोगी की मानसिक दक्षता ज्यों-की-त्यों और सक्रिय बनी रहती है। इस बीमारी का बच्चों की सोच पर अधिक प्रभाव पड़ता है, जिनके सीखने और सबक लेने के दिन होते हैं। जब सुजाता के बेटे की उम्र 5 वर्ष थी, तभी उसमें एम.डी. के लक्षण देखे गए थे। माँ ने बच्चों के ऊपर इस बीमारी के प्रभाव का व्यापक रूप से अध्ययन किया था तथा यह भी कि उसके बेटे को किस प्रकार की देखभाल की जरूरत पड़ेगी।

उन्होंने उस ज्ञान का इस्तेमाल अपने फाउंडेशन के कामों के लिए किया है, बिलकुल अलग ढंग से। बजाय इसके कि एम.डी. से ग्रस्त बच्चे इलाज के लिए उनके पास आएँ, वे स्वयं उनके पास जाती हैं। वे ग्रामीण क्षेत्रों में दूर-दूर तक जाती हैं, क्योंकि यहाँ एम.डी. ग्रस्त बच्चों को चिकित्सा सहायता अथवा थैरेपी

नहीं मिल पाती और वे बिलकुल अलग-थलग होते हैं, क्योंकि बीमारी के बारे में किसी को पता नहीं होता है। के. सुजाता अकसर इन इलाकों में जाती हैं, मुफ्त मेडिकल कैंपों का आयोजन करती हैं और उन्हें बेसिक दवाएँ देते हुए पीड़ित बच्चों के माता-पिता को उन्हें सँभालने के बारे में प्रशिक्षण देती हैं। जैसा कि उनका कहना है, ''ग्रामीण इलाकों में लोगों को कैंसर अथवा एड्स के बारे में थोड़ा-बहुत पता है, किंतु 'एम.डी.' के बारे में शायद ही किसी को कोई खास जानकारी होती है। इसलिए इस बीमारी से प्रभावित बच्चों को अधिक पीड़ित होना पड़ता है, क्योंकि उन्हें जानकारी नहीं होती। मैं इसी सोच में बदलाव लाना चाहती थी। मैं चाहती हूँ कि लोग इस बीमारी के बारे में समझें।''

के. सुजाता को इस प्रयास में अनेकानेक कठिनाइयों का सामना करना पड़ता है, पर अपने बेटे की याद उन्हें आगे बढ़ने की प्रेरणा देती रहती है और जो बदलाव उन्होंने अपने प्रयास से लाए हैं, वे अब साफ-साफ दिखने लगे हैं। छह साल के बाबू को देखिए, जो एम.डी. से ग्रस्त था, अब जब वह चलता है तो उसका चेहरा चमकता है। वह चल नहीं सकता, किंतु छोटे से व्हील चेयर पर इधर-उधर घूम लेता है, जिसका बंदोबस्त के. सुजाता ने किया है। ''यह व्हील चेयर हमारे लिए बहुत बड़ी राहत है। कम-से-कम वह दूसरे बच्चों की तुलना में अपने को हीन तो नहीं समझता, क्योंकि वह अब घर जा रहा है।'' बाबू के पिता का कहना है, जो एक स्थानीय मंदिर में पुजारी हैं। उन्हें इस बात का इल्म है कि इतनी कम आय में वे अपने बेटे के लिए व्हीलचेयर की सुविधा कभी नहीं दे सकते हैं। के. सुजाता जिन गाँवों का दौरा करती हैं, उनमें से अनेक गाँवों के बच्चों का इलाज उनके अपने ही घर में किया गया है। वे सभी बड़े प्रेम और सम्मान से उन्हें 'आंटी' बुलाते हैं, किंतु उनके चेहरे तब और अधिक खिले दिखते हैं जब वे वायदा करती हैं कि वे जल्दी ही उनके घर पर वापस आएँगे, ताकि उनकी पढ़ाई व खेल फिर से शुरू हो सके। यह सब एक सपने के सच होने जैसा है, जो कभी साकार कर पाना कठिन था, किंतु कुछ दानदाताओं के प्रयास से 'वेंकटेश फाउंडेशन' चल रहा है। के. सुजाता को आंध्र प्रदेश के मुख्यमंत्री स्वर्गीय राजशेखर रेड्डी से काफी बड़ी राशि भी प्राप्त हुई। उन्होंने सभी एम.डी. रोगियों के लिए पेंशन की व्यवस्था की, चाहे यह बीमारी जिस भी स्तर पर उन्हें प्रभावित करती हो। उन्होंने 20 बच्चों के लिए 10,000 रुपए की मासिक पेंशन भी मुहैया कराई, जो 'के. सुजाता सेंटर' पर रह चुके थे। इससे अनेक स्वयंसेवियों को आगे आने की प्रेरणा मिली है, जो उनके रोगियों के लिए दवा उपलब्ध कराना प्रायोजित करते हैं।

वे कृतज्ञता और आशावादिता का सारा श्रेय अपने दिवंगत पुत्र को देती हैं जिसकी वजह से वे इनका अर्थ जान सकीं। उनकी योजना एक कंप्यूटर सेंटर खोलने की है, जिसके माध्यम से युवा एम.डी. रोगियों को आत्मनिर्भर बनाने में सहयोग प्राप्त हो सकेगा। 'इनमें से अधिकांश बच्चे बड़े मेधावी हैं, क्योंकि उन्हें केवल शारीरिक दिक्कतें हैं। उनके पास बुद्धि है और इसे प्रोत्साहित करना चाहिए। यदि उन्हें कंप्यूटर की ट्रेनिंग मिलती है तो किसे पता, उन्हें नौकरी भी मिल सकती है और वे सामान्य जीवन जी सकते हैं।' वे यह सब तब कहती हैं, जब वे अपने रोगियों द्वारा डेवलप किए गए सॉफ्टवेयर प्रोग्राम पर बात कर रही होती हैं। फिलहाल वे अपने ग्रामीण कार्यक्रमों में व्यस्त हैं और गरीब परिवारों के रोगियों को सरकारी अस्पतालों में लक्षण-परीक्षण आदि कराने में सहायता प्रदान कर रही हैं। वे इस समय इस बीमारी की स्टेम सेल उपचार की संभावना पर अध्ययन कर रही हैं। आशा है, निकट भविष्य में वे सफल होंगी। एम.डी. ग्रस्त रोगियों को अब उस दुर्भाग्य का सामना नहीं करना पड़ेगा, जैसा कि इनके बेटे के साथ हुआ। अध्यवसाय उनका सबसे बड़ा अस्त्र है। जैसा कि वे कहती हैं—"अभी मैं निश्चयपूर्वक नहीं सो पाऊँगी, क्योंकि मुझे मेरे बेटे की पूर्ण रूप से विकसित केयर सेंटर की इच्छा को अभी पूरा करना है। मुझे मालूम है आसमाँ से वह मेरी ओर देख रहा होगा। मैं अपनी उपलब्धि की खुशी का सारा श्रेय उसे समर्पित करती हूँ।"

नोट : 'रियल हीरोज पुरस्कार 2009' से के. सुजाता को नए पंख लग गए हैं। 'वेंकटेश मस्कुलर डिस्ट्रॉफी फाउंडेशन' को शुरू करने का उनका सपना शीघ्र हकीकत बन जाएगा। यह सेंटर वेंकटेश के जन्म दिन 9 मई, 2011 को दुबारा से खुलेगा। वेंकटेश के जीवन पर आधारित एक वृत्तचित्र भी लॉञ्च किया जा रहा है। इस फिल्म से प्राप्त आमदनी फाउंडेशन को दी जाएगी।

❑

एक माँ की दिलेरी का इस कहानी का फिल्मांकन सी.एन.एन.-आई.बी.एन. संवाददाता प्रीति सिंह ने दिसबंर 2008 में हैदराबाद में के. सुजाता के साथ रहकर किया।

गुड्डू बाबा

तर्क एवं पवित्रता का संरक्षण

पटना में गंगा नदी के घाटों पर साफ-सफाई को छोड़कर सबकुछ है। पानी एकदम गंदा है तथा उसमें से लाशों के सड़ने की बदबू आती है। कूड़ा-करकट बह रहा होता है, जिसकी दुर्गंध बरदाश्त करना कठिन होता है। जो भी हो, नदी की इस गंदगी को बदलने के लिए एक व्यक्ति कृत-संकल्प है। गुड्डू बाबा, जिन्हें इधर इसी नाम से जाना जाता है, सफेद दाढ़ीवाले आदमी हैं, जिनका उत्साह दैवीय तथा वेशभूषा लोगों के लिए रहस्य है। ये युवा लोगों के एक समूह का नेतृत्व करते हैं, जो गंगा के किनारों की रोज-रोज सफाई करता है। वे नदी में स्नान करने आया करते थे, किंतु गंदगी और मृत जानवरों को नदी में पड़ा देखकर उन्होंने अपना अभियान शुरू करने का निर्णय किया। वे लावारिस लाशों को बाहर निकालने और उनके दाह-कर्म का काम भी करते हैं। वे रोज सुबह 3 बजे उठकर घाटों पर पहुँच जाते हैं। फावड़ों और टोकरियों से लैस उनके समूह के लोग अधजली लाशों तथा जानवरों की लाशों को घसीटकर किनारे पर लाते हैं ओर वहाँ उनका पूरे विधि-विधान से अंतिम संस्कार करते हैं। शहर के समीप यह एक तरह का जन-आंदोलन बन चुका है और स्वयं-सेवकों को इस काम के लिए जुटा पाना अब कठिन नहीं है। ये सभी स्थानीय उत्साही युवक हैं, जो गुड्डू बाबा द्वारा शुरू किए गए इस जेहाद में संतोष का अनुभव करते हैं। पटना में गंगा नदी में सबसे अधिक प्रदूषण पटना मेडिकल कॉलेज अस्पताल से होता था, जो गंगा के किनारे स्थित है। देश के सबसे पुराने अस्पतालों में शुमार यह अस्पताल वर्षों से इस नदी में मेडिकल कचरा फेंकता आ रहा है। गुड्डू बाबा ने इस पर रोक लगाने के लिए पटना उच्च न्यायालय में एक याचिका भी दायर की—यद्यपि उनके पास कानून की कोई डिग्री नहीं है, कानून की

प्रैक्टिस का कोई लाइसेंस नहीं है। पहले वे एक कॉलेज में व्याख्याता थे, फिर भी अदालत ने उनके अदम्य उत्साह और प्रतिष्ठा को देखते हुए विशेष मामले के रूप में उन्हें केस लड़ने की इजाजत दी। जब मैली व गंदी गंगा के जल में घुटनों अंदर जाकर वे सफाई नहीं कर रहे होते, तब उन्हें अकसर भारी-भरकम फाइलें तथा अदालत के कागजात लिये जाते हुए देखा जा सकता था। उन्होंने मुकदमों व जनहित याचिका के माध्यम से स्वास्थ्य से जुड़े कई मसलों को भी उठाया है। उन्होंने अनेक स्थापित, किंतु अवैध अथवा बेकार की परंपराओं को भी चुनौती दी है, जैसे कि सरकारी डॉक्टरों द्वारा निजी प्रैक्टिस करना, वर्षों से बेकार पड़े चिकित्सा उपकरणों को पुनरुपयोगी बनाना, चिकित्सा उपकरणों की खरीद पर सरकारी धन का अपव्यय, सरकारी अस्पतालों में भरती रोगियों को मुफ्त भोजन और निजी डायग्नोस्टिक केंद्रों तथा सरकारी डॉक्टरों की मिली भगत। पटना में लोगों के बीच गुड्डू बाबा वास्तविक हीरोज हैं। वे गंभीर चिंतावाले मसलों के लिए लड़ाई लड़ रहे हैं, जिसमें गंगा सफाई का मामला सूची में सर्वोपरि है।

उनकी रोजमर्रा के कार्यों की सूची बड़ी होती जा रही है। जब वे नदी की सफाई में नहीं लगे होते तो गंगा स्नान के लिए आए लोगों के लिए जागरूकता अभियान का नेतृत्व कर रहे होते हैं। वे नदी को साफ रखने के मसलों पर हैंडबिल बाँटते हैं और इस विषय पर व्याख्यान भी देते हैं। वे कानूनी मामले भी लड़ रहे हैं कि गंदे नालों की गंदगी को नदियों में न डाला जाए।

एक आर.टी.आई. के माध्यम से गुड्डू बाबा को पता चला कि पटना के प्रमुख उपनगरों में नगरपालिकाओं के पास मृत जानवरों को ठिकाने लगाने के लिए कोई फंड या भूमि नहीं है। इसके बाद उन्होंने पटना उच्च न्यायालय में एक याचिका दायर कर दी और 29 अप्रैल, 2010 को न्यायालय ने एक आदेश जारी किया, जिसमें नगर महापालिकाओं को गंगा में अथवा किसी अन्य खुली जगह पर मरे हुए जानवरों को फेंकने से मना किया गया था। एक अन्य आर.टी.आई. के माध्यम से उन्होंने जाना कि बिहार में 86 पशु देखभाल केंद्रों व गोशाला पर भूमि माफियाओं ने जबरन कब्जा कर लिया है। 3 मार्च, 2010 को पटना उच्च न्यायालय द्वारा जारी एक आदेश में सरकार से यह अनुरोध किया गया कि वह यह सुनिश्चित करे कि इस तरह की संपूर्ण भूमि माफियाओं से वापस ली जाए और पशु केंद्रों को फिर से शुरू किया जाए।

नोट : पर्यावरण वर्ग में वर्ष 2009 में 'रियल हीरोज पुरस्कार' प्राप्त करने के बाद गुड्डू बाबा ने पुरस्कार राशि का इस्तेमाल आठ आर.टी.आई. फाइल करने और पटना उच्च न्यायालय में इन पर आठ जनहित याचिकाएँ दायर करने में किया, ताकि यह सुनिश्चित हो सके कि नदी साफ रहे और किसी भी तरह की गंदगी से मुक्त रहे।

❑

गुड्डू बाबा सी.एन.एन.-आई.बी.एन. के एक सिटिजन जर्नलिस्ट थे, किंतु प्रभाकर कुमार ने उनमें रियल हीरो बनने के सारे गुण पाए और उन्होंने जनवरी 2009 में पटना में इस कहानी की शूटिंग की।

चेवांग नॉरफेल

दि आइस मैन

लोग उन्हें 'आइस मैन' के रूप में जानते हैं, वह आदमी जिसने ग्लेशियर पर विजय प्राप्त की है। लद्दाख की खून जमा देनेवाली ठंडी मरुभूमि में पानी सोने के माफिक कीमती होता है। इस बात को चेवांग नॉरफेल से बेहतर कोई नहीं जानता। नॉरफेल, जो पहले एक सिविल इंजीनियर थे, जिन्होंने अपने पेशेवर जीवन का अधिकांश समय उन परियोजनाओं पर काम करते हुए बिताया, जहाँ प्रकृति, भौगोलिक स्थिति और जलवायु—अतिमानवीय चुनौतियों को प्रस्तुत करते हैं। जम्मू-कश्मीर के ग्रामीण विकास विभाग में एक सिविल इंजीनियर के रूप में उन्होंने बंजर चट्टानों पर सड़कें बनाईं, ऊँचाई से तेजी से नीचे की ओर गिरतीं तथा गर्जना करती नदियों पर पुल बनाए तथा जल रहित सूखाग्रस्त क्षेत्रों में सिंचाई के लिए नहरों का निर्माण करवाया। उनकी सबसे बड़ी चुनौती और सफलता, जिसकी वजह से उन्हें विश्व भर में ख्याति प्राप्त हुई, वह है—किसानों के लिए ईंट-दर-ईंट और ग्लेशियर-दर-ग्लेशियर, नहरों का जाल बिछाने की आशा जगाना।

नॉरफेल की इंजीनियर के रूप में नौकरी उन्हें लद्दाख ले गई। वहाँ के अधिकांश परिवारों द्वारा सामना की जा रही सबसे प्रमुख चुनौती, जल की कमी का उन्हें व्यक्तिगत अनुभव हुआ। वे कहते हैं—''मेरा जब भी गाँवों में जाना होता था, वहाँ के लोग एक ही शिकायत करते थे—वह थी पानी की कमी।'' जाड़े में एक सुबह जब बहुत अधिक ठंड थी, उनके वाटर टेप (नल) से ही उन्हें समस्या का समाधान सूझा—''हमारे घर के नौकर ने नल को चलते हुए छोड़ दिया था, ताकि पाइपों को जमने से बचाया जा सके। मैंने देखा कि इस प्रकार बरबाद हो रहा पानी इसके आगे एक नाली में जम रहा था।'' उन्होंने याद करते हुए बताया।

यह कृत्रिम ग्लेशियरों की नई अवधारणा के जन्म की कहानी थी। उनके अंदर का इंजीनियर और कार्यकर्ता मन जाग उठा—यह लद्दाख की पूरे वर्ष

चलनेवाली जल की कमी का समाधान हो सकता था। इसके साथ ही बड़े परिप्रेक्ष्य में ग्लोबल वार्मिंग का भी। उनका सिद्धांत सरल, किंतु मजबूत था। अधिक ऊँचाई के ग्लेशियरों की बर्फ तेजी से पिघल रही थी, किंतु वह बरबाद हो जाती थी। उन्हें पहाड़ों के छायावर्ती क्षेत्रों की ओर अभिमुख करना था, जहाँ उन्हें स्टोर किया जा सकता था और बुवाई के समय किसानों को पानी भी जरूरत के वक्त मुहैया कराया जा सकता था। "लद्दाख के गाँव ऊँचाई पर बसे होते हैं, जबकि नदियाँ नीचे बहती हैं। अधिक ऊँचाईवाले ग्लेशियर जून के महीने में पिघलते हैं, जबकि वहाँ बुआई का समय अप्रैल-मई से शुरू होता है।" वे बताते हैं। इस समस्या का समाधान था कृत्रिम ग्लेशियरों को 13,000 से 14,000 फीट की ऊँचाई पर बर्फ के रूप में गलते हुए बर्फीले पानी के रूप में भंडारित करना। यह बर्फ इसके बाद जल्दी से गल जाती है और बुआई के समय अप्रैल-मई में काम आती है।

लेह से लगभग 50 कि.मी. की दूरी पर स्थित 'शक्ति' नामक स्थान पर उनके निर्माणों में से एक स्थित है—बर्फ की बहुत बड़ी खाई, नहरें और गलती-पिघलती बर्फ से निकलनेवाले पानी को रोकने के लिए नहरों तक बने तटबंध कराना, जहाँ पानी जमा किया जाता है। जब यह बर्फ पिघलती है तो आसपास के 500 से अधिक परिवारों को बुआई के समय सिंचित खेत मिल जाते हैं। नॉरफेल का पहला ग्लेशियर फुक्ती फू गाँव के पास बना है, जो उनका प्रिय ग्लेशियर है। वर्ष 1987 में 90,000 रुपए की लागत से बने इस ग्लेशियर की देख-रेख वही करते हैं—"यह ग्लेशियर 600 मीटर से बड़ा होकर 2 कि.मी. तक लंबा बन चुका है, जिसकी चौड़ाई 100 मीटर और गहराई 1.6 मीटर है।" यह कहकर वे अभिभावक की भाँति गौरवान्वित महसूस करते हैं।

नॉरफेल ने अब तक इस तरह की सात परियोजनाएँ बनाई हैं। उनके इस अग्रगण्य काम की सबसे बड़ी विशेषता यह है कि इससे हजारों किसानों को लाभ मिला है और इनमें से अधिकांश परियोजनाओं का काम उन्होंने वर्ष 1994 में रिटायर होने के बाद शुरू किया। इससे उन्हें वैश्विक पहचान भी मिली। वर्ष 2009 में कोपेनहेगेन में हुए 'यूनाइटेड नेशंस क्लाइमेंट चेंज' कॉन्फ्रेंस में उन्हें आमंत्रित किया गया था। वे याद करते हैं—"विदेशी लोग, जो इसी तरह की मौसमी दशाओं में रहते हैं क्यों नहीं, यह समझ पाते कि उन्होंने कौन सी उपलब्धि हासिल की है? स्वीडन का एक पर्यटक यहाँ चलकर मेरे पास आया था, मुझे मिलने के लिए और मेरी अवधारणा को समझने के लिए। यह सोचते हुए कि आइस और बर्फ को पंच करने के लिए बड़ी-बड़ी मशीनें लगी होंगी। उसे यह देखकर बड़ा आश्चर्य हुआ

कि यह इतनी आसानी से हो रहा है।"

नॉरफेल हमेशा ही लीक से हटकर काम करनेवाले हैं, लेकिन महत्त्वाकांक्षा के साथ वे घर से 14 वर्ष की ही उम्र में बाहर लेह गवर्नमेंट स्कूल में पढ़ने के लिए निकल पड़े। इसके बाद इंजीनियरिंग की पढ़ाई करने के लिए वे श्रीनगर में अमर सिंह कॉलेज गए। सरकारी पद से सेवानिवृत्ति के बाद उनके भीतर का इंजीनियर समस्याओं का समाधान पाने के लिए 'प्रयास' करता रहा। उन्होंने 'लेह न्यूट्रिशन परियोजना' जॉइन कर ली। यह एक गैर-सरकारी संगठन था, जहाँ वे अपने लद्दाखी भाइयों की मदद कर रहे हैं, ताकि वे ग्रीन हाउसों के निर्माण के जरिए वर्ष भर फल और खाद्यान्न उगा सकें एवं उनका भंडारण कर सकें, जो 40 डिग्री से नीचे ताप गिरने पर कठिन शीत ऋतु के दौरान एक महत्त्वपूर्ण आवश्यकता है। अब वे पानी को दूसरी तरफ निकालने के लिए गहराई पर जमीन के अंदर पाइप लगाने पर विचार कर रहे हैं, ताकि बड़े-बड़े ग्लेशियरों का निर्माण किया जा सके और इन परियोजनाओं के लिए धन के अभाव को पूरा करने के लिए कुछ प्रयास किया जा सके।

उन्होंने जगह-जगह इन कृत्रिम ग्लेशियर का निर्माण किया है। थिकसे मठ के परे नाँग गाँव के उनके आस-पास के किसान उनके पास एकत्र होते हैं, ये कहानियाँ कहते हैं और नॉरफेल के ग्लेशियरों को धन्यवाद देते हैं, जिनकी वजह से उनके जीवन में इतना बड़ा बदलाव आया। इस पर यह नम्र 'आइस मैन' खुश होता है और गर्व से प्रफुल्लित होकर एक हलकी मुसकान उनके मौसम से बेहाल चेहरे पर चमक उठती है।

नोट : चेवांग नॉरफेल को 2008 में रियल हीरोज अवार्ड से पुरस्कृत किया गया। तब से लेकर उन्होंने पाँच और ग्लेशियर बनाए हैं, जो बड़े और कम खर्चीले साबित हुए हैं, क्योंकि वहाँ पानी के कैनाल गहरे हैं और ग्लेशियर बनाना पहले से अधिक आसान है। उनकी योजना है कि गाँव के लोगों के लिए परीक्षण कार्यशालाएँ खोली जाएँ, जिससे कि बड़े पैमाने पर कृत्रिम ग्लेशियरों का निर्माण कराया जा सके।

❑

सी.एन.**एन. और आई**.बी.एन. के जम्मू संवाददाता पवन बाली ने अप्रैल, 2007 में लेह की यात्रा **की और** चेवांग नॉरफेल के मानव निर्मित ग्लेशियरों की शूटिंग की।

जगबीर सिंह सूदन

चमत्कारी वैद्य

प्रीतम सिंह बंगाल सैपर्स का एक सिपाही था, जिसने द्वितीय विश्व युद्ध में लड़ाई लड़ी थी। युद्ध के बाद तथा उसके बाद के बँटवारे के बाद उसका परिवार पुंछ चला गया। वहाँ युद्ध में अपने अंग गँवा चुके हजारों सैनिकों को देखकर उसका हृदय द्रवित हो गया और वह दुर्घटना या युद्ध के कारण अपंग हो चुके लोगों के लिए खाली राशन टिन के डिब्बों और लकड़ी की चीजों का इस्तेमाल करके कृत्रिम अंग बनाने लगा। यह सन् 1950 के दशक की बात है। उसके इस परोपकारी कार्यों का उसके पुत्र जगबीर सिंह सूदन पर भी असर पड़ा। इस प्रकार सन् 1969 में जब प्रीतम सिंह नहीं रहे तो सूदन सिंह अपने पिता द्वारा शुरू किए गए काम को आगे बढ़ाने के लिए तैयार हुए। इसके परिणामस्वरूप वर्ष 1989 में प्रीतम ट्रस्ट की स्थापना हुई, जिसके अंतर्गत सभी जरूरतमंद लोगों को मुफ्त में बनावटी अंग देने का निर्णय लिया गया।

यहाँ से सूदन की शोहरत दूर-दूर तक फैल गई। पुंछ में तो उन्हें चमत्कारी वैद्य कहा जाता है और यहाँ रहनेवाला हरेक आदमी विशेष रूप से शारीरिक रूप से विकलांग उन्हें उनके काम के लिए आदर व सम्मान की नजर से देखता है। और इस संस्था ने अब जरूरतमंदों के लिए कृत्रिम अंग देने में भी आगे बढ़कर काम करना शुरू कर दिया है। वे एक सरकारी स्कूल के प्रधानाचार्य हैं, जहाँ 500 लड़कियाँ पढ़ती हैं। इस स्कूल में वे मानव मूल्यों के अध्यापक हैं और सामान्य पाठ्यक्रम पढ़ाने के अलावा मानवता की सेवा के महत्त्व के बारे में शिक्षा देते हैं। 58 वर्षीय शिक्षक नियमित रूप से कृत्रिम अंग के कैंपों का आयोजन करते हैं, जिनके बारे में स्थानीय समाचार-पत्रों में विज्ञापन भी छपता है। अपना निजी कृत्रिम अंग केंद्र शुरू करने से पहले उन्हें अंग लगवानेवाले घायल लोगों को जयपुर के कृत्रिम अंग केंद्र पर ले जाना पड़ता था। उन्होंने तो एक बार दूर-दूराज

के पर्वतीय गाँवों से भी लोगों को एकत्र कर लिया, जहाँ सड़क की कोई सुविधा नहीं थी और उन्हें किराए की बस में बैठाकर वहाँ से जयपुर की 'महावीर विकलांग सहायता समिति' से बनावटी अंग लगवाने के लिए ले आए। कई लोग तो पहली बार अपने गाँव से बाहर गए। सूदन कहते हैं, ''हम उन्हें अजमेर शरीफ और दिल्ली ले गए। कइयों ने कभी रेलगाड़ी या बड़ी बिल्डिंग नहीं देखी थी।''

सूदन ने उन्हें नई दृष्टि दी तथा नया जीवन भी। उन्होंने अंग लगवाने तथा मरम्मत करने के लिए विकलांगों को जयपुर ले जाना जारी रखा। आज तक 3,600 से अधिक लोगों को अंग दिए गए हैं। वर्ष 2000 में सूदन अपनी इस मुहिम को अपने घर तक ले आए और पुंछ में ही अंग प्रत्यारोपण एवं मरम्मत केंद्र की स्थापना की। यह केंद्र उनके स्कूल से मुश्किल से एक मील की दूरी पर है। यह हमेशा शारीरिक रूप से विकलांग लोगों से भरा होता है, जहाँ नजदीक होने के कारण इलाके भर से लोग आते हैं। यह स्थान भी ऐसा है जहाँ बाकी जगहों से अधिक लोग विकलांगता के शिकार होते हैं। पुंछ एवं राजौरी जम्मू व कश्मीर के दो सीमांत जिले हैं, जो नियंत्रण रेखा से बिलकुल सटे हैं। सूदन का कहना है कि यहाँ राज्य की लगभग 62 प्रतिशत विकलांग आबादी निवास करती है। यह इलाका पाकिस्तान से बिलकुल सटा है और यहाँ जमकर माइनिंग की गई है। जब भी बारिश होती है या बर्फ पड़ती है, लैंड माइंस मूल जगहों से बहकर गाँवों तक पहुँच जाती हैं, जहाँ गाँववालों के पैर उन पर पड़ जाते हैं और उन्हें गंभीर चोटें लग जाती हैं। इस इलाके में आतंकी हमले भी होते रहते हैं, जिसके फलस्वरूप गंभीर चोटें लगती रहती हैं।

यह कृत्रिम अंग पुनर्स्थापन केंद्र उन लोगों के लिए आशा का केंद्र है। जिन्होंने दुबारा से चल पाने की उम्मीद छोड़ दी थी। तथापि सूदन इतने से ही संतुष्ट नहीं हैं, वे उन लोगों के लिए घर बनवाने की भी योजना बना रहे हैं, जो दूर-दराज के इलाकों से इस केंद्र पर इलाज कराने आते हैं। वे अपने केंद्र की अंग निर्माण क्षमता को भी बढ़ाना चाहते हैं। भारतीय क्षेत्र के अंतिम गाँव सलोत्री में, पाकिस्तान के यार शरीफ गाँव के मोहम्मद यासिन बैठते हैं। वे लकड़ी से बने पैर के सहारे चलते हैं, जिसे सूदन ने उन्हें दिया है। यासिन ने वर्ष 1986 में एक माइन ब्लास्ट में अपना दाहिना पैर गँवा दिया था। सन् 2007 में वे सीमा पार करके सूदन से मिलने के वास्ते पुंछ आए और वहाँ उन्होंने कृत्रिम अंग लगवाए। इसके बाद उनका जीवन बदल गया। यासिन कहते हैं, ''मानवता की कोई सीमा रेखा नहीं है। यह देशों और लोगों को जोड़ती है।'' सूदन के पास इस समय पाकिस्तान से काफी बड़ी

संख्या में लोग आते हैं। ये लोग चेंदाबाद एल.ओ.सी. चेक पॉइंट पार करके पाकिस्तान से भारत आते हैं। एक स्थानीय निवासी 38 वर्षीय मोहम्मद बशीर, जो स्वयं लैंड माइन के शिकार हैं, अब सलोत्री में चावल का कारोबार बखूबी चला रहे हैं और आम लोगों की तरह अपनी जिंदगी जी रहे हैं।

सीमा के दोनों ओर इस तरह की अनेक कहानियाँ हैं। हाल ही में उनके गाँव की 40 विकलांग लड़कियों की शादियाँ हुईं, जहाँ सूदन की भलमनसाहत को जमकर मनाया गया। उन्होंने इन लोगों को सिर्फ नई जिंदगी ही नहीं दी है बल्कि भौगोलिक, ऐतिहासिक और सामाजिक रुकावटों एवं पाबंदियों को भी तोड़ा है। उनके घाव भरने के इस जादुई काम से केवल अंग-परिवर्तन ही नहीं होते, दिल और दिमाग भी बदल जाते हैं।

नोट : वर्ष 2009 में 'रियल हीरोज पुरस्कार' प्राप्त करने के बाद जगबीर सिंह सूदन ने अपने काम को बढ़ा दिया है और दूर-दराज के इलाकों से तथा पाकिस्तान से उनके केंद्र पर आनेवालों को रहने की सुविधा देने के अपने सपने को पूरा करने की परियोजना पर काम शुरू कर दिया है। लिंब रिपेयर सेंटर में स्थानीय युवाओं को रोजगार भी प्रदान किया जाता है, जो कृत्रिम अंग लगाने के काम में प्रशिक्षित होते हैं। सूदन ने अनाथ बच्चों के पुनर्वास के लिए भी एक कार्यक्रम शुरू किया है।

❑

दिसंबर 2008 में इस कहानी की शूटिंग पवन बाली द्वारा कश्मीर घाटी में की गई। उन्होंने जगबीर सिंह सूदन के कृत्रिम अंग प्रत्यारोपण के महान् कार्य को असाधारण खूबसूरती के साथ शूट किया।

जयप्रकाश डबराल

पर्यावरण बचाते हुए

हम सभी अपने माँ-बाप, दादा-दादियों से वादा करते हैं, किंतु आदर्शवाद का पहला जोश खत्म होते ही हममें से बहुत कम उन वादों को निभा पाते हैं। एक ऐसा व्यक्ति, जिसने अपने किए गए वायदों को निभाया, वह है—जयप्रकाश डबराल। आज से 12 वर्ष पहले डबराल ने अपनी दादी माँ को दिए एक वादे को पूरा करने के लिए अपनी एक अच्छी-खासी कॉरपोरेट नौकरी छोड़ दी थी—एक ऐसा वादा, जो आज उनके लिए सबसे बड़ी प्रेरणा का कारण है।

वे याद करते हुए कहते हैं, ''जब मैं नौ वर्ष का था, मेरी दादी माँ ने मुझसे कहा था कि पहाड़ों का अभिशाप सिर्फ यही है कि यहाँ का जो भी आदमी पढ़-लिख जाता है अथवा पहाड़ों से जाने के बाद अमीर बन जाता है, यहाँ वापस आने की बात नहीं सोचता और वह कभी अपने ज्ञान, कौशल, संसाधनों और धन को पहाड़ों के विकास पर लगाना नहीं चाहता। मैंने उनसे वादा किया था कि जब मैं अपने जीवन में किसी लायक बनूँगा तो निश्चित रूप से वापस आऊँगा और पहाड़ों के विकास में सहयोग प्रदान करूँगा।''

एक एम.बी.ए. और अत्यधिक सफल कार्यकारी अधिकारी डबराल ने वैसा ही किया। उन्होंने कॉरपोरेट जगत् को इसलिए छोड़ दिया, क्योंकि बहुत समय पहले उन्होंने एक वायदा कर रखा था। चूँकि वे पहाड़ों के वापस बुलाने की आवाज को भुला नहीं पाए और उत्तराखंड में अपने प्रिय क्षेत्र टिहरी गढ़वाल के जंगलों की बरबादी को देखने से स्वयं को रोक नहीं पाए। टिहरी के समृद्ध बायो डाइवर्स हैबिटेट खतरे में थे। डबराल ने पर्यावरण की सबसे बड़ी यह लड़ाई उसी जमीन पर अकेले ही स्वयं लड़ी। रुद्रप्रयाग के पास तारकेश्वर में लोगों को प्रेरित किया कि वे 'चिपको शैली' में एक अभियान शुरू करें, जिसमें लोग पेड़ों को काटकर गिराने से बचाने के लिए पेड़ों से चिपक जाते हैं। इसका नाम उन्होंने 'रक्षा सूत्र' रखा।

जो भी हो, उन्हें इस बात की जानकारी थी कि गाँववालों के इस शांत विरोध से थोड़े समय के लिए समस्या का समाधान मिल सकता है। उन्होंने उच्चतम न्यायालय में जाने और प्रस्तावित पेड़ों की कटाई के खिलाफ जनहित याचिका दायर करने का निर्णय लिया। डबराल की P.I.L.(जनहित याचिका) को सुप्रीम कोर्ट द्वारा अंततः नोटिस में लेने से पहले 6 महीने का समय और बहुत सारी मेहनत लग गई।

तब तक पावर ग्रिड कॉरपोरेशन ने 5,000 से अधिक पेड़ काट दिए थे। डबराल कहते हैं कि मामले में दखलंदाजी करने के बाद हम लोग तमाम पेड़ों को बचा पाने में कामयाब हुए। समूची ट्रांसमिशन लाइन में काटे जानेवाले पेड़ों की संख्या 90,000 से कम होकर लगभग 10,000 तक रह गई है। जहाँ इस आंदोलन का सबसे बड़ा योगदान यही है, लेकिन डबराल की जीत एक बड़ी कीमत चुकाने के बाद आई। उन्हें टिहरी के स्थानीय लकड़ी माफिया से, जिनकी टिंबर व्यापारियों, वन विभाग और स्थानीय सरकार के बीच कई करोड़ की साँठगाँठ थी—जान से मार डालने की धमकी मिलने लगी। डबराल ने इसका जवाब दिया और इस साँठगाँठ को सुप्रीम कोर्ट व मीडिया के सामने नंगा करने का निर्णय लिया। हरेक पेड़ की कीमत लगभग 30,000 रुपए होती है। 90,000 पेड़ों के लिए कुल मूल्य लगभग 270 करोड़ रुपए होगा। इसमें से हरेक आदमी को हिस्सा मिलता।

छह साल बाद डबराल अपनी लड़ाई दूसरे स्तर पर ले गए। अब वे केंद्र सरकार से हिमालय क्षेत्र में ट्रांसमिशन लाइनों के निर्माण के लिए दिशा-निर्देश माँग रहे हैं, जो पर्यावरण अनुकूल हो। विकास का समर्थक होने के कारण डबराल विकास परियोजनाओं की आड़ में होनेवाले पर्यावरण नुकसान को कम-से-कम करने के लिए व्यावहारिक उपाय करने के लिए आगे आए हैं। वे अगले दस से पंद्रह सालों में 66 बाँध बनवाने की उत्तराखंड राज्य सरकार की योजना का उदाहरण देते हैं। इन बाँधों के लिए कम-से-कम 132 ट्रांसमिशन लाइनों की जरूरत होगी। सुप्रीम कोर्ट में दायर मामले के माध्यम से वे चाहते हैं कि पहाड़ों में ट्रांसमिशन लाइन बिछाने के लिए एक दिशा-निर्देश बनाया जाए, जहाँ क्षतिपूर्ति का तरीका मैदानी भागों में ट्रांसमिशन लाइन बिछाने के लिए क्षतिपूर्ति के तरीके से अलग हो।

उन्हें मालूम है कि यह काफी दिनों तक चलनेवाला कठिन और खर्चीला संघर्ष है, किंतु वे अड़े हुए हैं और प्रतिबद्ध हैं—"यह मेरे जीवन की एक महत्त्वाकांक्षा है। जितनी भी उम्र बाकी है, मैं वह सब पहाड़ों के लिए अर्पित करने जा रहा हूँ।" डबराल कहते हैं। मुकदमेबाजी से लेकर नौकरशाही से बातचीत, फिर उनके प्रिय

पहाड़ी क्षेत्र में विकास कार्यों के लिए उसके साथ संयुक्त रूप से अनुसंधान कार्य करते हुए डबराल अपने उस वायदे को पूरा करने की जी-तोड़ कोशिश कर रहे हैं, जिसे वर्षों पहले उन्होंने अपनी दादी माँ और उन पहाड़ों से, जिनसे वे मुहब्बत करते हैं, किया था।

नोट : सुप्रीम कोर्ट ने पहाड़ी क्षेत्रों में ट्रांसमिशन लाइन बिछाने के संबंध में अपने दिशा-निर्देश अभी निर्धारित नहीं किए हैं, किंतु डबराल याचिका दायर करके और टिंबर माफिया के खिलाफ कार्रवाई करते हुए जंगलों को बचाने के लिए अपने अभियान को जारी रखे हुए हैं। वर्ष 2008 में रियल हीरोज पुरस्कार प्राप्त करने के बाद डबराल ने सुप्रीम कोर्ट में एक याचिका दायर की, जिसमें उन्होंने जंगलों से लकड़ी प्राप्त करने के पहाड़ी लोगों के परंपरागत अधिकार के दुरुपयोग और पौड़ी गढ़वाल में पेड़ों की अवैध कटाई का सुप्रीम कोर्ट के समक्ष खुलासा किया। सुप्रीम कोर्ट ने अपनी केंद्रीय सशक्तिकरण समिति से कहा है कि वह मामले की जाँच-पड़ताल करे। डबराल तारकेश्वर के जंगलों को बचाने, उत्तराखंड के शहरों में जल निस्तारण प्रणाली और चीतों व तेंदुओं के हमलों से गाँववालों की रक्षा करने तथा विशेष सुरक्षा स्तर प्रदान करते हुए अद्वितीय माइक्रो इको सिस्टम की रक्षा करने में सक्रियता से लगे हुए हैं।

❑

जिन पहाड़ों पर वह पला-बढ़ा, उसकी रक्षा के लिए एक आदमी की मुहिम की कहानी के लिए जून 2007 में उत्तराखंड के टिहरी-गढ़वाल क्षेत्र के आस-पास जयप्रकाश डबराल के साथ रिशप मल्होत्रा ने बड़े पैमाने पर शूटिंग की।

जल्पना पॉल

समर्थन के लिए खेलते हुए

ओडीशा में मलकानगिरि नक्सलवाद का पर्याय बन चुका है। आंध्र प्रदेश और छत्तीसगढ़ की सीमा से सटा ओडीशा के एकदम दक्षिण छोर पर स्थित यह जिला माओवादी गतिविधियों का गढ़ है। यह देश के सबसे अधिक गरीब, पिछड़े और निरक्षर जिलों में से एक है। माओवादी विचारों के फलने-फूलने के लिए अनुकूल एवं आदर्श जगह है। तथापि नक्सलियों के बदले से निडर, युवा लोगों को हिंसा की तरफ मुड़ने से बचाने के लिए कृत-संकल्प एक स्थानीय महिला 27 वर्षीय जल्पना पॉल ने नक्सलवाद की ताकतों से अकेले ही लड़ने के लिए कमर कस रखी है और इसके बेहतर परिणाम भी सामने आए हैं। आदिवासी युवाओं को प्रेरित करने के प्रति उनके निरंतर प्रयास और समर्पण ने उल्लेखनीय उपलब्धि हासिल की है। उन्होंने युवाओं की शक्ति को हिंसा और विध्वंस से निर्माण की ओर उन्मुख करने में सफलता प्राप्त कर ली है। वे जिले में फुटबॉल और क्रिकेट की महिला खेल टीमों की कोच और कैप्टन हैं।

पॉल का जन्म बहुत ही सामान्य परिवार में हुआ। उनकी माँ का उस वक्त देहांत हो गया, जब पॉल बहुत छोटी थीं। उनके पिता यह मानते हैं कि वे इतने गरीब हैं कि बेटी के अभियान को चलाने के लिए किसी भी खेल के सामान की खरीद नहीं कर सकते। निर्धनता पॉल को फुटबॉल और क्रिकेट में लड़कियों की जिला स्तरीय टीम बनाने से रोक नहीं पाई। एक ऐसा समाज, जो लड़कियों को स्कूल जाने से रोकता है, वहाँ यह एक बड़ी उपलब्धि है। जो भी हो, आज जो कुछ भी वे जानती हैं और सिखाती हैं, उसे उन्होंने टेलीविजन पर स्पोर्ट्स देखते हुए सीखा था। 15 वर्ष की आयु में जब उन्होंने अपने जिले मलकानगिरि के लिए खेलना शुरू किया तो लड़कियों की कोई टीम नहीं थी। इसलिए वे बिना किसी खेल के सामान, यहाँ तक कि जूतों के बिना भी पुरुषों की टीम में अभ्यास किया

करती थीं। खेलों के प्रति उनके समर्पण को देखते हुए कुछ स्थानीय लोगों ने सामान खरीदने के लिए दान देना शुरू कर दिया। आज मलकानगिरि में महिला फुटबॉल और क्रिकेट की टीम हैं, जो राज्य स्तरीय प्रतिस्पर्धाओं में इस जिले का प्रतिनिधित्व करती हैं।

लड़कियों के परिवारवालों को यह समझाना कि वे अपनी बेटियों को घर से निकलने दें तथा खेल के मैदान की ओर जाने दें, आसान काम नहीं था। लड़कियों को बड़ी मुश्किल से तो स्कूल के लिए समय मिल पाता है। उन्हें माँ के साथ बीड़ी भी बनानी पड़ती है। किंतु पॉल ने जोर-जबरदस्ती करके अपना रास्ता बनाया। वे घर-घर गईं। खेल के फायदों के बारे में अनपढ़ माँ-बाप को समझाने की काफी कोशिश की। एथलेटिक्स जैसे एकल खेल मलकानगिरि में नहीं चल सके। टीमवाले खेलों ने परिवारों को भरोसा दिलाया कि उनकी लड़कियाँ अकेली नहीं पड़ेंगी। गाँव की संतोष कुमार पहली महिला थीं, जिन्होंने अपनी लड़की गोएली को पॉल के स्कूल में भेजा। यह पाँच वर्ष पहले की बात है। अब वे बड़े शौक से बताती हैं, ''जब जल्पना ने मुझे समझाया तो मुझे समझ में आ गया कि मेरी बेटी फुटबॉल खेलकर कम-से-कम एक दिन बाहर की दुनिया को देख सकेगी। मैंने कभी सोचा भी नहीं था कि एक दिन वह मेरा सिर गर्व से ऊँचा कर देगी। पिछले साल गोएली को खेल कोटा के तहत सरकारी नौकरी मिली है।''

पिछले पाँच वर्षों में पाल ने सैकड़ों लड़कियों को चुना है। उनमें से दर्जनों लड़कियों को खेल कोटा के तहत नौकरियाँ मिल चुकी हैं। वे स्वयं गाँव के स्कूल में पढ़ाती हैं। यह नौकरी खेलों के प्रति उनके समर्पण भाव के लिए जिला प्रशासन द्वारा दी गई है।

जो भी हो, यह केवल शुरुआत भर है। किसी आधारभूत ढाँचे और प्रायोजक के बिना उन्हें अपने स्पोर्ट्स स्कूल को चलाने के लिए रोज-रोज जूझना और संघर्ष करना पड़ता है। कई बार वे अपनी निजी मामूली आय 3,000 रुपए टीम को चलाने के लिए खर्च कर देती हैं। आज वे 29 वर्ष की हैं। अपने गाँव से राष्ट्रीय खिलाड़ी बनाकर भेजने के अपने संकल्प की वजह से वे शादी भी नहीं कर पा रही हैं। फिर भी पर्याप्त वित्तीय सहयोग नहीं मिल पाने का उन्हें अफसोस नहीं है। वे कहती हैं, ''मुझे निराशा होती है, किंतु मैं हिम्मत नहीं छोड़ती। धन कमाना ही जीवन में सबकुछ नहीं है। मैं अपना सपना पूरा करना चाहती हूँ। मलकानगिरि की लड़कियों के लिए यह सबका सपना है।''

नोट : उन्होंने 'रियल हीरोज पुरस्कार' से प्राप्त धन गाँव में स्पोर्ट्स क्लब के निर्माण पर खर्च किया है और उनके प्रशिक्षण में खेल सीख रहे छोटे-छोटे स्कूल के बच्चों के लिए खेल का साजो-सामान खरीदा गया है।

❑

सी.एन.एन. और आई.बी.एन. संवाददाता जाजाती करन ने दिसंबर 2008 में जल्पना की कहानी को कैमरे में कैद करने के लिए मलकानगिरि के नक्सलवादग्रस्त इलाकों का दौरा किया।

डॉ. निष्ठा देसाई

सादगी का संरक्षण

सारी दुनिया के लोग गोआ को आश्चर्य की नजर से देखते हैं, जो धूप में मौज-मस्ती के साथ छुट्टियाँ बिताने के लिए आदर्श जगह है। किंतु गोवा के खूबसूरत टापुओं पर मौज-भरी उस धूल के पीछे गंद भी है, जिसे केवल गोवा के मूल निवासी ही देख सकते हैं, जैसे कि डॉ. निष्ठा देसाई सरीखे लोग। डॉ. निष्ठा एक संस्था चलाती हैं, जिसे 'चिल्ड्रेंस राइट्स इन गोवा' कहा जाता है और जैसा कि नाम से स्पष्ट है, इसका मकसद उन बच्चों की देखभाल करना है, जिनका यौन शोषण हुआ है तथा जो पर्यटक प्रभाववाले गोआ के समाज में संभावित शिकार लोग हैं। पक्का इरादा एवं अपने काम के प्रति निष्ठा का ओज लिये व्यक्तित्व की धनी, एक मृदुभाषिणी डॉ. देसाई और उनकी छोटी, किंतु समर्पित लोगों की टोली इन शोषित बच्चों के मन के गहरे घावों पर न सिर्फ मरहम लगाने का काम करती है बल्कि उन गुनहगारों को दंड दिलाने के लिए भी काम करती है और बच्चों के अधिकारों के लिए मुहिम चलाती है। इस संस्था की सबसे बड़ी उपलब्धि गोवा की अंदरूनी असलियत का परदाफाश करना है, जिसे हॉलीडे ब्राशरों में अमूमन छिपाया गया होता है। वर्ष 1996 में स्थापित सी.आर.जी. (चिल्ड्रेंस राइट्स इन गोवा) की स्थापना का विचार उस अध्ययन से पैदा हुआ, जो गोवा में यौन अपराधियों की वजह से बच्चों के जोखिम की समस्या की जाँच-पड़ताल करने के लिए किया गया था। सी.आर.जी. ने यौन शोषण के मामलों में मदद चाहनेवाले बच्चों के लिए शिकायत कक्ष के रूप में काम करना शुरू किया। यह देश की पहली संस्था थी, जिसने पर्यटन से जुड़े यौन अपराधियों के विरुद्ध समुदाय की प्रतिक्रिया का समन्वित विकास करने का कार्य किया था। डॉ. देसाई, जिन्होंने इस संस्था में सन् 2001 से काम करना शुरू किया, कहती हैं, ''सी.आर.जी. से जुड़ने का काम मेरे लिए उस मामले की वजह से हुआ, जो

एक पेडोफाइल, जिसे बरी कर दिया गया था, से संबद्ध था। इस बरी को लेकर मैं एकदम अपसेट हो गई। जब बच्चे इस तरह की आपदाओं से गुजरते हैं तो इसके कारण उनका पूरा जीवन प्रभावित होता है और खुश रहना तो बच्चों का एक तरह का अधिकार होता है और हमें यह कोशिश करने की आवश्यकता है कि इसे हम सुनिश्चित कर सकें।''

देसाई की संस्था इस काम को कई तरह से अंजाम देती है। जब उन्हें किसी बाल यौन शोषण के बारे में गुपचुप तरीके से भेद मिलता है तो वे इसकी सूचना पुलिस को देते हैं। जब शोषण का शिकार ये बच्चे न्यायालय की शरण में जाते हैं तब सी.आर.जी. उनका केस लड़ने के लिए तैयार होती है। बच्चा जब सी.आर.जी. में आता है तो यह संस्था उसे मनोवैज्ञानिक सलाह भी देती है। इससे भी महत्त्वपूर्ण बात यह है कि यह संस्था इन बच्चों की जाँच-पड़ताल में अपनाई जानेवाली प्रक्रिया में बदलाव लाने की भी वकालत करती है। इन मामलों में अपराध प्रक्रिया संहिता अपनाए जाने के लिए न्यायालय से अनुरोध करने, जो यौन के शिकार बच्चों को उन्हें छूकर पहचानने की आवश्यकता से मना करता है, के अलावा फोरेंसिक डॉक्टरों द्वारा सौम्य तरीके से मेडिकल जाँच-पड़ताल करने के साथ सी.आर.जी. ने कुछ विधि प्रवर्तन अधिकरणों द्वारा अपनाई जा रही पुरानी प्रक्रिया में बदलाव लाने पर प्रकाश डालने की भी कोशिश की है।

यह संस्था बाल पोर्नोग्राफी के विरुद्ध जबरदस्त पोस्टर अभियान भी चलाती है, जिसके तहत एयरपोर्टों पर परचे बाँटे जाते हैं तथा बच्चों के साथ यौनाचार करनेवाले पर्यटकों को चेतावनी भी दी जाती है। नुक्कड़ नाटकों और सिनेमा के माध्यम से बच्चों और उनके माँ-बाप को भी जागरूक बनाया जाता है। देसाई के एक सहयोगी आशीष नागवेनकर का कहना है कि उन्हें इन अभियानों को चलाते रहने के लिए भारी समर्थन मिल रहा है। यौन शोषित इन बच्चों के मामलों के बारे में हमें काफी टेलीफोन कॉल्स आती हैं। पाँच महीनों की अवधि के दौरान सी.आर.जी. को इस तरह के शोषण की सूचना देते हुए स्वयं बच्चों और उनके माँ-बाप की ओर से चालीस से अधिक फोन कॉल्स मिले। अभियान चलाने और न्यायालय में हाजिर होने के बावजूद हकीकत यह है कि बाल अपराध में गिरफ्तार किए गए बहुत कम लोगों को सजा दी गई है। देसाई के अनुसार, ''गवाहों को सुरक्षा देने के अभाव में, ट्रायल-जिरह के दौरान अनेक बच्चे डर जाते हैं और अपने शोषण करनेवाले गुनहगारों के खिलाफ कुछ भी कहने से मना कर देते हैं। अधिकांश मामलों में अपराधी या तो उसका कोई परिचित होता है अथवा संबंधी, जिसके

कारण परिवार के लोग उसके गुनाह के बारे में खबर देने में सकुचाते हैं।"

इसके अलावा एक दूसरा मसला यह है कि अनेक शोषक एवं अपराधकर्ता विदेशी होते हैं। सन् 1991 में फ्रेटी पिट्स के पकड़े जाने के बावजूद, जो भारत में बाल यौन शोषण के मामले में सजा काट रहा पहला अपराधी था, 'चाइल्ड रिलीफ ऐंड यू' (क्राई) के एक अध्ययन के मुताबिक, यह अनुमान लगाया गया है कि हरेक साल गोवा में लगभग 10,000 से अधिक बच्चों का यौन शोषण किया जाता है।

सी.आर.जी. की पाँच वर्षों की रिपोर्ट के अनुसार, यौन एवं शारीरिक शोषण के मामलों की संख्या, जिसमें सी.आर.जी. द्वारा सहायता प्रदान की गई है, 51 से दो गुना बढ़कर 102 हो गई है। सन् 2005 में सी.आर.जी. ने बँगलादेश की एक लड़की का पता लगाने में पुलिस की मदद की थी, जिसे देश के भीतर चोरी-छुपे लाया गया था। सन् 2007 में इस संस्था के सहयोग से 65 वर्ष के एक अंग्रेज पर्यटक से 10 वर्ष के एक बालक को बचाया गया, जिसका देश से बाहर उससे परिचय हुआ था, जबकि 2008 में सी.आर.जी के प्रयासों से एक अपराधी के जमानत संबंधी आवेदन को रद्द कराया जा सका, जिसने अपने पड़ोस के एक बालक का यौन शोषण किया था।

यौन शोषित बच्चों को बचाने के अलावा सी.आर.जी. इस अपराध के पूरी तरह से खात्मे के लिए भी काम करती है। यह स्थानीय समुदाय के वयस्कों को ऐसी फिल्में दिखाती है, जिनमें बाल यौन शोषणों के काम करने के तरीकों पर प्रकाश डाला गया होता है। मसलन उन्हें खिलौने देकर ललचाना, पैसे देने का वादा करना अथवा किसी सीधे-सादे रिश्तेदार से दोस्ती करना। सी.आर.जी. के कार्यकर्ता वयस्क लोगों को चेतावनी भी देते हैं कि वे अपने बच्चों को चेताएँ कि वे अजनबी लोगों से उपहार न लें और घरेलू नौकर के रूप में अपने बच्चों को ऐसे अपराधी प्रवृत्ति के लोगों के घरों में काम न करने दें। वे बच्चों से इस संबंध में भी बात करते हैं कि किस तरह उन्हें उनके अधिकार मिल सकते हैं, वे सुरक्षित रह सकते हैं और इस तरह की कोई खतरनाक स्थिति से यदि मुकाबला हो जाता है तो उन्हें किस प्रकार उसका सामना करना चाहिए। सी.आर.जी. बच्चों को अच्छी व बुरी नीयत के स्पर्शों के बारे में बताती है और किसी संरक्षण में न रहनेवाले बच्चों को यह सलाह देती है कि उन्हें किस प्रकार समूह बनाकर रहना चाहिए और समुद्र तट पर अकेले नहीं जाना चाहिए। यह बहुत ही चुनौतीपूर्ण और कृतज्ञतारहित कार्य है, वह भी एक ऐसे राज्य में, जहाँ 'जीओ और जीने दो' लोगों का जीवन उद्देश्य

है। जो भी हो, बाल यौन शोषण के विरुद्ध लोगों की मानसिकता और जागरूकता में धीरे-धीरे बदलाव आया है। इसके लिए एक पक्की इरादेवाली महिला और उनकी संस्था धन्यवाद की पात्र है।

नोट : वर्ष 2008 में 'रियल हीरोज पुरस्कार' जीतने के बाद निष्ठा देसाई और उनकी संस्था सी.आर.जी. ने बाल तस्करों के खिलाफ अपने अभियान को और तेजी से चलाना शुरू कर दिया है। वे विद्यालयों में कार्यशालाओं का आयोजन करते हैं, बच्चों, उनके पैरेंट्स और स्कूल के अधिकारियों से बातें करते हैं तथा गली-मुहल्लों, तटों तथा पर्यटकों के अन्य लोकप्रिय ठिकानों पर रहनेवाले बच्चों से बातें करते हैं। इस संस्था की अद्यतन रिपोर्ट के अनुसार, सी.आर.जी. ने कुल 341 बाल-शोषण के मामलों में मदद पहुँचाई है। सन् 2008 में एक अवयस्क के साथ बलात्कार हुआ और स्थानीय अखबारों के माध्यम से लोगों को उसका नाम पता चल गया। सी.आर.जी. इस मामले को कोर्ट में ले गई और तब निर्णय आया, जिसके तहत यौन शोषण के शिकार लोगों की पहचान बताने से मीडिया पर रोक लगा दी गई।

❑

चूँकि यह स्टोरी यौन-शोषण के शिकार बच्चों के संबंध में थी, अतः सी.एन.एन. और आई.बी.एन. की संवाददाता संगीता सरमा ने बड़े नायाब तरीके से इस स्टोरी को, बच्चों के चेहरे न दिखाते हुए, दिखाया है। यह स्टोरी गोवा में वर्ष 2007 में शूट की गई।

डॉ. प्रभाकर

महिला बैंकिंग

चाहे इनके साक्षरता का स्तर जितना भी ऊँचा क्यों न हो और खाड़ी देशों में बसे मलयाली चाहे जितना भी धन इकट्ठा किए हों, एक महत्त्वपूर्ण क्षेत्र में केरल अभी भी देश के बाकी हिस्सों से पीछे है—वह है महिला सशक्तीकरण। यह एक प्रत्यक्ष हकीकत है, जो राज्य द्वारा विकास के अन्य क्षेत्रों में की गई प्रगति के बिलकुल उलट है और आज भी यह परंपराओं और सामाजिक-आर्थिक मान्यताओं की रूढ़ियों में गहरे धँसा हुआ है। केरल के पलक्कड़ जिले के हालात कुछ अलग नहीं थे, जब तक वहाँ एक व्यक्ति डॉ. प्रभाकर का पदार्पण नहीं हुआ था और उन्होंने नियमों को बदल देने का निर्णय नहीं लिया था। महिलाओं को शक्ति प्रदान करने के उनके आंदोलन का प्रभाव जिले के ग्रामीण क्षेत्रों में चारों ओर देखा जा सकता है। कोलेनगोड में जहाँ डॉ. प्रभाकर ने महिला ग्रामीण बैंक की शुरुआत की, बड़ी संख्या में महिलाएँ काम कर रही हैं और अपनी जिंदगी को सुधारने और बच्चों को पढ़ाने के लिए कमा रही हैं। पुष्पलता ऐसी ही एक महिला हैं। तीस वर्ष की उम्र में उन्होंने खुद का कारोबार शुरू किया। इस काम के लिए यह राज्य मशहूर है। उन्हें अच्छी तरह मालूम था कि यह एक हस्तकला है, किंतु उन्हें कभी अवसर नहीं मिला कि अपने निज के सशक्तीकरण के लिए इसका इस्तेमाल करें। अपने लूम के पास काम करते हुए क्षमा माँगते हुए वे कहती हैं, ''मैं वास्तव में बहुत व्यस्त हूँ, क्योंकि त्योहार का मौसम चल रहा है।'' उन्हें इस बात का पूरा भरोसा है कि उन्हें अच्छी रकम मिलेगी।

कुछ वर्ष पहले उनका यह विश्वास दोनों वक्त की रोटी के संघर्ष में दब चुका था। उसी समय उन्हें डॉ. प्रभाकर और उनके महिला ग्रामीण बैंक के बारे में पता चला। उन्होंने लूम खरीदने के लिए कर्ज लिया और अपना छोटा बुनाई का कारोबार शुरू कर दिया। अब वे आत्मनिर्भर हैं और न्यायोचित गर्व से कहती हैं

कि 'मैं अपने पूरे परिवार के लिए पर्याप्त पैसा कमा रही हूँ।' पलक्कड़ में ऐसी सैकड़ों पुष्पलताएँ हैं। वे सब अपने भाग्योदय और सामाजिक रुतबे के लिए डॉ. प्रभाकर को श्रेय प्रदान करती हैं।

प्रभाकर का स्वयं का जीवन असामान्य था। वे बाइस वर्षों से अमेरिका में अंग्रेजी के प्रोफेसर के रूप में काम करते हुए अमेरिकन सपने में जी रहे थे। 14 वर्ष पहले उन्होंने एक महान् शख्स बँगलादेश के नोबेल पुरस्कार विजेता मोहम्मद यूनुस और उनके ग्रामीण बैंक से प्रेरित होकर केरल लौटने का निर्णय लिया। अपनी प्रेरणाओं को बताते हुए वे कहते हैं, ''मुझे आश्चर्य था कि मैं कुछ वैसा ही केरल में क्यों नहीं कर सकता।''

सन् 1996 में डॉ. प्रभाकर कोलेनगोड वापस आ गए और अपनी सोच के मुताबिक एक ग्रामीण बैंक शुरू किया, जिसमें गरीब ग्रामीण महिलाओं को कोलेटरल मुक्त (बिना कुछ बंधक रखे) कर्ज दिया जाता था।

कर्ज को महिलाओं तक सीमित रखने के पीछे कारण बहुत ही सरल, किंतु प्रेरणादायक था। गरीबी का चेहरा हमेशा अकाल की तरह होता है। अकाल की पीड़ा को पुरुषों की तुलना में महिलाओं को अधिक भोगना पड़ता है। जब कोई धन परिवार के किसी पुरुष सदस्य को दिया जाता है तो वह नीचे के सदस्यों तक नहीं पहुँच पाता। जब आप किसी महिला को सशक्त बनाते हैं तो दरअसल आप पूरे परिवार को सशक्त बना रहे होते हैं। डॉ. प्रभाकर ने अपने इस विश्वास को एक साधारण एजेंडे से शुरू किया—एक बार में एक घर को सशक्त बनाना। आज केरल के 14 जिलों में से 6 में ग्रामीण बैंकों ने परंपरागत शिल्पकलाओं को फिर से शुरू करा दिया है और महिलाओं में आत्मनिर्भरता सुनिश्चित की है। किसी महिला को कुटीर उद्योग की मालकिन के रूप में देखना अब यहाँ कठिन नहीं है। वे मूर्ति बना रही हैं, मिट्टी के बरतन गढ़ रही हैं तथा धातु की मूर्तियाँ बना रही हैं। यहाँ गाँव के बाजार में वे चाय की दुकान भी चला रही हैं।

जो भी हो, केरल के ग्रामीण जीवन में इस तरह की दखलंदाजी करने में डॉ. प्रभाकर को कई तकलीफें भी उठानी पड़ीं। गहरे जमे सामाजिक-आर्थिक प्रचलनों से हटकर सबसे बड़ी चुनौती उनके इरादे के बारे में गाँववालों के भरोसे को लेकर थी। गाँव के लोग कहते थे, 'अमेरिका से आया यह आदमी सिर्फ औरतों को ही पैसा क्यों देना चाहता है? हो सकता है, उसके मन में कोई गहरी चाल हो। हो सकता है, वह सी.आई.ए. का कोई एजेंट हो, जो हमारी कम्यूनिस्ट राज्य सरकार को लक्ष्य बनाना चाहता है।' शुरू-शुरू में हुए विरोध का जिक्र करते हुए वे हँसते

हैं। उनके द्वेष भाव को दूर करने में कुछ समय लगा और उनके धैर्य ने गाँववालों का भरोसा जीतने में उनकी मदद की।

ग्रामीण बैंक ग्रामीण महिलाओं के लिए बैंकिंग प्रणाली को सरल बनाने के सामान्य सिद्धांत पर काम करता है। यह वाणिज्य बैंकों से ऋण लेता है और उसे बिना किसी गारंटी के गरीब महिलाओं को देता है। जो भी हो, अब तक इस तरह दिए गए हरेक ऋण की अदायगी हुई है। इसके पीछे गुप्त बात उनका साप्ताहिक कार्य है, जिसमें महिलाएँ सप्ताह में एक बार, एक जगह पर अपनी आमदनी और खर्च का साप्ताहिक लेखा प्रस्तुत करती हैं—"यह बहुत ही पारदर्शी कार्य है। प्रत्येक सप्ताह महिलाएँ उधार लिये गए प्रत्येक पैसे का हिसाब रखती हैं। वे अपने कर्ज का भुगतान 50 साप्ताहिक किस्तों में करती हैं। कोई डिफाल्टर नहीं है, क्योंकि हमने समूह की प्रत्येक महिला को दूसरे के लिए कोलेटरल (जमानतदार) बना दिया है।" डॉ. प्रभाकर कहते हैं। स्वयं की आमदनी करनेवाले उद्योग से लेकर ग्रामीण महिलाएँ ग्राहकों की उद्यमिता के क्षेत्र में प्रवेश कर रही हैं। इनमें कोकोनट पार्लर, ग्रॉसरी स्टोर, कैंटीन, महिलाओं के कपड़ों की सिलाई, गारमेंट केंद्र आदि खोलना शामिल हैं। हाल ही में S.R.I. (सोसाइटी फॉर रूरल इंप्रूवमेंट) की ग्रामीण महिलाओं ने एक नए उद्यम में कदम रखा, जिसमें प्लास्टिक प्रदूषण से पर्यावरण को बचाने के लिए अरेका पेड़ की पत्तियों से कप-प्लेट और भोजन की थालियाँ बनाना शामिल है। अरेका की पत्तियाँ साफ-सुथरी, मजबूत, आर्थिक रूप से मितव्ययी, पर्यावरण अनुकूल और दुबारा से इस्तेमाल योग्य होती हैं। S.R.I. आर्थिक परिसंपत्तियों के साथ-साथ सामाजिक संपत्ति बनाने पर भी ध्यान दे रही है। महत्त्वपूर्ण सामाजिक व आर्थिक मुद्दों, जैसे कि महिलाओं के अधिकार, दहेज, बाल मजदूरी, स्वास्थ्य एवं सफाई तथा साक्षरता आदि विषयों पर प्रशिक्षण, कार्यशालाएँ तथा विचार-गोष्ठियाँ नियमित रूप से आयोजित की जाती हैं। चूँकि सशक्तीकरण की दिशा में शिक्षा एक महत्त्वपूर्ण घटक है, अत: पुरस्कार राशि का इस्तेमाल S.R.I. गाँव के गरीब और जरूरतमंद बच्चों के लिए मुफ्त शिक्षा और कप्यूटर प्रशिक्षण देने के लिए धन मुहैया करा रहा है। छात्रों को स्कॉलरशिप दी जाती है और उन्हें बाहर ट्रिप पर भी ले जाया जाता है, ताकि शिक्षा को मनोरंजन के साथ जोड़ा जा सके।

अधिकतर दिन डॉ. प्रभाकर एक स्कूटर की पिछली सीट पर बैठकर इन सामुदायिक बैठकों में भाग लेने के लिए एक गाँव से दूसरे गाँव का दौरा करते हैं। इसे उनकी सहायिका चला रही होती है। यह प्रतीकात्मक भर नहीं है बल्कि

परिवर्तन के पॉकेट फ्रेंडली विज्ञापन का प्रचार-प्रसार है, जिसे उन्होंने अकेले ही महिलाओं को ड्राइवर की सीट पर लाने के लिए सहायतार्थ शुरू किया है।

नोट : 2008 में 'रियल हीरोज पुरस्कार' प्राप्त करने के बाद 'सोसाइटी फॉर रूरल डेवलपमेंट' ने अपने ग्राहकों की संख्या को केरल और तमिलनाडु के 8 जिलों की 12 शाखाओं की 30,000 महिलाओं तक फैला दिया है।

❑

डॉ. प्रभाकर की इस पहल का फिल्मांकन रोहिणी मोहन द्वारा मई, 2007 में किया गया।

डॉ. रऊफ एम. मलिक

डॉक्टर होप

कश्मीर की समकालीन कहानी त्रासदी से भरी पड़ी है। एक ओर वहाँ भौगोलिक-राजनीतिक त्रासदी है तो दूसरी और इससे अधिक महत्त्वपूर्ण स्तर पर निहायत निजी त्रासदी है। तकरीबन हरेक परिवार हिंसा के भय से डरा हुआ है, किंतु अँधेरे में उजाला फैलाती आशा, हिम्मत और व्यक्तिगत त्याग की कुछ कहानियाँ भी हैं। इनमें से एक काफी प्रेरणादायक कहानी रऊफ एम. मलिक की है, जो श्रीनगर के एक दंत चिकित्सक हैं, जो खून से सनी इस घाटी में हजारों विधवाओं और अनाथ बच्चों के जीवन में आशा के प्रतीक बन गए हैं। एक जवान औरत तस्लीमा, जिसकी दुनिया 12 वर्ष पहले चिथड़े-चिथड़े कर दी गई थी, जब सुरक्षा बल पूछताछ के लिए उसके पति को तब जबरन उठाकर ले गए थे, जब वह अपने काम पर जा रहा था। उसके परिवारवालों ने गली-मुहल्ले में उसे ढूँढ़ा, थाने पर गए कि कोई सुराग मिल जाए, किंतु अंत में उसे एक डरावने सच का सामना करना पड़ा। उसका घर वापस आ पाना कभी संभव नहीं होनेवाला था। एक ही रात में उसकी जिंदगी और शादी समाप्त हो गई।

उसकी त्रासदी इस हकीकत से और अधिक जटिल बन गई कि उसके पास भरण-पोषण के लिए तीन छोटे-छोटे बच्चे थे और वह बेचारी विधवा थी। कश्मीर के अत्यधिक परंपरावादी मुसलिम समाज में वह अपनी जाति से अलग कर दी गई। उसके ससुरालवालों ने उसे घर से बाहर निकाल दिया और मजबूर होकर उसे वूलर झील के पास अपने पिता के घर शरण लेनी पड़ी, जहाँ उसे कड़वा अनुभव हुआ और वह अपने भविष्य को लेकर असमंजस में थी। अपने गरीब माँ-बाप की सीमित सहायता से अगले आठ वर्षों के दौरान उसने अपने बच्चों का भरण-पोषण किया, उन्हें स्कूल भेजा। इस प्रकार 'आधी विधवा' का जीवन झेलती रही।

तभी अचानक उसके दरवाजे पर एक दिन दस्तक हुई। बाहर एक अजनबी

खड़ा था, जिसने उसे बताया कि वह एक गैर-सरकारी संस्था चलाता है, जिसे 'कोशिश' के नाम से जाना जाता है। यह संस्था उस जैसी टूट चुकी जिंदगियों को बचाने का काम करती है। उसने उसे बताया कि उसका नाम रऊफ एम. मलिक है और उसने उसे अपने विवाह परामर्श केंद्र में आमंत्रित किया। तस्लीमा तो शरमा रही थी, किंतु उसके भाई ने उस डॉक्टर और उसकी भलमनसाहत के बारे में सुन रखा था, सो उसने उसे उसके पास जाने के लिए कहा। शुरू से ही उसके अंदर बैठा भय जाता रहा और अंततः उसने रऊफ एम. मलिक द्वारा सुझाए गए एक व्यक्ति के साथ शादी कर ली। "मुझे लगा था, मेरे बच्चों को दुःख झेलना पड़ेगा, किंतु मेरा दूसरा पति बहुत समझदार है। अगर मैंने शादी नहीं की होती तो लोग मेरे बारे में हर तरह की बुरी बातें बोलते। पहले मुझे पैसे के लिए बहुत संघर्ष करना पड़ता था, किंतु अब माशाल्लाह, हम लोग खुशहाल हैं।"

कश्मीर में बढ़ती 'आधी विधवाओं' की संख्या में वह भी शामिल है, जिसके पति के भविष्य के बारे में जानकारी नहीं है, जिसने रउफ एम. मलिक के कहने पर दोबारा शादी कर ली है। मलिक का कहना है कि उन्हें यह विचार तब आया जब सन् 2002 में एक विधवा से मिले। "एक बार मैं एक विधवा से यह पूछने के लिए मिला था कि क्या हम लोग उसके बच्चों की पढ़ाई-लिखाई को प्रायोजित कर सकते हैं। जब मैं उसके घर से बाहर निकलने लगा तो उसने कहा कि ऐसे में मेरा क्या होगा? यह बात मुझे अंदर तक हिला गई। मैंने अनुभव किया कि उसका भी अधिकार बनता है। उस दिन मैंने तय कर लिया कि मुझे ऐसी औरतों के पुनर्विवाह के लिए काम करना होगा।" यह बहुत ही हिम्मत का काम था। कश्मीर के अति रूढ़िवादी परिवारों में आधी विधवाओं का फिर से विवाह स्वीकार्य नहीं था। शुरू-शुरू में मलिक को भारी विरोध का सामना करना पड़ा। किंतु वे इस काम में लगे रहे और लाख विरोध के बावजूद लोगों से मिलते रहे। "मैं दूर-दराज के गाँवों में जाकर लोगों को यह समझाने लगा कि इस तरह कि अभागी औरतों के लिए एकमात्र बेहतर भावी निर्णय विधवा पुनर्विवाह था।" उन्होंने अपने इस जेहाद को और आगे बढ़ाया और इसके धार्मिक होने की अनौपचारिक अनुमति भी देनी शुरू कर दी। स्थानीय मसजिद में हर शुक्रवार को वे इमाम के बगल में बैठते हैं और अपना निजी प्रवचन देते हैं। वे लोगों को यह शिक्षा देते हैं कि त्रासदियों के शिकार परिवार किस प्रकार पुनर्विवाह के माध्यम से जीवन में सांत्वना हासिल कर सकते हैं। "हमारे यहाँ नजरअंदाज की जा चुकी विधवाओं, आधी विधवाओं और अनाथ बच्चों की एक बड़ी फौज है और उनके लिए सहायता प्रदान करनेवाले

ढाँचे को खड़ा करना मुश्किल है। हमें उनका परिवार फिर से बसाने की आवश्यकता है।'' वे लाउडस्पीकर पर बोलते हैं और अपनी बात समाप्त करते हुए अनाथ बच्चों की मदद के लिए गुहार लगाते हैं, ''हमें उनको वापस उनके परिवार में पहुँचा देना चाहिए।

उनके शब्दों का सकारात्मक प्रभाव जल्दी ही सब ओर दिखने लगा। आज अनेक स्वयंसेवी श्रीनगर में उनके कार्यालय में शादी का प्रस्ताव लेकर आते हैं। हरेक उम्मीदवार की अच्छे से जाँच-पड़ताल करने के बाद मलिक दूल्हा और दुलहन को मिलवाते हैं। पिछले छह वर्षों के दौरान उन्होंने लगभग 40 आधी विधवाओं की शादियाँ कराई हैं। यह सब करना अधिकांश के लिए काफी संतोषजनक होता, किंतु मलिक के लिए इतना ही काफी नहीं है। उनका धर्मार्थ कार्य विधवा पुनर्विवाह से काफी बढ़कर है। उन्होंने विस्थापित परिवारों के अनाथ बच्चों के लिए श्रीनगर तथा उसके आस-पास तीन गैर-औपचारिक शिक्षा केंद्रों को शुरू किया है। इस तरह का एक स्कूल श्रीनगर की प्रसिद्ध डल-झील के पीछे स्थित है, जो पॉपुलर के पेड़ों से आधा ढका हुआ है और जहाँ नाव में सवार होकर ही पहुँचा जा सकता है। झील के भीतरी भाग में मीर बेहरी टापू कीचड़ और ईंटों का बिना योजना के बना एक जंगल सा है और इस जगह पर मलिक अपना स्कूल चलाते हैं। विधवा परियोजना की तरह यहाँ भी उन्हें तीव्र विरोध का सामना करना पड़ा, क्योंकि स्थानीय निवासियों को डर था कि मलिक उनके बच्चों, जो कारखानों, कैंटीनों और छोटी-छोटी परचून की दुकानों पर बेमेल नौकरियाँ करते हुए परिवार की आय में योगदान प्रदान करते हैं, को बहला-फुसला लेंगे। बात तभी बनी, जब उन्होंने जुबान दी कि वे लोग अपनी-अपनी नौकरी करते रहेंगे और शाम को कक्षाओं में उपस्थित होंगे।

पहले कुछ सप्ताहों के दौरान मुट्ठी भर छात्रों से शुरुआत करते हुए आज वहाँ 60 से अधिक छात्र हैं, जिनमें नौजवान लड़कियाँ भी शामिल हैं। मलिक याद करते हैं कि जब वे यहाँ आए थे तो, कोई बच्चा उर्दू नहीं बोल पाता था। लड़कियाँ शरमाकर दरवाजों के पीछे छिप जाती थीं। आज वे न केवल स्वतंत्र रूप से बात करती हैं बल्कि गाना भी गा लेती हैं और अपने प्रहसनों का निदेशन भी खुद ही करती हैं। जाहिदा, जिसकी उम्र 15 वर्ष है, उन्हीं में से एक है। उसकी सुबह बुनाई केंद्र से शुरू होती है और शाम ढलने से ठीक पहले, वह मलिक की काम चलाऊ कक्षा में अनौपचारिक पढ़ाई के लिए जाती है। ''मैं ऑफिस में महिलाओं को काम करते और सड़कों पर गाड़ी चलाते देखती थी। लेकिन अब मुझे उनमें और मुझमें

बहुत अंतर नहीं लगता। यदि मैं पढ़ाई-लिखाई करूँ तो उनके जैसा बन सकती हूँ। उन्होंने हमारा बड़ा भला किया है।'' संघर्ष और निराशा से जकड़ी इस घाटी में मलिक के प्रयासों से आशा व विश्वास की किरण जगी है और अधिक ताकत के साथ परिवारों और जीवन के पुनर्निर्माण करने में मदद मिल रही है।''

नोट : वर्ष 2008 तक 42 आधी विधवाओं की सफलतापूर्वक शादी और पुनर्वास किया जा चुका है। इसके लिए डॉ. मलिक बधाई के पात्र हैं, तथापि वर्ष 2009 में जब डॉ. मलिक को 'रियल हीरोज पुरस्कार' से नवाजा गया तो उन्हें भारी कठिनाइयों का सामना करना पड़ा, क्योंकि घाटी में हिंसा फैली थी। इसकी वजह से 6 माह के लिए उन्हें भी काम न करने के लिए बाध्य किया गया। फिर भी उसी वर्ष 5 अर्द्ध विधवा विवाह संपन्न हुए और वर्ष 2010 में 4 अन्य अर्द्ध विधवा विवाह हुए। जिन स्कूलों की शुरुआत उन्होंने की थी, वे अभी चल रहे हैं। वे नौ केंद्रों में करीब 400 छात्रों को अनौपचारिक रूप से शिक्षा दे रहे हैं।

❑

कश्मीर से उम्मीद की एक कहानी। वर्ष 2009 की शीत ऋतु में सी.एन.एन.-आई.बी.एन. के श्रीनगर संवाददाता मुफ्ती इसलाह ने जम्मू व कश्मीर की राजधानी में डॉ. रऊफ एम. मलिक के साथ इस कहानी पर काम किया।

डॉ. सुब्रोतो दास

हाइवे लाइफ लाइन

आकस्मिक चिकित्सा में डॉक्टर अकसर एक शब्द 'गोल्डन आवर' का प्रयोग करते हैं। इसका मतलब उस महत्त्वपूर्ण समय से होता है, जो मरीज को गंभीर चोट लगने के बाद कुछ मिनटों से लेकर एक घंटे तक का होता है। इस समय के दौरान इस बात की संभावना होती है कि यदि समय पर चिकित्सा उपचार मुहैया करा दिया जाए तो मरीज को बचाया जा सकता है। इस समय के महत्त्व को डॉ. सुब्रोतो दास से अधिक कोई नहीं जानता। ऐसा इसलिए नहीं कि वे डॉक्टर हैं, बल्कि ऐसा उनके निजी अनुभव के आधार पर कहा जाता है। सन् 1994 में दास और उनकी पत्नी गांधीनगर में किसी समारोह से घर वापस आ रहे थे। रास्ते में उनकी कार का नियंत्रण खो गया और कार एक पेड़ से टकरा गई। राष्ट्रीय राजमार्ग पर देर रात का समय था। संयोग से इस दुर्घटना में दोनों बच गए। किंतु इस घटना ने उन्हें इस बात के लिए अत्यधिक सचेत कर दिया कि बचाव कार्य में विलंब की वजह से दुर्घटना के शिकार लोगों की जान पर कितना बड़ा खतरा मँडराता है। हाइवे पर आकस्मिक चिकित्सा सेवा उपलब्ध कराने के संदर्भ में भारत की स्थिति ठीक नहीं है। हरेक साल देश में सड़क दुर्घटनाओं में 90,000 से अधिक लोगों की जान चली जाती है, क्योंकि उन्हें इलाज समय पर मुहैया नहीं कराया जाता अथवा चिकित्सा उपचार देर से शुरू होता है।

डॉ. दास को अपनी दुर्घटना की रात अच्छी तरह से याद है तथा यह भी कि वहाँ कोई आकस्मिक चिकित्सा मदद वास्तव में उपलब्ध नहीं थी। डॉक्टर होने के कारण जिसका असली कर्तव्य जीवन को बचाना है, इस घटना से उन्हें प्रेरणा मिली—हाइवे पर दुर्घटनाओं के शिकार लोगों के लिए कुछ करने की। और इसी के परिणामस्वरूप 'लाइफ लाइन फाउंडेशन' अस्तित्व में आया, जो गुजरात में शुरू की गई इमरजेंसी लाइफ लाइन सेवा है। यह सेवा यह सुनिश्चित करती है कि

हाइवे पर दुर्घटनाओं के शिकार लोगों को 20 मिनट के भीतर विशेषज्ञों द्वारा मेडिकल उपचार प्रदान किया जाए।

डॉ. दास का कहना है, "लाइफ सेविंग ट्रीटमेंट गोल्डन आवर के भीतर दे देना चाहिए—हाइवे पर विद्यमान प्रशिक्षित फर्स्ट हैड होल्डरों (पैरामेडिक्स) के माध्यम से। यदि ऐसा समूचे देश में संभव नहीं है तो कम-से-कम गुजरात राज्य में शुरू करना चाहिए।" उनकी संस्था द्वारा प्रशिक्षित मेडिकल वर्करों द्वारा अनगिनत लोगों की जान बचाई जा सकी है। इसका नियंत्रण कक्ष बडोदरा में है। वहाँ मदद के लिए टेलीफोन कॉल्स मिलती हैं, दुर्घटना स्थल के सबसे पास के एंबुलेंस को सूचित किया जाता है और साथ ही पास के किसी हॉस्पीटल को भी सूचना दे दी जाती है, ताकि वे दुर्घटना के शिकार लोगों को सेवा प्रदान करने के लिए तैयार रहें। पास ही के पुलिस स्टेशन को भी इस बाबत सूचना दे दी जाती है।

इस फाउंडेशन ने तेजी से अपना जाल फैलाया है, किंतु यह बहुत ही चुनौतीपूर्ण कार्य साबित हुआ। शुरू-शुरू में डॉ. दास को काफी अनुसंधान और अन्य प्रशासनिक इकाइयों—पुलिस स्टेशनों और हॉस्पीटलों के साथ काफी समन्वय व मशक्कत करनी पड़ी—गुजरात में हाइवे और प्रमुख शहरों के समीप में। किंतु डॉ. दास ने अब यह सुनिश्चित कर लिया है कि दुर्घटना के शिकार लोगों को हाइवे पर हर जगह इमरजेंसी सेवा प्राप्त हो सके।

'लाइफ लाइन फाउंडेशन' केवल इमरजेंसी केयर ही प्रदान नहीं करती, एक बड़ी शुरुआत जागरूकता पैदा करने के बारे में है। एंबुलेंस सेवा से लेकर कंट्रोल रूम के लाइफ लाइन इमरजेंसी टेलीफोन नंबरों को हाइवे पर जगह-जगह चस्पाँ किया गया है। इन्हें कारों के बंपर पर भी लगाया गया है। फाउंडेशन के एक सदस्य का कहना है कि हम हाइवे के पास स्थित गाँवों में भी जाते हैं और उन्हें बताते हैं कि दुर्घटना के शिकार लोगों की एंबुलेंस आने और घटना स्थल पर पैरामेडिक्सों के आने तक उनकी देखभाल कैसे की जानी चाहिए।

डॉ. दास का कहना है कि उनका लक्ष्य समूचे स्वर्ण चतुर्भुज को इस सेवा से जोड़ना है; इसमें महाराष्ट्र के भी कुछ भाग हैं, ताकि यह सुनिश्चित किया जा सके कि समूचे क्षेत्र में सड़क पर आने-जानेवाले लोगों की बड़ी तादाद को मदद मुहैया कराई जा सके। उनकी प्रबल इच्छा है कि इस सेवा का विस्तार देश के कोने-कोने तक किया जाए। 'हाइवे रेसक्यू परियोजना' में वर्तमान में गुजरात, राजस्थान, महाराष्ट्र, पश्चिम बंगाल और केरल के 6,000 कि.मी. से अधिक मार्ग को कवर कर लिया है। वे चाहते हैं कि इस सेवा का विस्तार भारत की सीमा के बाहर तक

हो। जीवन-रक्षा प्रयासों के बढ़ते महत्त्व के साथ डॉ. दास का देश भर में 'मॉडल आकस्मिक मेडिकल सेवा' प्रदान करने का सपना एक हकीकत के रूप में साक्षात् होता दिखाई दे रहा है।

नोट : वर्ष 2008 में 'रियल हीरोज पुरस्कार' प्राप्त करने के बाद डॉ. सुब्रोतो दास को डॉ. मुहम्मद यूनुस द्वारा आमंत्रित किया गया, जो ग्रामीण बैंक के संस्थापक हैं, ताकि बँगलादेश में आकस्मिक मेडिकल सेवा मुहैया कराई जा सके। भारत में उनके इस अग्रणी कार्य के लिए 2009 में उन्हें आइजनहॉवर फेलोशिप से सम्मानित किया गया।

❑

सी.एन.एन.-आई.बी.एन. संवाददाता नूपुर तिवारी ने सुब्रोतो दास के साथ कई दिनों तक काम किया और जून 2007 में गुजरात भर में 'लाइफ लाइन फाउंडेशन' के विभिन्न कार्यों के बारे में शूटिंग की।

डी. आशीष

करुणा की मिसाल

असली मानवतावादी तो वे होते हैं, जो जिंदगियों को बचाने के लिए व्यक्तिगत त्याग की परवाह किए बिना अपने से कम भाग्यवान लोगों को आशा और सहानुभूति प्रदान करते हैं। अपनी तरह के अनोखे और प्रेरणादायी मेडिकल बैंक के संस्थापक डी. आशीष ऐसे ही मानवतावादी हैं। हर दिन उनके प्रयासों की वजह से कोलकाता के सैकड़ों गरीब व बीमार लोग, जो शहर के उत्तर में स्थित हतखोला के जर्जर एवं ध्वंस भवनों में रहते हैं, उनके पास आते हैं।

ऐसा लगता है कि कोलकाता शहर का यह भाग समय के गर्त में फँसा हुआ है। यहाँ भीड़-भाड़ है और यह जर्जर भी हो रहा है। भीड़ यहाँ पानी के तेज बहाव की तरह चली आती है, जिनमें बूढ़े, जवान, पुरुष-महिला और बच्चे सब होते हैं। सभी बीमार होते हैं तथा उनमें से कुछ को तो गंभीर बीमारी होती है तथा ये सभी कोने में स्थित उनके ऑफिस में प्रवेश पाने के लिए प्रतीक्षारत होते हैं। यह मेडिकल बैंक का कार्यालय है और ज्यादातर समय यह बीमार व दुःखी लोगों से पूरी तरह भरा होता है। यह देखने में किसी डॉक्टर के आउटडोर पेशेंट क्लीनिक की तरह लगता है, किंतु किसी भी डॉक्टर के पास इतने अधिक मरीज नहीं आते होंगे और यह उन्हें मुफ्त में दवाइयाँ देता है। इस क्लिनिक के केंद्र में डॉ. आशीष की गतिविधियाँ हैं, जो इसके संस्थापक और आशा एवं सहानुभूति बाँटनेवाले मसीहा हैं। उनका कहना है कि वर्ष भर यहाँ उन लोगों की भीड़ लगी होती है, जो चिकित्सा कराना चाहते हैं किंतु उसका महँगा खर्च वहन नहीं कर सकते।

डॉ. आशीष और मेडिकल बैंक के बारे में वास्तव में उल्लेखनीय बात है कि वे इस महान् कार्य में तभी जुट गए थे जब उनकी उम्र महज 14 वर्ष थी। उनका बचपन बड़े ऐशो-आराम में बीता था, किंतु इसकी वजह से वे जीवन के दूसरे पक्ष को देखने से वंचित नहीं रहे। उनका पड़ोस शहर की कुछ सबसे बड़ी झोंपड़पट्टियों

से घिरा हुआ था। आशीष अपने बचपन को याद करते हुए कहते हैं—''मेरे पास जरूरत की हर चीज थी—अच्छे कपड़े, अच्छा भोजन, कीमती खिलौने; किंतु मेरे इर्द-गिर्द काफी बड़ी संख्या में दुःखी व पीड़ित लोग थे। दरअसल इसे देख मुझे बहुत कष्ट होता था और मैं व्यथित हो जाता था। मुझे आश्चर्य इस बात का था कि यदि मैं इतने आराम से रह रहा हूँ तो इन लोगों को इतने कष्ट में रहने का क्या औचित्य है?'' चौदह वर्ष की उम्र तक आते-जाते उन्होंने झोंपड़पट्टियों में इलाज के अभाव में मरते हुए लोगों को देखा था। उसी समय उन्होंने अपने घर और अपने समृद्ध मित्रों के घर पर बेकार पड़ी दवाइयों को देखा। इस प्रकार आशीष ने अपने 15 मित्रों को समझाया कि वे घर-घर जाकर दवाइयों को एकत्र करने का काम शुरू करें और उन्हें उन लोगों में बाँट दें, जो इनका खर्च वहन नहीं कर सकते हैं। यह वर्ष 1980 की बात है और इस प्रकार मेडिकल बैंक का उदय हुआ। वे कहते हैं, ''जो लोग कीमत वहन कर सकते हैं, वे अमूमन जरूरत से अधिक दवाई खरीद लेते हैं और ठीक होने के बाद फालतू दवाइयों को फेंक देते हैं। इसलिए अपनी लोकेलिटी में हम लोग दरवाजे-दरवाजे जाने लगे और इन दवाओं को एकत्र करने लगे।'' इस प्रकार आज से 27 वर्ष पहले उन्होंने 'मेडिकल बैंक' की शुरुआत की थी।

आज आशीष 40 वर्ष के हैं और उन्होंने अपनी सारी जिंदगी 'मेडिकल बैंक' को समर्पित कर रखी है। वे पीछे मुड़कर कभी स्थायी नौकरी अथवा विवाह के बारे में नहीं सोचे पाए। वे कहते हैं, ''मुझे जीने के लिए सिर्फ आधारभूत जरूरतों की ही दरकार है, किंतु मैं उस लड़की से, जिससे मैं शादी करूँगा, इन सबकी अपेक्षा कैसे कर सकता हूँ?'' उनके समर्पण से अन्य दूसरे लोगों को प्रेरणा मिली है। पश्चिम बंगाल भर में 500 से अधिक स्वयंसेवक 'मेडिकल बैंक' के लिए काम करते हैं। इनमें डॉक्टर, कॉलेज के छात्र, हेल्थ वर्कर और वरिष्ठ नागरिक भी शामिल हैं। वे लोग धन्यवाद के पात्र हैं, क्योंकि मेडिकल बैंक के कार्यक्षेत्र और लक्ष्य में विस्तार हुआ है। यहाँ जाने-माने डॉक्टरों से मरीजों का इलाज कराया जाता है। जो या तो मुफ्त होता है या छूट पर। यहाँ गरीबों के लिए ऐनक और पेसमेकर भी बाँटे जाते हैं। इनकी नवीनतम शुरुआत 'फुटपाथ हॉस्पीटल' है, जहाँ 25 डॉक्टर मिलकर सप्ताह में दो बार लगभग एक सौ लोगों का इलाज करते हैं। वे एच.आई.वी. और थैलेसीमिया ग्रस्त मरीजों का भी बड़े पैमाने पर इलाज करते हैं, जिन्हें इलाज की जरूरत होती है और नियत समय पर ब्लड ट्रांसफ्यूजन करना पड़ता है।

बऊ-बाजार स्थित एक थैलेसीमिया उपचार केंद्र में 6 वर्ष की रीनी को उसकी माँ नमिता लेकर आती है। उसे ब्लड ट्रांसफ्यूजन के लिए हरेक पखवाड़े चलकर कोलकाता आना पड़ता है। उसका कहना है कि उसकी उम्मीद सिर्फ डॉ. आशीष दा पर टिकी है। किसी निजी क्लिनिक में हम लोग ब्लड ट्रांसफ्यूजन का खर्च बरदाश्त नहीं कर सकते। सरकारी अस्पतालों में हमें महीने-महीने भर इंतजार करना पड़ता है। अगर वे नहीं होते तो मेरी बच्ची कब की चल बसी होती। फुटपाथ अस्पताल परियोजना ने कोलकाता के तीन और इलाकों में विस्तार कर लिया है।

आशीष अकेले ही यह संघर्ष छेड़े हुए हैं। वे गली-कूचे और यौन कर्मियों के बच्चों के लिए एक प्री-स्कूल भी चलाते हैं। सामान्य सी एक घास-फूस की झोंपड़ी में, जहाँ न ही बिजली होती है, न ही डेस्क। सामान के नाम पर सिर्फ एक ब्लैक बोर्ड और फर्श पर बैठे हुए कुछ नंगे, अनाथ बच्चे हैं। अधिकांश बच्चे तो पढ़ाई छोड़कर भाग जाते हैं या फेल हो जाते हैं, किंतु आशीष की यह प्रबल इच्छा है कि उन्हें बेहतर जिंदगी जीने का एक अवसर मिलना चाहिए। वे कहते हैं, ''गली के ये बच्चे भारत का भविष्य हैं। यदि हम उनके लिए यह नहीं सुनिश्चित कर सके कि वे अच्छे से पढ़ जाएँ और बेहतर जीवन जीएँ, तो हमें अपने देश का विकास कर पाने की उम्मीद छोड़ देनी चाहिए। इसलिए उनके जीवन में सकारात्मक बदलाव लाने की हम कोशिश कर रहे हैं।''

हरेक मानवीय प्रयास में धन सबसे बड़ी चुनौती होता है। आशीष अब उस घर में हैं, जो दो गुना होकर मेडिकल बैंक बन चुका है और आमदनी का एकमात्र जरिया आम जनता से प्राप्त दान फंड है। वे कहते हैं, ''धन हमेशा ही एक समस्या होता है। हमें स्टाफ को वेतन देना होता है और अन्य खर्चे देखने पड़ते हैं।'' उन्हें उनके छोटे से फ्लैट में टँगी उस भारी-भरकम तसवीर से प्रेरणा और आशा प्राप्त होती है। यह तसवीर स्वामी विवेकानंद की है। हरेक सुबह काम पर जाने से पहले उनकी रोज की दिनचर्या है—इस तसवीर के समक्ष मन से प्रार्थना। वे कहते हैं—''स्वामीजी ने कहा था कि आदमी ही जरूरत के समय आदमी के साथ खड़ा होता है। इन तमाम वर्षों के दौरान मैं इस अदने से सिद्धांत का पालन करता रहा हूँ।''

इस मिशन से उन्हें न केवल नाम और प्रतिष्ठा प्राप्त हुई है बल्कि तमाम तरह से उनके लिए काम करनेवाले लोगों का प्रेम और कृतज्ञता भी प्राप्त हुई है। वे अपने इस 'मिशन ऑफ मर्सी' के लिए हर जगह जाते हैं, उत्तरी कोलकाता की पतली गलियों को पार करते हैं। उनके इर्द-गिर्द केवल बीमार लोग ही खड़े नहीं

होते हैं, बल्कि वे भी वहाँ होते हैं, जिनका पहले इलाज हुआ है और जो कृतज्ञ माता-पिता हैं। यद्यपि बड़ी मुश्किल से उनकी जीवन की रोजमर्रा की आवश्यकताएँ पूरी होती है, किंतु जब 'आशीष' विजिट पर आते हैं तो उन्हें कुछ कप गरम चाय और कुछ मिष्ठान्न भी दिए जाते हैं। दूसरे खुशकिस्मत लोगों को उनकी लोकलिटी में ही आशीष के बारे में जानकारी मिल जाती है, जब वे दवाएँ देने के लिए आते हैं। इसके बावजूद पिछले कुछ वर्षों में दवा एकत्र करने का काम आधा रह गया है, किंतु वे हिम्मत हारनेवाले नहीं हैं। 27 कठिन वर्षों से उन्हें यही शिक्षा मिली है कि अधिकांश बीमारियों की तरह गरीबी का भी इलाज है। 'मेडिकल बैंक' उन लोगों का भला करना जारी रखे हुए है, जो उचित मेडिकल केयर के बारे में सोच भी नहीं सकते थे।

नोट : 2008 में 'रियल हीरोज' पुरस्कार से नवाजे जाने के बाद आशीष ने कम आमदनीवाले वरिष्ठ नागरिकों के लिए एक कार्यक्रम शुरू किया है। सप्ताह में वरिष्ठ नागरिक मेडिकल बैंक में मुफ्त चेकअप के लिए आते हैं और अपनी समस्याओं के बारे में एक-दूसरे से और स्वयंसेवकों से बातचीत करते हैं। दवाइयों से बढ़कर इस नियमित बातचीत का फायदा यह होता है कि उन्हें अकेलेपन से होनेवाली मनोवैज्ञानिक समस्याओं का समाधान करने में सहायता मिलती है। आशीष ने उत्तरी और दक्षिणी 24 परगना के दूर-दराज के गाँवों में कैंप खोलकर अपनी पहुँच को और भी बढ़ा लिया है।

❑

मई, 2007 में सी.एन.एन.-आई.बी.एन. संवाददाता त्रिदीप के. मंडल डी. आशीष के साथ एक सप्ताह रहे और उनके 'मेडिकल बैंक' की इस स्टोरी पर कार्य किया।

दविंदर सिंह

सही ट्रैक पर दौड़ते हुए

पंजाब के एक सीमावर्ती गाँव में दिसंबर के कँपकँपाते महीने में यह रोज का काम है। दूधवाला फेरियाँ लगा रहा होता है, चाय की दुकानवाला गरम चाय की प्यालियाँ पकड़ा रहा होता है, अलाव के चारों ओर लोग खड़े होकर हाथ सेंक रहे होते हैं और बच्चे ऊनी कपड़े पहनकर स्कूल जा रहे होते हैं। तभी नजर एक अकेले दौड़ रही महिला पर जाती है। वह रोज सुबह सड़क पर आती है और अपने ट्रेनिंग ग्राउंड तक तकरीबन 2 किलोमीटर रोज दौड़ लगाती है। उनका नाम सिमरन कौर है और उनका लक्ष्य डेरा बाबा नानक स्थित भगत सिंह एकेडमी फॉर बॉक्सिंग ऐंड एथलेटिक्स होता है, जहाँ उनके कोच दविंदर सिंह दूसरे छात्रों के साथ इनका इंतजार कर रहे होते हैं।

देश के इस भाग में दविंदर सिंह का बड़ा नाम है। उन्होंने सिमरन जैसी महिलाओं और असंख्य माँ-बाप तथा युवाओं का सम्मान और उनकी कृतज्ञता अर्जित की है कि उन्होंने उनके सपनों को पूरा करने के लिए उन्हें एक मौका दिया। दविंदर सिंह के निर्देशन तथा ट्रेनिंग शेड्यूल में ही सिमरन 100 मीटर की दौड़ में स्टेट चैंपियन बनी थीं। एक और युवती ने अखिल भारतीय नेशनल एथलेटिक्स चैंपियनशिप में रजत पदक जीता। अभी तक उनकी एकडेमी से नौ स्टेट चैंपियन और 4 नेशनल चैंपियन पैदा हो चुके हैं।

परिस्थितियों और सुविधाओं के मद्देनजर उनकी सफलता उल्लेखनीय है। उनकी एकेडमी पंजाब के किसी आम खेल के मैदान जैसी ही दिखती है। वहाँ कोई उच्चकोटि का खेल उपकरण अथवा साजो-सामान नहीं है। हरेक चीज काम चलाऊ है। पुराने फोम के मैट्रेस, दो खंभों पर रखे गए लोहे के मोटे सरिए हाई जंप पिट का काम करते हैं। बाकी जगह भी इसी तरह की काम चलाऊ सुविधाएँ हैं, किंतु इससे आनेवाले युवाओं की भीड़ में कोई कमी नहीं आती। दविंदर सिंह की

पैनी नजरों के सामने कुछ दौड़ रही होती हैं, कुछ कूद रहे तथा कुछ पुशअप और वार्मिंग अभ्यास कर रही होती हैं।

दविंदर सिंह की कहानी बड़ी अनोखी है। सेना के जवान श्री सिंह ने सेना से जल्दी रिटायरमेंट इसलिए ले ली कि वे पुलिस बल की नौकरी करना चाहते थे। ट्रेनिंग के दौरान उनका अकसर अपने गाँव आना होता था और विभिन्न खेलों के लिए ट्रेनिंग के वास्ते युवा लड़के व लड़कियों को एकत्र करना होता था। खेलों के प्रति यह उत्साह एवं जज्बा उनके खून में मिला था। वे स्वयं एक अच्छे खिलाड़ी थे और स्कूल में तथा सेना में रहने के दौरान विभिन्न खेल-कूद की गतिविधियों में भाग लिया था। अपने बच्चों को तरक्की करता देख उन्होंने अपना तबादला डेरा बाबा नानक में करवा लिया, ताकि अपने काम को जारी रख सकें।

यह वर्ष 2001 की बात है और आधारभूत जरूरतों को पटरी पर लाने में काफी समय लग गया। नौ वर्ष पहले इस एकेडमी की जगह एक बड़ा जंगल हुआ करता था। जमीन तक पहुँचने के वास्ते कोई सड़क नहीं थी। बच्चों के साथ मिलकर सिंह ने खेल के मैदान के कीचड़ भरे ट्रेक की लेवलिंग शुरू कर दी। शर्मसार होकर स्थानीय प्राधिकारियों ने भी सीमेंट की सड़क बनाने के लिए हाथ बँटाना शुरू कर दिया। जब वे मैदान से खर-पतवार निकाल रहे थे तो उन्होंने इसे घेरने के लिए पेड़ लगाने शुरू कर दिए। मैदान के तैयार होते ही वे अपने गेम प्लान के लिए तैयार हो गए। उन्होंने बच्चों से यह कहना शुरू कर दिया कि वे सुबह आकर अभ्यास करना और खेलना आरंभ कर दें। रोज सुबह मैदान के पीछे की ऊबड़-खाबड़ पहाड़ी ट्रेनिंग फील्ड के रूप में बदल जाती थी। 'जो बोले सो निहाल' के बोल गाँववालों के लिए सुबह का अलार्म बन गए। यहीं पर उन्होंने युवा प्रतिभाओं की खोज की, जो आगे चलकर खेल के नायक बन गए।

दो वर्ष तक एकेडमी से कोई परिणाम हासिल नहीं हुआ, किंतु पाजी, जैसा कि उन्हें प्यार से बुलाया जाता है, ने हिम्मत नहीं हारी। असली संघर्ष तो तब शुरू हुआ, जब वे लड़कियों के लिए उनके घर जाने लगे। माता-पिता की झिझक, तमाशबीन दर्शकों और संदेह भरी गाँववालों की आँखों का सामना करने के लिए उन्होंने अपने साथ महिला इंस्ट्रक्टरों को ले लिया। ये महिलाएँ हरेक दरवाजे पर दस्तक देने लगीं और बच्चों के माँ-बाप को समझाने लगीं कि वे एथलेटिक्स के लिए अपनी लड़कियों को भेजें। सिंह का मानना है, "खेलों का जज्बा बचपन से ही पैदा कर देना चाहिए।" एक बार दक्षता स्तर पर पहुँचने के बाद वे छात्रों को अगले लेवल पर ले जाने लगे और उन्हें राज्य तथा राष्ट्रीय स्तर की चैंपियनशिप के

लिए तैयार करने लगे।

सबसे महत्त्वपूर्ण बात यह थी कि सिंह ने स्थानीय युवकों की ऊर्जा को सही दिशा की ओर उन्मुख कर दिया, उन्हें स्वस्थ व निर्माणकारी दिशा में लगाया— उस क्षेत्र में जहाँ मादक पदार्थों का सेवन युवाओं में आम बात है। यह एक बड़ी उपलब्धि थी। वे स्वयं को सैकड़ों बच्चों के लिए गर्व से सिर ऊँचा उठाए पिता की तरह मानते हैं और उनकी नजर ओलंपिक्स में कुछ बड़ी उपलब्धि हासिल करने पर लगी है।

उनके बच्चे ओलंपिक्स में मान-प्रतिष्ठा हासिल कर सकें इसके लिए उन्हें बेहतर सुविधाएँ मुहैया करानी होगी। राज्य सरकार की ओर से प्राप्त कुछ मदद से उन्होंने एक बॉक्सिंग रिंग का निर्माण कराया है। उन्हें पड़ोसी गाँवों से आनेवाली लड़कियों के लिए हॉस्टल की भी जरूरत है, जिनके पास रहने के लिए कोई जगह नहीं होती। उन्हें युवाओं के प्रशिक्षण के लिए बेहतर खेल सुविधाओं और उपकरणों की भी जरूरत है, ताकि उन्हें बड़े शहरों और अंतरराष्ट्रीय स्तर के दूसरे खिलाड़ियों के बराबर तैयार किया जा सके।

इन कमियों के बावजूद सिंह लगातार चैंपियन पैदा कर रहे हैं। 21 वर्षीय जोगिंदर के लिए दविंदर सिंह गुरु से भी बढ़कर बहुत कुछ हैं। उन्होंने उसे स्पोर्ट्स वियर दिया है, दौड़ने के शूज दिए हैं और उसे अपने घर में पनाह दी है तथा घर आने-जाने के लिए उसे पैसे भी देते हैं। जोगिंदर अपने ही अंदाज में गुरु के प्रति अपनी कृतज्ञता जाहिर करना चाहता है। उसने क्रॉस कंट्री रेस प्रतियोगिता की नेशनल चैंपियनशिप में स्वर्ण पदक जीता है।

नोट : दविंदर सिंह को मुंबई में एक शानदार समारोह में 'रियल हीरोज पुरस्कार' देने के छह महीने बाद उन्होंने एक एस.एम.एस. भेजा कि हम लोग सही रास्ते पर हैं। लड़कियों का हॉस्टल तैयार हो चुका है। उन्होंने कहा कि पुरस्कार की सारी रकम अभी खत्म नहीं हुई है, उसे प्रशिक्षण प्राप्त कर रहे युवाओं के भोजन आदि पर खर्च किया जा रहा है।

❑

दिसंबर 2009 में सी.एन.एन.-आई.बी.एन. संवाददाता सरयू महाजन ने इस रियल हीरोज के असाधारण कार्य पर वृत्तचित्र बनाने के लिए डेरा बाबा नानक का दौरा किया।

दीपक साहा

एक सपने का पूरा होना

दून स्कूल से विद्यालय स्तरीय पढ़ाई पूरी करने, दिल्ली विश्वविद्यालय से स्नातक करने, संघ लोक सेवा आयोग की परीक्षा पास करने तथा संबद्ध सेवाओं के लिए चुना जाना दीपक साहा के लिए आसमाँ छूने जैसा है, किंतु वे यह सबकुछ छोड़कर अपने गृह जनपद भागलपुर लौट आए और अपनी माँ के मिशन में लग गए, जो बेहतर जिंदगी जीने के लिए स्थानीय आदिवासी औरतों को शिक्षा और व्यावसायिक प्रशिक्षण प्रदान करना था। इस प्रकार एक दशक पहले 'जय-प्रभा महिला विकास केंद्र आश्रम' की स्थापना हुई।

घर की ओर वापस आना इतना आसान नहीं था। उन्हें दिल्ली की शान-शौकतवाली जिंदगी छोड़कर एक पिछड़े, नक्सल-ग्रस्त क्षेत्र में बसना था, जो घने जंगलों, धूल भरी सड़कों, सूखे खेतों और अशिक्षित व शोषित आदिवासियों का क्षेत्र था। उन्हें बिहार के बाँका जिले के जंगलों में काफी अंदर स्थित आश्रम में केरोसिन तेल के दीये जलाकर काम करना पड़ता था, जंगलों से होकर मीलों पैदल चलना पड़ता था, कीड़े-मकोड़ों के दंश को बरदाश्त करना पड़ता था तथा आदिवासी महिलाओं के साथ आश्रम में ही चपाती और अचार का रूखा-सूखा खाना खाना पड़ता था, किंतु उन्हें इसका खेद नहीं था। उन्हें एक मिशन को पूरा करना था और अपनी माँ से किए वायदे को निभाना था।

घने जंगलों से घिरा 'जय-प्रभा महिला केंद्र' एक तरह से एक जश्न-स्थल है। आश्रम में साफ ग्रे रंग के स्कर्ट और सफेद टॉप पहने सँवरी पौनी टेल बाँधे मुसकराती स्कूली लड़कियाँ आगंतुकों का स्वागत करती हैं, जो किसी बड़े शहर के किसी कॉन्वेंट स्कूल जैसी दिखती हैं। आश्रम का अपना एक लंबा-चौड़ा कैंपस भी है। एक कोने में मेडिकल डिस्पेंसरी है, जबकि दूसरे कोने पर खेल के मैदान के साथ स्कूल बिल्डिंग है। लड़कियाँ अपनी बारी आने पर ही झूला झूलती हैं। एक अन्य

कोने पर एक और भवन है, जहाँ आदिवासी लड़कियों को व्यावसायिक प्रशिक्षण तथा महिलाओं को सिलाई, कढ़ाई, मिट्टी के बरतन तथा अन्य सामान बनाना, पेंटिंग आदि सिखाई जाती है। सभी कक्षाओं में पूर्ण उपस्थिति होती है। पेंट ब्रश से पेंटिंग और मिट्टी के लोने से सामान बनाना—बंदूकों की लड़ाई और उनके परेशान होने की स्थिति में स्वागत योग्य राहत है, जिसका सामना ये आदिवासी नक्सलवादी और पुलिसवालों के हाथों हमेशा करते रहते हैं। आश्रम की डिस्पेंसरी में किसी भी अस्पताल की तरह सारे साजो-सामान व उपकरण हैं और यहाँ रोगियों और जरूरतमंद लोगों को मुफ्त दवा दी जाती है। साहा ने वास्तव में अपनी माँ द्वारा शुरू किए गए अभियान में काफी कुछ जोड़ा है। भागलपुर उनका पैतृक आवास है और उनके घरेलू कारोबार से आश्रम को चलाने के लिए धन की व्यवस्था की जाती है।

साहा का मानना है कि उन्हें अभी बहुत कुछ हासिल करना है। वे सोचते हैं कि उन्होंने अभी एक छोटी शुरुआत भर की है और उनकी इच्छा है कि इस इलाके की सभी आदिवासी लड़कियाँ आर्थिक रूप से आत्मनिर्भर हो जाएँ, ताकि वे स्वयं अपनी और अपने परिजन की देखभाल कर सकें। उन्हें भलीभाँति मालूम है कि शोषण से बचाने का यही तरीका है। सभी लड़कियों को स्कूल जाने के लिए साइकिल देने का काम दस वर्ष पहले शुरू किया गया था और उसे बिहार सरकार ने सफलतापूर्वक अपनाया था। दरअसल, बिहार में गत दिनों हुए विधानसभा चुनावों में मुख्यमंत्री नीतीश कुमार की भारी सफलता के पीछे मुख्य कारणों में से यह भी एक कारण रहा था।

आदिवासी साहा को एक नेक दिल इनसान के रूप में देखते हैं, जो जरूरत के समय हमेशा उनके पास मौजूद होते हैं। उन्हें यह मालूम है कि उन्हें इतने संतोषजनक ढंग से यह कामयाबी नहीं मिली होती, यदि वे धन कमाने की होड़ में लगे रहते। आज बिना किसी शंका के वे वास्तविक 'हीरो' हैं।

नोट : वर्ष 2009 में 'रियल हीरोज पुरस्कार' प्राप्त करने के बाद 'जय-प्रभा' ने अपने कार्य क्षेत्र का विस्तार स्वास्थ्य, शिशु विकास, शिक्षा आजीविका कार्यक्रमों और पर्यावरण एवं सामाजिक संस्थाओं तक कर लिया है। जिस बंजर भूमि को उन्होंने अपनी कार्यस्थली बनाया, वह आज एक हरा-भरा क्षेत्र है। इसने अपने ग्रामीण अस्पताल को भी उन्नत बना लिया है और देश के सर्वोत्तम राष्ट्रीय तपेदिक उन्मूलन कार्यक्रमों को यहाँ चलाए जाने का श्रेय है, जहाँ 'डाट्स' कार्यक्रम के माध्यम से तपेदिक के लगभग 1,000 रोगियों का इलाज किया जा चुका है। ❑

दीपक साहा की इस कामयाबी की शूटिंग सी.एन.एन. और आई.बी.एन. के पटना ब्यूरो चीफ प्रभाकर कुमार द्वारा दिसंबर 2008 में की गई।

दीप जोशी

आशा की खोज में

महुआ राय चौधरी सुप्रसिद्ध जेवियर इंस्टीट्यूट ऑफ सोशल साइंसेज, मुंबई से पोस्ट ग्रेजुएट हैं। अपने अधिकांश समकालीनों के जैसे लॉजिकल कैरियर उनके लिए शहर में अच्छे वेतनमान वाली नौकरी थी। किंतु इसे करने के बजाय वे लोहारागढ़ चली गईं, जो मुंबई की तुलना में बिहार का बेहद पिछड़ा हुआ अजीबो-गरीब गाँव था। पवन कुमार ने भी कुछ इसी तरह का काम किया था। विज्ञान में पोस्ट ग्रेजुएट श्री कुमार ने झारखंड में गाँववालों को मदद पहुँचाने के लिए, ताकि वे बेहतर जिंदगी जी सकें, पॉल्ट्री फार्म बनाने और उसके सुपरवाइज करने का विकल्प चुना। ये दोनों उन लोगों की मदद देने के लिए प्रेरित हुए, जिन्हें इसकी सर्वाधिक आवश्यकता थी और वे यह सब एक व्यक्ति के प्रयास से कर सके, जिनका नाम था दीप जोशी। उन्होंने स्वयं विदेश की एक अच्छी-खासी नौकरी तब छोड़ दी थी, जब एक बार घर आने पर उन्हें महसूस हुआ कि ग्रामीण भारत की ओर विकास के क्षेत्र में युवा और बुद्धिमान लोग आकर्षित नहीं होते हैं।

वर्ष 1983 में जोशी ने प्रदान (प्रोफेशनल असिस्टेंट फॉर डेवेलपमेंट एक्शन) नामक एक गैर-सरकारी संगठन का गठन किया, जिसमें आज 250 से अधिक युवा प्रोफेशनलों को नौकरी दी गई है। ये लोग भारत भर में दूर-दूर तक गाँवों में काम करते हुए अपने कैरियर का कुछ भाग सहयोग-स्वरूप अर्पित करते हैं। उनका लक्ष्य गाँववालों को इस कदर शक्ति-संपन्न बनाना है, ताकि वे संसाधनों का बेहतर प्रबंधन कर सकें, अधिक आय कमा सकें। वे उन्हें छोटे-छोटे उद्यम लगाने में भी मदद प्रदान करते हैं। जोशी कहते हैं—"यह संस्था केवल गाँव में युवा प्रोफेशनलों को भेजने और उनकी समस्याओं का हल प्रदान करने का काम ही नहीं करती, बल्कि हमारी योजना है कि हम वहाँ प्रेरणा प्रदान करनेवाले व्यक्ति के रूप में जाएँ। ऐसे लोगों के रूप में, जो दूसरों के जीवन में आशा की चिनगारी

पैदा कर सकते हैं। एक बार जब यह काम शुरू हो जाता है तो बदलाव लाने का रोजमर्रा का काम स्थानीय लोगों पर छोड़ दिया जाता है।''

'प्रदान' का विश्वास है कि आर्थिक गरीबी को दूर करने का उपाय गरीब लोगों की आजीविका की क्षमता में वृद्धि करना और उन्हें ऐसे नियमित रूप से आय बढ़ानेवाले अवसरों से जोड़ना है। इस प्रक्रिया में उन्हें अपने भूतकाल से मुक्त होना पड़ेगा और भविष्य के लिए वैकल्पिक दृष्टिकोण का विकास करना होगा और प्राप्त किए जाने योग्य लक्ष्यों को तय करना पड़ेगा। इसके लिए उन्हें तकनीकी, संगठनात्मक, बातचीत और नेटवर्क कौशल से संबद्ध करना होगा, जिससे उनके लक्ष्यों को पूरा होने में सुविधा प्राप्त हो सके।

आज लक्षित समुदायों के साथ सीधे तौर पर जुड़कर भारत के दूरस्थ गाँवों में काम करते हुए प्रदान की छत्रच्छाया में काफी प्रेरित एवं कुशल पेशेवर लोगों का एक समूह काम कर रहा है। इन युवा पेशेवरों की भरती विश्वविद्यालयों से की जाती है और इन युवा पेशेवरों के पास प्रबंधन, इंजीनियरिंग, कृषि एवं सामाजिक विषयों में उच्च कोटि की विशिष्ट डिग्री होती है। प्रदान के पेशेवर 41 दलों में बँटे हुए हैं, जो देश के आठ सर्वाधिक गरीब राज्यों के 4,138 गाँवों में 2,06,298 परिवारों के साथ काम कर रहे हैं। अधिकांश परिवार, जिनके साथ प्रदान काम करती है, अनुसूचित जाति एवं अनुसूचित जनजाति के होते हैं।

वर्तमान में सात राज्यों में काम कर रही 'प्रदान' नामक संस्था की वजह से इन क्षेत्रों में आमूल-चूल बदलाव स्पष्ट रूप से देखने को मिल रहा है। इस चुनौती का एक हिस्सा शहरों में पले-बढ़े ग्रेजुएटों को शहरों की आरामदायक नौकरी और भारी-भरकम पैकेज छोड़ने के लिए मनाना एवं राजी करना रहा है और उन्हें जमीनी स्तर पर बेहद सामान्य जीवन जीते हुए चुनौती स्वीकार करने हेतु प्रेरित करना रहा है। जोशी का कहना है, ''प्रेरणा इसमें निहित होती है कि उनके जैसे लोगों द्वारा किए कार्य का क्या प्रभाव देखने को मिला है और यह गरीबों के जीवन और उनकी आजीविका पर क्या प्रभाव डालता है? इस बीच जोशी ने अपने तथा प्रदान हेतु कुछ नई उपलब्धियों के लिए नए लक्ष्य तय कर लिये हैं। उनकी कोशिश है कि अगले 10 वर्षों के दौरान लगभग 15 लाख गरीब लोगों तक संपर्क जाए और उनके जीवन में बदलाव लाया जाए।

इस अभियान एवं लक्ष्य का बेहतर हिस्सा यह है कि इस कार्य के लिए युवा लोग स्वयं ही आगे आ रहे हैं। जोशी के प्रयासों और प्रदान के बैनर तले किए गए कार्यों की दुनिया भर में सराहना की गई है। वर्ष 2009 में उन्हें प्रसिद्ध 'रेमन

मैग्सेसे' पुरस्कार के लिए नामित किया गया। 'प्रदान' को वर्तमान सर्वश्रेष्ठ गैर-सरकारी संगठन के रूप में सम्मानित किया गया है। जोशी को उनके इस उत्कृष्ट कार्य के लिए वर्ष 2010 में 'पद्मश्री' पुरस्कार प्रदान किया गया, जिससे उन्हें देश के लिए उल्लेखनीय योगदान प्रदान करने का एक और अवसर प्राप्त हुआ। वे इस समय सोनिया गांधी की अध्यक्षता वाली 'राष्ट्रीय सलाहकार परिषद्' के भी एक सदस्य हैं।

नोट : अगस्त 2008 में 'रियल हीरोज पुरस्कार' दिए जाने के बाद दीप जोशी सरकारी तौर पर सेवानिवृत्त हो चुके हैं, किंतु अभी वे परामर्शदाता के रूप में कार्य कर रहे हैं तथा वे 'प्रदान' के लिए प्रशिक्षण कार्यक्रमों को चलाते हैं।

❑

धरणीधर बोडो

भविष्य हेतु संरक्षण करते हुए

असम का काजीरंगा राष्ट्रीय पार्क एक सींगवाले सुप्रसिद्ध गैंड़ों के लिए जाना जाता है। यही नहीं, यह पार्क वन्य जीवों के संरक्षण के क्षेत्र में जो भारतीय संदर्भ में एक दुर्लभ प्रयास है, महत्त्वपूर्ण उपलब्धि के लिए भी मशहूर है। इन सबके लिए सिर्फ एक आदमी के प्रयास को श्रेय जाता है, वह है—धरणीधर बोडो, जो काजीरंगा राष्ट्रीय पार्क के कोहोरा रेंज के फॉरेस्ट अफसर हैं।

काजीरंगा ने वन्य जीवों के मूल्य पर अनेकानेक आपदाओं को झेला है। एक सर्वेक्षण के मुताबिक, भारत के वन्य जीवों में गैंड़ों की संख्या चीतों की संख्या की आधी और हाथियों की संख्या का दसवाँ भाग है। 1990 के दशक के शुरू में इनकी संख्या 1,000 से कम थी। बोडो और उनके साथियों के प्रयास इसके लिए धन्यवाद के पात्र हैं कि गैंड़ों की संख्या वर्ष 2004 में 1855 से बढ़कर 2007 में 2048 हो गई। बोडो कहते हैं, ''जो उपलब्धि एवं सफलता हमने हासिल की है, हमें दरअसल उस पर बड़ा नाज है; क्योंकि यदि हम प्रकृति का नाश करते हैं तो मानव जाति को बचा पाना कठिन होगा।''

'बोडो सर' जैसा कि उन्हें हरेक व्यक्ति प्यार से बुलाता है, काजीरंगा के वन्य जीवों की सफल कहानी के एक महत्त्वपूर्ण किरदार बनकर उभरे हैं। उन्होंने अपने समर्पित फॉरेस्ट गार्डों के साथ मिलकर नागालैंड जैसे राज्यों और समीपवर्ती जिलों के चोर, शिकारियों के खिलाफ लड़ाई में व्यक्तिगत रूप से भारी साहस का प्रदर्शन किया है। ये शिकारी अत्याधुनिक हथियारों से लैस होते हैं और वन्य जीवों को जान से मारने के लिए आमादा होते हैं। कुछ देशों में गैंड़ों के सींग बहुत कीमती होते हैं और अंतरराष्ट्रीय बाजार में उनकी कीमत 15 लाख रुपए तक लगाई जाती है। बोडो और उनके साथी पुराने हथियारों से लैस होकर अभी तक 100 से अधिक शिकारियों को पकड़ने में कामयाब हुए हैं। उन्हें मारना अथवा पकड़ना कोई समस्या का स्थायी

समाधान नहीं है। बोडो का कहना है—''वन्य जीवों के वास्तव में संरक्षण के लिए हमें स्थानीय लोगों को विश्वास में लेना होगा।''

वास्तव में भारत में वन्य जीवों के संरक्षण को बड़ा खतरा जानवरों और मनुष्यों के बीच झड़प के कारण से है, जो वनों के समीपवर्ती क्षेत्रों में रहते हैं। बोडो को मालूम था कि गैंड़ों के संरक्षण के लिए स्थानीय गाँववालों को भरोसे में लेना होगा। वे स्वयं एक जनजातीय हैं और इसका फायदा यह हुआ कि वे पड़ोस के गाँवों के लोगों के साथ मेल-जोल बना सके। उन्होंने महसूस किया कि समस्या के समाधान की कुंजी शिक्षा और रोजगार में निहित है। उनका कहना है कि यहाँ की अधिकांश आबादी कुशल कारीगर नहीं है और वे बहुत गरीब हैं। बुनियादी सुविधाओं और शिक्षा के अभाव में कुछ वर्ष पहले तक गाँव के लोग शिकारियों की मदद करते थे, ताकि वे जंगलों में घुसकर अपना कारोबार कर सकें।

बोडो ने एक मौलिक समाधान प्रस्तुत किया। वे आस-पास के गाँवों के युवाओं को प्रोत्साहित करते हैं कि वे वन विभाग से संपर्क करें और वे इन युवाओं को प्रवेश परीक्षाओं में पास होने में भी मदद करते हैं। इससे यह सुनिश्चित होता है कि उन्हें आजीविका प्राप्त हो सकती है और वे राष्ट्रीय पार्क में जानवरों की रक्षा भी कर सकेंगे।

बोडो हमेशा सफल व्यक्ति रहे हैं। वे गोलाघाट जिले के कसाईघाट गाँव से ग्रेजुएट होनेवाले पहले व्यक्ति हैं। यह वही जगह है, जहाँ पर काजीरंगा पार्क स्थित है—''मुझे गणित और संस्कृत से लगाव था और फलस्वरूप मैंने वनस्पति शास्त्र में बी.एस-सी. पूरी की।'' वास्तव में उनका संरक्षण कार्य संस्कृत श्लोकों से संपुटित है और उनके एक प्रिय श्लोक का अनुवाद इस प्रकार है, 'सभी प्राणी भगवान् द्वारा बनाए गए हैं, इसलिए इस संसार में उनका भी बराबर का हक है।'

वर्ष 1986 में बोडो का चयन असम लोक सेवा आयोग के लिए हुआ और उन्हें काजीरंगा नेशनल पार्क में रेंज अफसर के रूप में नौकरी मिल गई। अब बोडो की उम्र 54 वर्ष है और वे जानते हैं कि उन्हें रिटायर होने में अब ज्यादा देर नहीं है। वे चाहते हैं कि उनके रिटायर होने से काफी पहले ही गैंड़ों के लिए काजीरंगा एक सुरक्षित अभयारण्य बन जाए और इस इच्छा को पूरा करने का एक ही तरीका है—वन्य जीवों के संरक्षण के बारे में लोगों को शिक्षित करना। हरेक पखवाड़े वे पास के स्कूलों के छात्रों को राष्ट्रीय पार्क के अंदर ले जाते हैं, ताकि वे स्वयं देख सकें कि उन्हें किस खजाने की हिफाजत करनी है। उनका कहना है—''यह तभी होगा, जब वे इन्हें देखेंगे और तभी वे इनका सम्मान करेंगे और इनका बचाव करेंगे।'' स्कूली

बच्चों के एक समूह के लिए वे गैंड़ों की वैज्ञानिक जानकारियों के बारे में प्रकाश डालते हैं। अगले क्षण अपनी बात समाप्त करते हुए कहते हैं : ''गैंड़े सिर्फ आपके घर के पास ही पाए जाते हैं, इसलिए उन्हें सिर्फ आपको ही बचाना पड़ेगा। वे ही आपके असली पड़ोसी है।'' उनकी बातों पर हरेक व्यक्ति समान रूप से ध्यान नहीं देता और जैसा कि बाकी जगहों के लिए सत्य है—कानून बनानेवाले ही लोग सबसे अधिक कानून तोड़नेवाले होते हैं। वर्ष 2009 में बोडो पर दो विधायकों ने हमला बोल दिया, जो मछली पकड़ने के वास्ते प्रतिबंधित क्षेत्र में घुस आए थे। वे ए.के. 47 से लैस थे। जब उन्हें बताया गया कि इस क्षेत्र में मछली पकड़ने पर रोक है तो उन्होंने एक फॉरेस्ट गार्ड की पिटाई कर दी और बोडो को जान से मारने की धमकी दे दी। उनका कहना है, ''यदि हमारे कानून निर्माता ही जंगल के कानूनों की धज्जियाँ उड़ाएँगे तो हम क्या कर सकते हैं? मुझे अपनी जान की परवाह नहीं, किंतु बेचारे फॉरेस्ट गार्ड बहुत गरीब परिवारों के हैं।''

यह घटना उनके जीवन की परिवर्तनकारी घटना थी। उनका तबादला गुवाहाटी में असम फॉरेस्ट स्कूल में कर दिया गया। अंततः 24 साल की सेवा के बाद उन्हें असिस्टेंट कंजर्वेटर पद पर पदोन्नत किया गया। उनका स्थानांतरण और पदोन्नयन आश्चर्यपूर्ण साबित हुआ; किंतु जाहिर था, असम अपना एक सुप्रसिद्ध और निर्भीक वन योद्धा खोना नहीं चाहता था।

नोट : 2008 में जब धरणीधर बोडो को 'रियल हीरोज पुरस्कार' प्रदान किया गया, तब से लेकर आज तक काजीरंगा में गैंड़ों की संख्या बढ़कर 2,054 हो चुकी है। उनका नया कार्य फॉरेस्ट स्कूल के फॉरेस्टरों के नए बैच को प्रशिक्षण प्रदान करना है और उन्हें अपने नक्शे कदम पर चलने के लिए प्रेरणा प्रदान करना है।

❑

धरणीधर बोडो वे पहले 'रियल हीरो' हैं, जिनकी कहानी सबसे पहले शूट की गई। वर्ष 2007 में काजीरंगा के इस सबसे बहादुर वन योद्धा की कहानी कहने के लिए त्रिदीप के. मंडल ने असम का दौरा किया था।

निशीथ मेहता

स्वाभिमान के साथ जीना

माइक्रोसाइन एक सफल कंपनी है, जो इलेक्ट्रॉनिक कंपनियों के लिए प्लास्टिक के उपकरण बनाती है और इसे इस बात का गर्व है कि इसकी उपभोक्ता सूची में सीमेंस, ए.बी.बी., लार्सन ऐंड टूब्रो, भारत डायनामिक्स और भेल जैसी नामी-गिरामी कंपनियों के नाम शामिल हैं। भावनगर, गुजरात स्थित इसकी फैक्टरी छोटी तो है, पर यहाँ आधुनिक सुविधाओं का अभाव नहीं है और इसके सी.ई.ओ. (मुख्य कार्यकारी अधिकारी) निशीथ मेहता इस क्षेत्र की जानी-मानी हस्ती हैं। ऐसा केवल माइक्रोसाइन के उत्पादों और उसके बड़े खरीदारों की वजह से नहीं है, बल्कि इस कंपनी की मजदूर शक्ति के कारण है। इसकी 80 प्रतिशत संख्या शारीरिक या मानसिक रूप से विकलांग लोगों की है।

यों तो यह बहुत बड़ी संख्या नहीं है, किंतु ये खुशहाल जरूर हैं और यह कह पाना लगभग असंभव है कि अधिकांश मजदूरों में किसी-न-किसी प्रकार की अपंगता नहीं है। मेहता और माइक्रोसाइन ने जो ढेरों पुरस्कार प्राप्त किए हैं, जिनमें से हेलन केलर पुरस्कार, फिक्की (FICCI) और सी.आई.आई. से विकलांगों को सशक्त बनाने के लिए पुरस्कार शामिल हैं, जो इनकी उल्लेखनीय कॉरपोरेट कहानी को बयाँ करने के लिए काफी हैं।

विकलांगों को सशक्त बनाने के लिए मेहता का धर्मयुद्ध दरअसल उनकी भतीजी की प्रेरणा का परिणाम है। वे कहते हैं, यद्यपि वह बहरी थी, परंतु समर्थ शरीरवाले व्यक्तियों से अधिक होशियार थी और स्वयं की देख-रेख कर पाने में पूरी तरह सक्षम थी। मेरे परिवार ने उसे आगे बढ़ने का पर्याप्त अवसर प्रदान किया। इसलिए मैंने सोचा कि यदि हम इसी तरह के अवसर दूसरे विकलांग व्यक्तियों को दें तो वे भी सफल हो सकते हैं। उन्हें अगर किसी चीज की जरूरत है तो वह है अवसर की।

इसके बाद उन्होंने बस यही किया। उनके कारखाने की प्रत्येक मंजिल पर घोर अपंगता से ग्रस्त मजदूरों को सक्षम शरीरवाले लोगों की तरह सामान्य रूप से उत्पादन कार्यों को करते हुए व्यस्त देखा जा सकता है। वे सुन नहीं सकते अथवा बोल नहीं सकते। कइयों के हाथ-पैर नहीं हैं, कुछ तो मानसिक रूप से भी अक्षम हैं। इनमें से दो के नाम मुकेश और रंजना हैं। जब मुकेश सिर्फ दो साल का था तो पोलियो ने उसके पैरों पर हमला कर उन्हें अक्षम बना दिया। 16 वर्ष के बाद एक पुनर्वास केंद्र पर उसकी मुलाकात रंजना से हुई। वह भी पोलियो की वजह से विकलांग हो चुकी थी। उन्हें प्यार हो गया और उन्होंने शादी करने का निर्णय कर लिया। उनके परिवारवाले शादी के खिलाफ थे, इसलिए उन्होंने छुपकर शादी की। उनके माँ-बाप ने उन्हें घर से निकाल दिया और तब से वे वापस उनके पास नहीं गए, बल्कि उन्होंने निशीथ मेहता से मुलाकात की, जिन्होंने उन्हें नौकरी दे दी। और देखते-देखते उनकी जिंदगी उनके सपनों के परे बदल गई। आज वे बड़ी शान-शौकत और इज्जत की जिंदगी जी रहे हैं, मोटर कार में इधर-उधर घूम सकते हैं और उनका खुद का मकान भी है।

मेहता का यह निस्स्वार्थ धर्मार्थ कार्य केवल परोपकार के लिए ही नहीं है; उन्होंने देखा था कि विकलांग लोग अगर उन्हें इज्जत और मौका दिया जाए तो बहुत परिश्रम से काम करते हैं और काम पर पूरी तरह मुस्तैद होते हैं। उनकी कमियों के बावजूद मेहता उन्हें काम देते हैं, ट्रेनिंग देते हैं। उदाहरण के तौर पर जहाँ कल-पुरजे गढ़े जाते हैं, उस सेक्शन में मशीनों की आवाज कान-फोड़ू होती है। हालाँकि इससे इन मजदूरों पर कोई असर नहीं पड़ता। जैसा कि मेहता बताते हैं, "उस शोरगुलवाले कमरे में काम करनेवाले सभी लोग बहरे हैं, आवाज से वे घबराते नहीं हैं और वे बिना किसी कठिनाई के अपना काम करते रहते हैं।" 30 वर्षीय अभिजीत कुछ इसी तरह का गूँगा-बहरा मजदूर है, जो पिछले पाँच वर्षों से माइक्रोसाइन के साथ काम कर रहा है। एक सहकर्मी उसकी सांकेतिक भाषा का अनुवाद करता है—"मैं न सुन सकता हूँ, न बोल सकता हूँ, फिर भी एक सामान्य आदमी की तरह महसूस करता हूँ। निशीथ भाई ने मेरी काबिलियत देखी और उन्होंने मुझे काम दे दिया। आज मेरी जिंदगी खुशहाल है। मैं सुख-सुविधाओं से भरपूर हूँ और इन सबका श्रेय माइक्रोसाइन को जाता है।"

दूसरी मंजिल के एक बड़े हवादार कमरे में मुकेश और रंजना पट्टों को छाँट रहे हैं, खराब फास्टनर्स को अलग कर रहे हैं। हालाँकि इधर-उधर घूम पाना उनके लिए कठिन है, इसलिए उन्हें छाँटने का काम दिया गया है, जिसमें उन्हें एक ही

जगह पर बैठे रहना होता है। इसी कमरे में हीरक पटेल फास्टनर्स की पैकिंग का काम करता है, बिलकुल एक मशीन की तरह तेजी और मुस्तैदी से। चूँकि वह मानसिक रूप से अपंग है, वह जो भी कमाता है, मेहता उसे फिक्स्ड डिपॉजिट एकाउंट (सावधि जमा खाता) में रखवा देते हैं। ''यह पैसा उसके भविष्य के लिए है। अभी तो उसके माँ-बाप उसका ध्यान रखते हैं, किंतु जब वे नहीं रहेंगे तो उसकी देख-रेख कौन करेगा? यह पैसा तब उसके काम आएगा?'' वे बताते हैं और हीरक की पीठ थपथपाते हैं। हीरक तुरंत हाथ मिलाने के लिए अपना हाथ बाहर निकालता है, मानो वह निशीथ भाई को धन्यवाद देना चाहता है कि उन्होंने उसका भरोसा और विश्वास किया।

अपने कर्मचारियों व मजदूरों के साथ निशीथ मेहता ने वास्तविक जीवन की कहानी लिखी है, जो उद्यमिता एवं साहस के लिए आगे बढ़ने से रोकनेवाली विषम परिस्थितियों पर विजय पाने और विजेता बनने के हर-एक के अलग-अलग उदाहरण हैं। मेहता और माइक्रोसाइन इसके लिए धन्यवाद के पात्र हैं। ये मजदूर अपना पैसा स्वयं कमाते हैं, पर जो चीज बेशकीमती है, वह है वह स्वाभिमान और सम्मान, जिन्हें उन्होंने स्वयं ही कमाया है।

नोट : वर्ष 2009 में 'रियल हीरोज पुरस्कार' पाने के बाद निशीथ मेहता ने उस धन का इस्तेमाल अपने विकलांग कर्मचारियों के लिए जीवन व स्वास्थ्य बीमा पॉलिसी खरीदने में किया। कुछ पैसों का इस्तेमाल उनके लिए घर बनवाने पर किया गया। मेहता ने कुछ नए कदम उठाए हैं, जहाँ बेसहारा, मानसिक रूप से अक्षम व्यक्तियों और हिजड़ों को प्रशिक्षित किया जाता है। एक बार पूरी तरह से प्रशिक्षित होने के बाद वे माइक्रोसाइन में शामिल हो जाएँगे और स्वाभिमानपूर्वक नया जीवन जीएँगे।

❑

''चाहे शारीरिक या मानसिक रूप से विकलांग हों, वे अब अक्षम नहीं हैं।'' निशीथ मेहता के इस एक सूत्री विचार ने अनेक लोगों की जिंदगी बदल दी है। त्रिदीप के. मंडल ने जनवरी 2009 में भावनगर, गुजरात में इस उद्यमी के साथ शूटिंग की।

बाबर अली

उम्र का इससे क्या लेना-देना?

राष्ट्रीय राजमार्ग संख्या 34 पर आप कोलकाता से यात्रा को करें तो काफी लंबी धूल भरी यात्रा के बाद यहाँ मुर्शिदाबाद के एक छोटे से गाँव गंगापुर आ जाते हैं। जब तक आप इस गाँव के खुले में नहीं आ जाते, तब तक इसके बारे में कुछ खास बात नहीं दिखती। यहाँ खुले में सैकड़ों बच्चे समूहों में बैठे होते हैं। एक समूह से दूसरे समूह तक जाने में, धूसर-भूरे शॉर्ट पहने और शॉल लिये एक किशोर बालक दिखाई देता है। वह जमीन पर बैठे बच्चों के जैसे ही दिखता है, पर वह इस स्कूल का प्रधानाचार्य है। दरअसल, 16 वर्ष का बाबर अली समूचे देश में सबसे कम उम्र का प्रिंसिपल है।

उनके स्कूल आनंद शिक्षा निकेतन में 600 छात्र हैं। उन्होंने इस स्कूल की शुरुआत वर्ष 2002 में की, जब वे अभी कक्षा 5 के छात्र थे। अभी बचपन से किंचित् दूर नहीं हुए बाबर अपने इस काम को बचपन में किया गया काम नहीं मानते। वास्तव में अली का बाहरी लोगों के लिए पहला वाक्य यही है कि उनका स्कूल बहुत गंभीर और प्रतिबद्ध संस्थान है। कोई प्ले स्कूल नहीं है, जहाँ कुछ बच्चे पढ़ते हैं। हालाँकि उन्होंने इसकी शुरुआत उसी रूप से की थी। वे कहते हैं, "दूसरे बच्चों के उलट मैं कभी भी फुटबॉल अथवा क्रिकेट नहीं खेलना चाहता था। मुझे अध्यापक बनना अच्छा लगता था और छात्रों व दोस्तों के बीच उसकी नकल करता था, किंतु यह सब मौज-मस्ती के लिए था। जो भी हो, यह शीघ्र ही मेरा शौक बन गया।" नौ वर्ष की कच्ची उम्र में उन्होंने अपने पिता से उनकी जमीन का टुकड़ा इस्तेमाल करने की अनुमति माँगी, ताकि गाँव के बच्चों के लिए एक अच्छा सा स्कूल खोला जा सके। इनमें से अधिकांश बच्चे उनके यार-दोस्त ही थे। उनके पिता नसीरुद्दीन याद करते हुए कहते हैं, "मुझे वह दिन अब भी अच्छी तरह याद है। बाबर पाँचवीं कक्षा में था। एक दिन शाम को वह मेरे पास

आया और बोला, वह कुछ बच्चों को पेड़ के नीचे पढ़ाता है, अब उनके लिए स्कूल खोलना चाहता है। मैं सहमत हो गया, क्योंकि रुपए-पैसे के उलट शिक्षा एक ऐसा धन है, जो जितना ही बाँटो बढ़ता जाता है।''

यह वर्ष 2002 की बात है। किंतु देश भर में आज भी अली के स्कूल जैसा कोई स्कूल नहीं है और ऐसा इसलिए नहीं है कि वहाँ के प्रिंसिपल की उम्र सबसे कम है बल्कि उनके छात्र टोलियों में बैठते हैं इसलिए हरेक टोली अलग कक्षा है। स्कूल अभी कक्षा-8 तक है और यहाँ 13 वर्ष से लेकर 18 वर्ष तक के कुल 5 अध्यापक हैं। मोहम्मद कमरुल जमाल और इस्मत शेख दिन में पढ़ते हैं, किंतु रात में पढ़ाते हैं। अली और उनके अध्यापक घर-घर जाकर लोगों से बच्चों को स्कूल भेजने के लिए कहते हैं। मुसलिम बहुल इस गाँव में अत्यधिक गरीबी ने जीवन और अधिक कठिन बना दिया है। ''हमें बहुत मेहनत करके उन्हें समझाना पड़ता है। वे चाहते हैं कि उनके बच्चे खेत में काम करने के लिए जाएँ, ताकि कुछ पैसे कमा सकें। एकमात्र रास्ता जिससे मैं उन्हें समझाता हूँ, वह यह है कि स्कूल बिलकुल मुफ्त है,'' अली कहते हैं।

600 छात्रों को मुफ्त में पढ़ाना खर्चीला काम है और यही सबसे बड़ी चुनौती है। अली को मिड डे मिल स्कीम के तहत सरकार से कुछ फंड मिलता है और कक्षा-चार तक की पुस्तकें मुफ्त मिलती हैं, किंतु अन्य दूसरे खर्चों और कक्षा V से VIII तक की किताबों के लिए उन्हें दान पर निर्भर रहना पड़ता है। यही वजह है कि आनंद शिक्षा निकेतन का अपना कोई भवन नहीं है। किंतु खुले आसमान के नीचे पढ़ना पूरी तरह उपयुक्त है। यद्यपि अपने सतत प्रयास से विद्यालय गंगापुर के कई सौ छात्रों के भविष्य को सुरक्षित करना चाहता है, ताकि वे बच्चे आकाश की ऊँचाइयाँ तय कर सकें। मुमताज बेगम जैसी वयस्क भी शिक्षा के प्रति जागरूक हो गई हैं। वे अपनी छोटी बच्ची को लेकर कक्षा में आती हैं, जो उनकी गोद में गहरी नींद में सोई होती है—''मैं आठवीं कक्षा में पढ़ती हूँ और मेरी बेटी पहली कक्षा में है। उसकी कक्षा खत्म हो गई है और वह थक गई है, इसलिए गहरी नींद में सोई हुई है, किंतु मेरी कक्षा अभी खत्म नहीं हुई है,'' मुमताज अपना नोट लिखते हुए बताती हैं। मुमताज पहले से कक्षा-5 तक पढ़ी हैं, किंतु छोटी उम्र में शादी के बाद उन्हें पढ़ाई छोड़ देनी पड़ी। किंतु जब आनंद शिक्षा निकेतन में वे अपनी बेटी का एडमिशन कराने आईं तो वे अली से यह पूछने में जरा भी नहीं हिचकीं कि क्या वे भी अपनी पढ़ाई शुरू कर सकती हैं?

अली का लक्ष्य आनंद शिक्षा निकेतन को एक माध्यमिक विद्यालय के रूप

में विकसित करने का है। वे स्वयं अंग्रेजी में बी.ए. ऑनर्स की पढ़ाई कर रहे हैं, वह भी इस लीक से हटकर चल रहे स्कूल के प्रिंसिपल के रूप में काम करते हुए।

नोट : वर्ष 2009 में युवा कैटेगरी में 'रियल हीरोज पुरस्कार' प्राप्त करने के बाद अली ने पुरस्कार राशि का इस्तेमाल स्कूल के लिए प्लॉट खरीदने में किया, किंतु अभी भी स्कूल भवन बनाने की जरूरत है, ताकि 977 छात्रों को बैठाया जा सके।

❑

सी.एन.एन.-आई.बी.एन. के त्रिदीप के. मंडल ने सन् 2008 में पश्चिम बंगाल के मुर्शिदाबाद जिले में एक सप्ताह का समय व्यतीत किया, ताकि भारत के इस सबसे युवा स्कूल प्रिंसिपल की स्पेशल स्टोरी को दिखाया जा सके।

भगवान नागरगोजे

दौड़ो सगरोली, दौड़ो!

पश्चिमी भारत के दूर-दराज के एक छोटे से स्कूल में सपनों को साकार कराया जा रहा है। स्कूल के कोच भगवान नागरगोजे बच्चों को ट्रेनिंग दे रहे हैं और उन्हें तैयार कर रहे हैं कि मैराथन दौड़ में अफ्रीकी एथलीटों की सफलता की जगह हासिल कर सकें। सुबह-सुबह 5 बजे ही पश्चिमी महाराष्ट्र के सगरोली में सैनिक स्कूल के मैदान में युवा लड़के-लड़कियाँ एकत्र होते हैं। कुछ वार्मअप व्यायाम करने के बाद उनका समय नागरगोजे की पैनी निगाहों के सामने सड़क पर उतरने का होता है। ट्रेनिंग ट्रेक बोदन की 7 किलोमीटर लंबी पिच रोड है। नागरगोजे की 'सगरोली परियोजना' मैराथन के अलिखित कायदे-कानून के हिसाब से काम करती है। सही आकार के उम्मीदवारों का पता लगाना और उसके बाद उन्हें वैज्ञानिक रनिंग रुटीन पर चलने के लिए छोड़ देना, ताकि उनकी टाँगों की पेशियाँ टोनअप हो जाएँ और सीना फुलाने की क्षमता बढ़ जाए। नागरगोजे जोर देकर कहते हैं, "इस प्रकार के सुडौल शरीरवाले लोगों का शहरों में मिल पाना कठिन है।" जैसा कि वे बतलाते हैं—"शहर के बच्चे मेरे बच्चों-बच्चियों से बिलकुल अलग होते हैं। इन बच्चों की कोई जरूरत नहीं होती, उनका ध्यान भंग नहीं होता, उनकी फैशन की माँग नहीं होती, इसलिए वे दौड़ने पर ही ध्यान केंद्रित करते हैं।"

सेना से हवलदार के रूप में रिटायर होने के बाद नागरगोजे ने इसी सैनिक स्कूल में फिजिकल इंस्ट्रक्टर के रूप में नौकरी शुरू की। उनकी मैराथन परियोजना की खास बात यह है कि उनके चुने हुए उन बच्चों में अनाथ बच्चे, बाल सुधागृह में रहनेवाले बच्चे और आदर्श सैनिक स्कूल के बच्चे—सभी शामिल हैं। उनके छात्रों में से लगभग 90 प्रतिशत ऐसे घरों के हैं, जहाँ दोनों वक्त का खाना मिलना लग्जरी से कम नहीं है। इसलिए दौड़ना उनके लिए एक तरह की हॉबी है। खेल-कूद में अव्वल आना और पुरस्कार पाने की लालसा उनकी आँतों में भूख पैदा कर

देती है। सगरोली में दौड़ने का मतलब है—खुलकर बोलना-भागना। इस बात को 23 वर्षीय रामेश्वर चितगीरे, जो सगरोली के पोस्टर ब्वॉय हैं, से बढ़कर कोई नहीं जानता। वे पहली बार सैनिक स्कूल में तब आए, जब विदर्भ के उनके कृषक माता-पिता उनकी परवरिश करने में सक्षम नहीं थे। एक दिन उन्होंने उसे बहुत दूर एक बस स्टॉप के पास छोड़ दिया। वहाँ उन्होंने रामेश्वर को अंतिम बार देखा। एक स्कूल टीचर ने आठ साल के एक बच्चे को घर जाने के लिए रास्ता पूछते हुए पाया और उसे सगरोली एवं उस सैनिक स्कूल में ले आए, जहाँ नागरगोजे ने उनकी क्षमता का मुआयना किया और उन्हें रोज-रोज होनेवाले दौड़ सत्र में भाग लेने के लिए कहा। रामेश्वर ने स्थानीय, जिला, राज्य और राष्ट्रीय स्तर पर मैराथन जीता है। कैंपस में तो वे हीरो हैं, किंतु उन्हें मालूम है कि असली हीरो कौन है—वह व्यक्ति, जिन्होंने लंबी दूरी की दौड़ की पेचीदगियों के बारे में बताया और उन्हें सर्वोच्च स्तर पर कर दिखाने की प्रेरणा एवं मानसिक शक्ति दी।

रामेश्वर की मैराथन सफलता से प्रभावित होकर उन्हें निजी एथलीट्स क्लब जॉइन करने और प्रोफेशनल बनने का ऑफर मिला, किंतु उन्होंने इसे नामंजूर कर दिया। कुछ समय पहले ही वे स्कूल से पास आउट हुए हैं, किंतु अब भी विद्यार्थियों के साथ दौड़ते रहते हैं। सगरोली में मैराथन के उम्मीदवार के लिए बहुत कठिन दिनचर्या है—दौड़ना, खाना-पीना, पढ़ना, सोना। सगरौली सैनिक स्कूल के कोच और प्रधानाचार्य हर सुबह रसोईघर में मौजूद रहते हैं। वे वहाँ यह सुनिश्चित करने के लिए उपस्थित होते हैं कि उनके धावकों को उनकी शारीरिक आवश्यकता के हिसाब से पोषक पदार्थ दिये जा रहे हैं या नहीं। इनके भोजन में अंकुरित अनाज, सोया, दही, नमक, काली मिर्च और नीबू शामिल होता है, जिसे भुने हुए मसाले से चटकदार बनाया गया होता है। यह मिला-जुला खाना भूख तो खोलता ही है, स्कूल के शाकाहारी मेन्यू के अनुरूप भी होता है। अंडे खाने की अनुमति होती है, किंतु कच्चे ही। नागरगोजे का कहना है कि 'इन बच्चों का इरादा बहुत पक्का है और ये अत्यधिक समर्पित हैं। उनमें स्टेमिना के साथ-साथ धैर्य भी है। एक बार मैं उन्हें समझा देता हूँ कि उन्हें क्या करना है तो वे उसी पर ध्यान केंद्रित करते हैं।'

यह सब सेना जैसा अनुशासन है। वे ऐसी चुनौतियाँ उनके सामने रखते हैं, जो बिलकुल अलग किस्म की होती हैं। वास्तव में सगरोली के गहरे सामाजिक परिवर्तन के लिए खेल-कूद एक रूपक बन चुका है। इन धावकों ने जहाँ कहीं भी हिस्सा लिया—चाहे जिला, राज्य अथवा राष्ट्रीय स्तर हो, उन्होंने उत्कृष्टता हासिल की। लड़कियों ने तो लड़कों से भी आगे बढ़कर काम किया है। पाँच वर्ष पहले

मुंबई मैराथन में 18 वर्ष से कम आयु वर्ग में उन्होंने सबको तब आश्चर्यचकित कर दिया, जब पहला, दूसरा और तीसरा स्थान लड़कियों को प्राप्त हुआ।

यह कहना बहुत कठिन है कि सगरौली के असली हीरो कौन हैं, वे छोटे-छोटे बच्चे, जो सुबह-सुबह उठ जाते हैं और मीलों दूर दौड़ते हैं तथा उनमें से कई नंगे पाँव भी होते हैं या नागरगोजे जैसे वे कोच, जो उन तमाम कठिनाइयों के बावजूद उनमें जीतने और विजयी होने का जज्बा भरते रहते हैं।

❑

'रियल हीरोज खेल-कूद कैटेगरी' की यह बहुत सशक्त कहानियों में से एक है, जिसे सी.एन.एन. की अनुभा भोंसले ने जुलाई 2007 में कैमरे में कैद किया।

मोहन फाउंडेशन

जिंदगियाँ बचाते हुए

चिकित्सीय जागरूकता, प्रयोग एवं उत्कृष्टता के जमाने में आज भी अंगदान को ग्रामीण भारत के अनेक हिस्सों में वर्जना माना जाता है। सामाजिकता, अंधविश्वास, अज्ञान तथा धार्मिक विश्वास आदि ने मिलकर एक ऐसी परिस्थिति पैदा कर दी है, कि माता-पिता अपने ब्रेन डेड बच्चों अथवा परिवार के सदस्यों के स्वस्थ अंगों को निकाले जाने की अनुमति नहीं देते, यद्यपि ऐसा करके दूसरे लोगों की जिंदगी बचाई जा सकती है।

जो भी हो, एक साहसी दंपती अंगदान करने के इस जीवन-रक्षक प्रभाव के बारे में भली-भाँति परिचित हैं। ललिता और रघुराम के 19 वर्षीय बेटे स्वामी के साथ 13 जनवरी, 2004 को अपने जन्मदिन पर ही एक दुर्घटना घटित हो गई। हालाँकि वे अंदर से टूट चुके थे, फिर भी ब्रेन डेड घोषित किए जाने के बावजूद इस दंपती ने उसका अंगदान करने का निर्णय लिया। ललिता कहती हैं, "जब डॉक्टरों ने उसे ब्रेन डेड घोषित कर दिया तो हमने उसके अंगों को दान करने का निर्णय लिया। उसकी मौत ने हमें दान की महिमा को महसूस करा दिया।" इसी अनुभव का परिणाम मोहन फाउंडेशन या मल्टी ऑर्गन हारवेस्टिंग एड नेटवर्क की आधारशिला है, जिसकी स्थापना वर्ष 2002 में हैदराबाद और 1998 में चेन्नई में की गई।

वास्तव में यह भावनात्मक रूप से बहुत ही चुनौतीपूर्ण कार्य है कि उन परिजन को समझाया जाए, जिनके किसी सदस्य को ब्रेन डेड घोषित किया जा चुका है कि वे उनके अंगों का दान जरूरतमंद रोगियों को कर दें। जब से 'मोहन फाउंडेशन' की स्थापना की गई, तब से इस दंपती ने ही अकेले हैदराबाद शहर में 100 से अधिक लोगों की जान बचाई है। हैदराबाद सिटी हॉस्पीटल में उनका मुख्य काम अंग चाहनेवालों और अंगदान करनेवालों के बीच मुलाकात कराना है। उदाहरण

के तौर पर मल्ला रेड्डी को लें। उनकी नौ वर्ष की बेटी तारुण्य को ब्रेन हेमरेज हो गया और उसे ब्रेन डेड घोषित कर दिया गया। रेड्डी अपनी बेटी की जिंदगी चाहते थे, भले ही यह किसी और का शरीर क्यों न हो। तभी बंदा कावी मिल गए, जिनका गुर्दे काम नहीं कर है वे उन्हें दोबारा जीवन जीने का अवसर देनेवाले किसी व्यक्ति की तलाश में थे। ललिता और रघुराम ने रेड्डी को समझाया कि वे अपनी बेटी की किडनी दान कर दें। रेड्डी कहते हैं, ''हमारे परिवार में किसी को यह उम्मीद नहीं थी कि हम ऐसा निर्णय लेंगे, किंतु मैं चाहता था कि अंगदान हो जाए, क्योंकि मैं दूसरे के शरीर के माध्यम से ही सही, अपनी बेटी को दुबारा से जीता देखना चाहता था।'' जैसा कि रघुराम कहते हैं, ''कुछ लोगों को यह काम अंगदान के विकल्प तथा मृत्यु के पश्चात् जीवन के वायदे के साथ करना पड़ता है। ब्रेन डेड के बारे में कई तरह की गलत धारणाएँ भी हैं, जिन्हें बड़े पैमाने पर जागरूकता अभियान के माध्यम से ही दूर किया जा सकता है।'' इस फाउंडेशन को 27 शव दान में प्राप्त हुए हैं, जो पश्चिमी देशों की तुलना में बेहद कम है।

ललिता और रघुराम समान विचारधारावाले कुछ डॉक्टरों और दानकर्ताओं के साथ 'मोहन फाउंडेशन' का संचालन करते हैं। अकेले हैदराबाद में अंगदान करनेवालों के अभाव में लगभग 10 लोग हर रोज मरते हैं। 'मोहन फाउंडेशन' का शुक्रिया है कि इनमें से कुछ लोगों को बचा लिया जाता है। अब तक इस फाउंडेशन ने 106 अंगदानकर्ताओं से लिये गए अंगों से लगभग 610 लोगों की जान बचाई है। इन अंगों में किडनी, लिवर, हार्ट वॉल्व, हार्ट और पैंक्रियाज शामिल हैं। वर्ष 2010 तक फाउंडेशन को 194 किडनियाँ, 74 लिवर, 9 हार्ट, 54 हार्ट वॉल्व तथा 212 आँखें दान में प्राप्त हुईं। यह दंपती हॉस्पीटल का चक्कर लगाता रहता है, परिवारवालों से मिलता है और उन्हें ढाढ़स बँधाता है और इस प्रकार उनकी सूची में अंग दान करनेवाले लोगों का इजाफा होता है। ललिता कहती हैं, ''यह काम 9 से 5 बजे तक काम करने जैसा नहीं है। हमें अपने उद्देश्य पर भरोसा है तथा हम यह सुनिश्चित करना चाहते हैं कि अंगदान, नेत्रदान के समान एक लोकप्रिय कार्यक्रम बन जाए। जब कोई परिवार अपने किसी प्रिय को खोए तो उसे इस विकल्प के बारे में सोचना चाहिए।''

इस दंपती ने एक अंग बैंक तथा अंग चाहनेवालों और दान करनेवालों की प्रतीक्षा सूची बना रखी है। रघुराम कहते हैं, ''हम हॉस्पीटल को यह बताते हैं कि यहाँ किडनी उपलब्ध है। क्या इसका इस्तेमाल करना आपके लिए संभव होगा? हॉस्पीटल अपनी प्रतीक्षा सूची देखेगा और जरूरतमंद परिवारों को सूचित करेगा।

एक बार अंग प्रत्यारोपण होने के बाद मेरा काम समाप्त हो जाता है।'' किंतु यह समाप्ति केवल एक नई शुरुआत होती है, क्योंकि ललिता और रघुराम खो चुकी जिंदगियों से जिंदगी बचाने की अपनी मुहिम को जारी रखना चाहते हैं।

नोट : वर्ष 2009 में प्राप्त हुए 'रियल हीरोज पुरस्कार' ने ललिता और रघुराम को यह सुअवसर प्रदान किया कि वे कोयंबटूर और विशाखापत्तनम में अपने कार्यालय स्थापित करके अपनी मुहिम को आगे बढ़ा सकें। उन्होंने प्रत्यारोपण समन्वयकर्ताओं के लिए प्रशिक्षण कार्यक्रम भी शुरू किया है। इसके अलावा उन्होंने टेलीविजन सेट और परचों से लैस एक पब्लिक इन्फोर्मेशन वैन की भी शुरुआत की है, जो लोगों को इस बारे में जागरूक करते हुए पूरे आंध्र प्रदेश में घूमती है।

❑

ललिता और रघुराम की इस कारुणिक कथा की शूटिंग सी.एन.एन.-आई.बी.एन. के पूर्व हैदराबाद ब्यूरो चीफ सैक मोहम्मद द्वारा जनवरी 2009 में की गई।

मोहम्मद शरीफ

सचमुच का मुन्नाभाई

इनकी पृष्ठभूमि वीभत्स, घिनौनी तथा थोड़ी डरावनी है। कोहरे से ढके कब्रिस्तान में जगह-जगह कब्र हैं, लेकिन वहाँ लगे पत्थरों पर कोई नाम नहीं है। ये कब्रें उन लोगों की हैं, जिनका कोई पता-ठिकाना नहीं है। उनके बिना पहचानवाले शरीर का कभी किसी ने दावा नहीं किया, सिवाय एक आदमी के, जो अपना अधिकतर समय इन कब्रों को खोदने और अनजान शवों को दफनाने में लगाता है, ताकि उनकी आत्माओं को शांति मिल सके। उनका नाम है—मोहम्मद शरीफ तथा उम्र है 75 साल, किंतु उनकी रोज-रोज की इस मेहनत की उनकी उम्र और दुबली-पतली कद-काठी से कोई तुलना नहीं है।

यह काम कमजोर दिलवाले नहीं कर सकते। न ही शरीफ इन अनजान कब्रों को अनगिनत घंटों तक खोद सकते हैं। वे फैजाबाद के रहनेवाले, पेशे से एक साइकिल मैकेनिक हैं, जो बमुश्किल दो जून की रोटी का इंतजाम कर पाते हैं; किंतु इस डरावने और निस्स्वार्थ कर्तव्य भाव के पीछे उनका एक कारण है।

15 वर्ष पहले उनका सबसे बड़ा बेटा रियाज खान कहीं चला गया। चारों तरफ महीनों ढूँढ़ने तथा थाने का चक्कर लगाने के बाद उन्हें खून से सने कपड़ों का एक बैग दिया गया। आज भी जब वे उस क्षण को याद करते हैं तो उनकी आवाज काँपने लगती है और आँसुओं की धारा फूट पड़ती है। फिर भी उनकी आँखों में गजब की हिम्मत है, जो आज भी वैसी ही है, जैसी कि उन्होंने 15 वर्ष पहले दिखाई थी। जिस दिन उन्होंने अपने बेटे के खून से सने कपड़े लिए थे, उन्होंने एक कसम भी खाई थी कि 'अब से कोई आदमी बिना किसी पहचान के यों ही नहीं दफनाया जाएगा'।

फैजाबाद जैसे शहर में जहाँ अकसर सांप्रदायिक दंगे होते रहते हैं, शरीफ की यह असाधारण मुहिम है। वे यह पक्का करना चाहते हैं कि चाहे हिंदू हो या

मुसलिम, अंतिम सम्मान सबको मयस्सर हो। उनका तर्क है, "आखिर सबका खून तो समान ही होता है।" हरेक दिन 'शरीफ भाई', जिस नाम से उन्हें जाना जाता है, जिला अस्पताल शवगृह साइकिल चलाकर जाते हैं। उन्होंने पूरे शहर में 25 विशेष स्थानों पर इस तरह के साइन बोर्ड लगा रखे हैं कि लोग बगैर दावेवाले शवों के मिलने पर उनसे संपर्क करें।

आमतौर पर दुर्घटनाओं द्वारा मौत की स्थितियों में ही बिना दावेवाले शव आते हैं और शरीफ भाई का क्षत-विक्षत, कुचले शवों से वास्ता पड़ता है। इन सबको एक छोटे से कमरे में रखा जाता है, जिसे 'ताड़ की तकिया' कहकर पुकारते हैं। यह कमरा शरीफ भाई का अपने बेटे से किया गया वायदा एवं श्रद्धांजलि है—सभी बिना दावेवाले शवों का अंतिम संस्कार किया जाता है। वे कोने में एक जगह की ओर संकेत करते हैं, जहाँ वे शवों को नहलाते हैं। वहाँ सफेद कपड़े का एक बंडल है, जिससे शवों को ढकते हैं और फिर उसे दफनाने के लिए कब्रिस्तान की ओर ले जाते हैं।

शवों के बीच रह पाना आसान नहीं है, वह भी बिना जान-पहचानवाले शवों के बीच, लेकिन शरीफ भाई ने इसे ही गले लगाया है और अपार सम्मान प्राप्त किया है। वे जहाँ कहीं भी जाते हैं, एक संत की तरह उनका स्वागत होता है। समुदाय के लिए उनकी निस्स्वार्थ सेवा ने उन्हें शहर का एक महत्त्वपूर्ण हिस्सा बना दिया है, जैसे कि डॉक्टर और नर्स होते हैं। शरीफ भाई न सिर्फ मृतकों के लिए ही वरदान हैं बल्कि अत्यधिक काम करके थकी नर्सों के लिए भी महत्त्वपूर्ण हैं। वे निराश्रितों के लिए जब आश्वासन भरा हाथ बढ़ाते हैं, हमदर्दी के दो बोल बोलते हैं, मरीजों के कान में कुछ फुसफुसाते हैं तो इस हकीकत के साथ कि वास्तविक जीवन के मुन्ना भाई का एक और दिन शुरू होता है।

नोट : वर्ष 2009 के 'रियल हीरोज पुरस्कार' के पैसे से मोहम्मद शरीफ ने 'ताड़ का तकिया' में एक पक्का भवन बनवाया है, शवों को कब्रिस्तान ले जाने के लिए हाथ से चलानेवाले 4 ठेले खरीदे हैं तथा 4 कामगारों को काम पर रखा है। उन्होंने कब्रिस्तान में हैंडपंप और नल भी लगवाए हैं, ताकि अज्ञात मृत व्यक्तियों को मर्यादित ढंग से शवदाह या दफनाने का काम किया जा सके। अब तक उन्होंने 1,000 हिंदुओं और 500 मुसलिमों के लिए यह काम किया है। ❑

सी.एन.एन. और आई.बी.एन. संवाददाता मेघा ममगैन ने नवंबर 2008 में फैजाबाद में मोहम्मद शरीफ के साथ कुछ दिन बिताए, ताकि एक टूट चुके पिता की इस कहानी की शूटिंग की जा सके, जिसने अपनी इस त्रासदी में अपने जीवन के लक्ष्य की तलाश की।

रंगास्वामी एलांगो

आत्मनिर्भर सरपंच

पंचायती राज अवधारणा दूसरे शब्दों में गाँव की पंचायतों को अधिक शक्ति प्रदान करने की अवधारणा पूर्व प्रधानमंत्री राजीव गांधी द्वारा शुरू की गई थी। अधिकांश जगहों पर यह अवधारणा बहुत अच्छी तरह कामयाब नहीं हुई, जिसके कारण बहुत से थे, जिनमें जाति और सामाजिक भेदभाव सर्वोपरि था। फिर भी यह देखने के लिए कि पंचायतों की ताकत का सही ढंग से, सही लोगों द्वारा इस्तेमाल करके कितना कुछ हासिल किया जा सकता है, आपको कुथमबक्कम तक आना होगा, जो चेन्नई से 30 किलोमीटर दूर स्थित एक दलित गाँव है और इसके सरपंच रंगास्वामी एलांगो से मिलना होगा। ये एकमात्र शख्स हैं, जिसने आत्मनिर्भर गाँव की गांधीवादी अवधारणा में क्रांति ला दी है। वे एक सुधारक हैं और पढ़ाई-लिखाई के तौर पर एक केमिकल इंजीनियर, जो यदि चाहते तो बहुत आराम की जिंदगी जी सकते थे। इसके बजाय एक युवा के रूप में उन्होंने अपने गाँव वापस आना पसंद किया और अपने गाँव तथा अपने लोगों को ऊपर उठाने की बात सोची। वापस आने के तुरंत बाद अपने वायदे और काम के मुताबिक वे कुथमबक्कम के सरपंच के रूप में चुन लिये गए।

भविष्य को ध्यान में रखते हुए उन्होंने अपनी आँख लक्ष्य पर ही रखी। उनका पहला लक्ष्य शिक्षा था और उसके माध्यम से वे जीवन में दूसरे पाठों की भी शिक्षा देने लगे। गाँव के स्कूल में वे बच्चों को बताते हैं कि जातिगत भेदभाव से लड़ने का सबसे बड़ा हथियार शिक्षा है। एलांगो कहते हैं कि ''इस स्कूल से इन बच्चों के लिए भेदभाव और उससे जुड़े मसलों का अध्ययन करना संभव हो सका है। इस प्रकार निस्संदेह शिक्षा से काफी मदद प्राप्त होती है। वे लोग इसका इस्तेमाल अपने भले के लिए कर सकते हैं।'' कुथमबक्कम में पलते-बढ़ते हुए एक युवा बालक के रूप में एलांगो को भेदभाव का अनुभव था। उनके पिता पढ़े-

लिखे और एक सरकारी कर्मचारी थे, इसलिए परिवार अच्छी तरह प्रगति कर रहा था, किंतु हरिजन बस्ती, जहाँ वे रहते थे, में लगातार झगड़े एवं शराब पीकर गाली-गलौज होते थे और वहाँ हमेशा गरीबी पसरी रहती थी। एलांगो इन सबको ध्यान में रखे थे, किंतु फिलहाल अपने अध्ययन पर ध्यान केंद्रित करने का निर्णय लिया। उन्होंने ए.सी. कॉलेज ऑफ टेक्नोलॉजी की परीक्षा पास की और गाँव के पहले टेक्नीकल ग्रेजुएट के रूप में निकले। सन् 1982 में ऑयल इंडिया की ओर से उन्हें नौकरी का प्रस्ताव मिला, जिसे उन्होंने स्वीकार कर लिया। बाद में उन्होंने शादी कर ली और उनके दो बेटियाँ हुई; किंतु गाँव की दुर्दशा को लेकर वे पहले की तरह चिंतित रहे।

इसी समय एलांगो और उनकी पत्नी ने एक कठिन निर्णय लिया। एलांगो ने अपनी नौकरी छोड़ दी और वापस अपने गाँव आ गए। उनकी पत्नी ने नौकरी कर ली और अपनी दो बेटियों का चेन्नई में पालन-पोषण करने लगीं। वे कहते हैं, "मैं अपनी पढ़ाई-लिखाई का बेहतर इस्तेमाल करना चाहता था, ताकि मेरे गाँव की समस्याओं के लिए कोई समाधान निकाला जा सके।" सन् 1993 में 73वें संविधान संशोधन ने गाँवों को स्वयं प्रशासन करने में सक्षम बना दिया। एक वर्ष बाद एलांगो पंचायत चुनाव लड़े और जीत गए। अपनी नई जिम्मेदारी को लेकर उनके विचार बिलकुल साफ थे। "पंचायत ही वह सही औजार है, जिससे गाँवों में वास्तविक विकास किया जा सकता है।" उनका पहला लक्ष्य गाँव की नाली प्रणाली को दुरुस्त बनाना था। गाँव के बाहर एक कारखाना था, जहाँ ग्रेनाइट की पटरियों की रंगाई-पुताई होती थी। यहाँ पानी के निस्तारण की समस्या थी, क्योंकि कटाई के बाद ग्रेनाइट बड़ी मात्रा में बच जाती थी। कारखानेवाला इसे उठवाने के लिए पैसे देने को भी तैयार था। एलांगों की इंजीनियरिंग प्रतिभा ने इसे अवसर के रूप में देखा और फालतू ग्रेनाइट को ढोने के लिए स्थानीय मजदूरों को काम पर लगा दिया और उसका इस्तेमाल साफ-सुथरे ग्रेनाइट की दीवारों के साथ नई जल निकास प्रणाली के लिए किया।

गाँव के लिए स्पष्ट रूप से हो रहे फायदे के बावजूद उनके इस कार्य से ठेकेदारों और ट्रांसपोर्टरों को नुकसान हो रहा था। उनके खिलाफ शिकायतें दर्ज की गईं और उन्हें काम बंद करने के लिए कहा गया।

एलांगो टूट गए, किंतु उन्होंने हिम्मत नहीं हारी। उन्होंने दुबारा से चुनाव लड़ा और जीत गए। इस बार उन्होंने पीछे मुड़कर नहीं देखा। तब से एलांगो ने कुछ लघु उद्योग इकाइयों की स्थापना की है, जो केरोसिन के चूल्हे, ऊर्जा संरक्षण

करनेवाले लैंप, फर्स्ट एड किट्स बनाती हैं और यह सबकुछ कुथमबक्कम में बनता है। वर्ष 2000 में पंचायत ने समतूवपुरम या समतापुर शहर का निर्माण कराया। जबरदस्त जातिगत भेदभाव के साथ इस गाँव में 50 दोहरे घर हैं, जिसमें एक दलित और एक गैर-दलित परिवार रहता है। इस मिशन में भेदभाव को दूर करने के लिए यह एलांगो की सबसे बड़ी सफलता है। इसमें बड़ा संदेश है। जैसा कि वे कहते हैं, "मजबूत आत्मनिर्भर गाँवों से मजबूत भारत का निर्माण होगा, यही उनका लक्ष्य है।"

नोट : वर्ष 2008 में 'रियल हीरोज पुरस्कार' जीतने के बाद एलांगो कुथमबक्कम के सरपंच पद से हट गए। उनके मन में और ऊँचे लक्ष्य थे। उन्होंने एक ट्रस्ट की स्थापना की, जो पंचायत के साथ चलता है, स्वयं-सहायता समूहों के लिए ऑर्डर लेता है और अन्य बातों के साथ-साथ इसने एक कंप्यूटर एडेड शिक्षा केंद्र भी खोला है। अपने शिक्षा केंद्र के लिए वे एक कंप्यूटर केंद्र, इंजीनियरिंग कॉलेज, सॉफ्टवेयर कंपनियों एक तेल कंपनी तथा एक बैंक से मदद लेते हैं। उनका कहना है कि ट्रस्ट के रूप में फंड जुटाना आसान है, क्योंकि इस पर प्रतिबंध अपेक्षाकृत कम है, किंतु उनका मानना है कि पंचायत प्रणाली जरूरी है, वे अन्य पंचायत अध्यक्षों के लिए एकेडमी बनाना चाहते हैं। उनका लक्ष्य वर्ष 2016 तक 1,000 से 2,000 तक आदर्श गाँव बनाने का है।

❑

इस कहानी की शूटिंग सी.एन.एन.-आई.बी.एन. संवाददाता रोहिणी मोहन ने कुथमबक्कम में अक्तूबर 2008 में की।

राजपाल सिंह

स्टारों के लिए शूटिंग

दिल्ली से लगभग 40 कि.मी. दूर स्थित जोहरी गाँव देखने में अजीबो-गरीब गन क्लब और शूटिंग रेंज है; किंतु वहाँ कोई राइफल, बुलेट अथवा टारगेट नहीं है। इनकी जगह पानी के जग और ईंट-पत्थर हाथों को साधने और शरीर के लोच को नियंत्रित करने का काम करते हैं। राइफलों की जगह यहाँ लकड़ी अथवा लोहे के सरियों ने ले ली है, जिनकी सहायता से लक्ष्य पर निशाना साधने के काम में सहायता ली जाती है। एक राइफल क्लब से बढ़कर यह एक प्रयोगशाला है, जहाँ राजपाल सिंह, जो कि एक अंतरराष्ट्रीय शूटर हैं, राइफल शूटिंग में अपनी महारत और कौशल को शूटरों की पीढ़ी को सिखाने के लिए प्रयोग करते हैं। साथ ही साथ एक गंभीर सामाजिक समस्या का भी समाधान करते हैं।

डॉ. सिंह, जो एक फुल टाइम आयुर्वेदिक डॉक्टर तथा दीवानगी की हद तक एयर राइफल कोच हैं, नौजवानों को लक्ष्य भेदने की कला और इसके विज्ञान को सिखाने का काम करते हैं। साथ-ही-साथ वे यह भी सुनिश्चित करते हैं कि उनका फोकस सकारात्मक सामाजिक उद्देश्यों पर लगा रहे। दरअसल, उनके 'जोहरी गन क्लब' के लिए प्रेरणा का संबंध 1990 के दशक मध्य से है, जब गरीबी से त्रस्त ग्रामीण उत्तर प्रदेश बंदूक संस्कृति के लिए माकूल जगह थी।

उस समय ही उन्होंने इस दीर्घकालीन समस्या का समाधान ढूँढ़ निकालने का निर्णय लिया। उनका विचार बिलकुल सामान्य था—बंदूक के दीवाने उत्तर प्रदेश के ग्रामीण युवकों का ध्यान अपराध से कहीं अन्यत्र लगाना और हिंसा के लिए प्रयोग होनेवाली बंदूक का प्रयोग खेल और प्रतिष्ठा के लिए करना।

सन् 1998 में सिंह और उनके होनहार अंतरराष्ट्रीय बेटे विवेक ने अपनी कमाई को 'जोहरी राइफल क्लब' में लगाना शुरू किया और एक पुरानी हवेली को शूटिंग रेंज के रूप में इस्तेमाल किया। इनकी शागिर्दी, प्रोत्साहन और सिखाने के

नए-नए तौर-तरीके की वजह से युवा पुरुष और महिलाएँ इस ओर आकर्षित होने लगे और शूटिंग में अपने निशाने के सटीक लगने की आशा करने लगे। राजपाल का कहना है—"आज हम यहाँ एक से बढ़कर एक स्पोर्ट्स मैन पैदा कर रहे हैं। ये लड़के और लड़कियाँ कम-से-कम सुविधाएँ एवं मदद होने पर भी अच्छा काम कर रहे हैं।"

इसके अलावा, सिंह के शूटिंग स्कूल में केवल ग्रामीण बच्चों को ही भरती नहीं किया जाता, बल्कि जानी-मानी पृष्ठभूमिवाले बच्चों को भी यहाँ शिष्य रूप में स्वीकार किए जाने का दावा किया जाता है, जिसमें कांग्रेस पार्टी के महासचिव राहुल गांधी भी हैं। गांधी ने अपने साधन से दूसरे बच्चों की मदद की है। इसी तरह की एक छात्रा सत्रह वर्षीय रुचि सिंह हैं, जिन्होंने वर्ष 2010 में सिंगापुर में आयोजित जूनियर ओलंपिक में भाग लिया। 10 मीटर की एयर पिस्टल कैटेगरी में भाग लेने वाली वे अकेली भारतीय हैं। रुचि सिंह बहुत गरीब परिवार की हैं और वह प्रशिक्षण सिर्फ इसलिए ले पाई हैं, क्योंकि राहुल गांधी द्वारा उन्हें एयर पिस्टल डोनेट किया गया है। दरअसल, श्री सिंह को ग्रामीण पृष्ठभूमिवाली लड़कियों को मदद करने में सबके अधिक संतोष मिलता है, जिससे कि वे अपनी रोजमर्रा की जिंदगी में सामना की जा रही चुनौतियों के विरुद्ध खड़ी हो सकें।

हर रोज स्कूल का अभ्यास-क्षेत्र भिन्न-भिन्न प्रवीणतावाले लोगों से गुंजित होता है। एक जगह रवि जाटव होते हैं, जो राजपाल सिंह द्वारा प्रशिक्षित कई शूटरों में से एक हैं। ईंट के भट्टे पर काम करनेवाले 10 सदस्योंवाले एक मजदूर का बेटा, जिसकी आमदनी सिर्फ 1,200 रुपए है। जाटव राइफल क्लब के पोस्टर ब्वॉय, एक प्रेरणादायक उदाहरण हैं, जिनका प्रभाव स्थानीय युवाओं पर पड़ा। जाटव एक तरह से बहुत ही गुस्सैल स्वभाव के थे, अकसर मार-पीट में बहक जाते थे। तभी उन्हें उनके गुरु मिले—"मैंने अंडे बेचे और जो कुछ भी कमाया, उसे शूटिंग सीखने में लगा दिया। मैं अपने कठिन श्रम से अपनी सारी समस्याओं का समाधान कर पाया हूँ। मैंने भारत के लिए अनेक मेडल (पदक) जीते हैं और सेंट स्टीफेंस में दाखिला भी लिया है।" वे बड़े गर्व से कहते हैं, "जल्दी ही कोई जॉब भी मुझे मिल जाएगी।"

यह बात श्री सिंह के लिए और भी संतोषजनक है कि उनके विचारों से दूसरे लोग भी प्रभावित हुए हैं, उनके विद्यार्थियों और कोचों ने इस क्षेत्र में जगह-जगह 20 से अधिक शूटिंग रेंज खोल रखे हैं। ये रेंज बड़ौत बिनोली, सिरसाली, छपरौली, खेकड़ा और शामली के इलाकों में हैं, जहाँ 400 से अधिक शूटरों को

प्रशिक्षण दिया जाता है। राजपाल सिंह की प्रेरणा ने इन कस्बों को एयर राइफल शूटिंग ग्राउंड के रूप में विकसित कर दिया है और जो परिणाम सामने आए हैं, वे स्थानीय लोगों के लिए न केवल आश्चर्यपूर्ण हैं, बल्कि इस ओर सरकारी एजेंसियों का ध्यान भी गया है। आर्मी ब्वॉयेज स्पोट्र्स कंपनी, जो मिशन ओलंपिक्स का एक भाग है, ने इनके 35 शूटरों को ले लिया है, जबकि सेना में चौदह शूटरों को रोजगार मिला है। 21 वर्ष की सीमा तोमर सरीखी लड़कियाँ, जो लक्ष्मीबाई पुरस्कार विजेता हैं, की इंडियन एयरलाइंस में नौकरी लग गई है, जबकि अन्य अनेक छात्रों को सार्वजनिक और निजी निगमों से नौकरी व छात्रवृत्ति की पेशकश की गई है। इस बीच भारतीय खेल प्राधिकरण ने भी इन्हें नोटिस में लिया है और वह जोहरी में एक पेशेवर शूटिग रेंज बनाने जा रहा है। स्थानीय लोगों का मानना है कि जरूरत के सभी साधनों को हासिल करने के लिए उन्हें ओलंपिक पदक जीतना बहुत जरूरी है। उनकी दृष्टि वर्ष 1998 से बहुत आगे जा चुकी है और राजपाल सिंह के कान में रवि जाटव व सीमा तोमर के अलावा अनेक नाम गुजरते रहते हैं, जिन्हें उन्होंने प्रशिक्षण दिया है और जो ओलंपिक के लिए हमारी धरोहर हैं। कुल मिलाकर इन विद्यार्थियों को पूरा भरोसा है कि वे अपनी ट्रेनिंग और फोकस के बल पर अपने देश को मान-सम्मान जरूर दिलाएँगे और अपने गुरु के लिए, जिन्होंने यह सब संभव कर दिया।

नोट : 2008 में 'रियल हीरोज पुरस्कार' लेने के बाद श्री सिंह ने पुरस्कार राशि का प्रयोग एक नया शूटिंग रेंज बनाने में किया। सिंह की अकेडमी के अंतरराष्ट्रीय स्तर के शूटरों की संख्या 21 से 27 तक हो चुकी है। सीमा तोमर को वर्ष 2009 में यू.एस. में आयोजित विश्व कप में महिला वर्ग में रजत पदक मिला। उसने जूनियर ओलंपिक में छठा स्थान प्राप्त किया। जून 2010 में राजपाल सिंह ने रिटायरमेंट ले ली, किंतु राहुल गांधी के आग्रह पर उन्होंने सुलतानपुर जिले में जगदीशपुर में शूटिंग अकेडमी की स्थापना में मदद की है, जहाँ वे अवैतनिक कोच के रूप में अपनी सेवाएँ प्रदान कर रहे हैं।

❑

भारत द्वारा शूटिंग में मेडल जीते जाने का सिलसिला शुरू होने से पहले सी.एन.एन. और आई.बी.एन. के रिशप मल्होत्रा ने राजपाल सिंह द्वारा किए जा रहे इस महान् कार्य की पहचान की। उन्होंने जून 2007 में इस कहानी की शूटिंग की।

रेनी जॉर्ज

बंधनों को तोड़ते हुए

कोथानुर, बंगलौर स्थित बच्चों का वह कीमती घर कोई आम बालगृह नहीं है, न ही इसके संस्थापक रेनी जॉर्ज कोई ऐरे-गैर धनवान दानदाता। जॉर्ज 156 बच्चों के लिए पिता, अध्यापक और उनके रक्षक के समान हैं। ये सभी बच्चे जेलों में सजा काट रहे दुर्दांत अपराधियों के बच्चे हैं। उनमें से एक का नाम मुनिराज है, जो 13 वर्ष का है और अपनी उम्र के लिहाज से अकसर चुप रहता है। ''मैं अपने पिता और परिवार के बारे में कोई बात नहीं करना चाहता।'' वह कहता है और इसके पीछे कारण को समझ पाना कठिन नहीं है। वह दुर्दांत अपराधियों के परिवार का है, जिन्हें दंडोपलय गैंग कहा जाता है। पचहत्तर हत्याओं के जुर्म में उसके पिता और चाचा लोग जेल की सजा काट रहे हैं। बहुत छोटी उम्र में ही मुनिराज का सामना हिंसा और दहशत से हो चुका था। अब वह सामान्य जीवन जीना चाहता है। कुछ ऐसा, जो यहाँ 'प्रेसियस चिल्ड्रन होम' और रेनी जॉर्ज के संरक्षण में आने से पहले उसे नसीब नहीं हुआ था। आज मुनिराज की दुनिया उनके पहले के घर से काफी अलग है। अब उसके पास पढ़ने के लिए पुस्तकें हैं और ऐसे मित्र भी हैं, जो उसकी मदद के लिए हमेशा तैयार रहते हैं।

''मैं इन बच्चों की खातिर हमेशा से एक नई दुनिया बनाना चाहता था—एक ऐसी दुनिया, जहाँ उन्हें उनके माता-पिता के किए की सजा न भुगतनी पड़ रही हो। एक ऐसी जगह, जहाँ उनके विगत तथा उनके बारे में कोई कुछ पूछनेवाला न हो।'' जॉर्ज कहते हैं। यहाँ आकर ये बच्चे बिना किसी भय अथवा झिझक के सामान्य जीवन जीने की कोशिश करते हैं। सामान्य जीवन का मतलब है—प्रेसियस होम में एक सामान्य स्कूल का होना, जहाँ सुबह प्रार्थना होती हो, यूनीफॉर्म हो, टाइम टेबल और पुस्तकें हों और नियमित रूप से उनकी हाजिरी होती हो—वह सबकुछ, जो सामान्य बचपन की जगह को बदल देने के लिए काफी है।

यहाँ रह रहे बच्चे जॉर्ज को 'डैडी' कहकर पुकारते हैं; किंतु उनमें से अधिकांश बच्चों को यह मालूम नहीं है कि कभी जॉर्ज भी उन्हीं की तरह थे। जैसा कि वे मानते हैं, "मैं ड्रग एडिक्ट (नशेड़ी) था और हर वक्त इस तलाश में रहता था कि अगले डोज के लिए पैसा कहाँ से लाऊँ। इस पागलपन में मैंने एक बुजर्ग की गोली मारकर हत्या कर दी।" उन्हें चौदह वर्ष के कारावास की सजा सुनाई गई, किंतु 1995 में गवर्नर की विशेष विवेकाधीन शक्तियों की बदौलत उन्हें छोड़ दिया गया। साढ़े छह वर्ष सजा काटने के बाद वे पैरोल पर बाहर आए। उसी दौरान उनकी जिंदगी को बदल देनेवाली एक घटना हुई। जॉर्ज उन दिनों को याद करते हुए बताते हैं, 'लगता है अभी कल की बात है। यदि मैं यह बताऊँ कि मैं जीसस क्राइस्ट से मिल चुका हूँ तो किसी को इस पर विश्वास नहीं होगा। यह मेरी आँखों के सामने सिनेमा के परदे की तरह घटित होते ही दिखता है। मैं बहुत रोया और क्षमा-याचना की तथा अपने जीवन के बाकी दिनों में उन लोगों और उनके बच्चों की सेवा करने का निर्णय लिया, जिन्होंने मुझे बचाया था।' चाहे उनके मन में जो भी बात आई हो, इसने उनके जीवन को बदल दिया। सन् 1997 में अपनी पत्नी टीना के साथ उन्होंने 'प्रिजनर फेलोशिप इंडिया' के बैनर तले प्रेसियस चिल्ड्रन होम की शुरुआत की। आज वे दहशत भरे वातावरण से आए बच्चों को खाना खिलाते हैं, उन्हें कपड़े देते हैं और उन्हें पढ़ाने-लिखाने का काम करते हैं। इन बच्चों के लिए जॉर्ज दंपती मम्मी-डैडी की तरह हैं।

घर में तो हरेक बच्चे को भगवान् का कीमती उपहार माना जाता है। जॉर्ज के अनुसार परिवार के लिए जीविका का इंतजाम करनेवाले इन लोगों के न रहने पर इन बच्चों को मजदूर के रूप में काम करने के लिए मजबूर होना पड़ता है और अंततः उनका जीवन गली-मुहल्लों में घूमनेवाले आवारा लोगों में तब्दील हो जाता है और वे असामाजिक तत्त्व बन जाते हैं। ये बच्चे मेरी तरह बन जाते। पिछले 13 वर्षों से उनका एक ही सपना रहा है कि किसी भी बच्चे के साथ उस तरह न हो, जैसा कि उनके साथ हुआ। कई बार काम की वजह से उन्हें उन जगहों पर जाना पड़ता है जिनकी याद आने पर उन्हें और इन बच्चों को दहशत हो जाती है। ऐसी ही एक जगह है—बंगलौर की सेंट्रल जेल। यहाँ बच्चे अपने माँ-बाप से मिलने के लिए जॉर्ज को साथ लेकर आते हैं। वह बहुत ही भावपूर्ण क्षण होता है—दहशत और ऊहापोह एवं असमंजस से भरा हुआ। बावजूद इसके, उन लोगों ने इन भेंट-मुलाकातों को इस रूप में मान लिया है, जिनसे उनके जीवन की महत्त्वपूर्ण डोर से मिलने का मौका मिलता है और उन्हें इस बात का भरोसा रहता है कि उनका

अपना असली प्रेसियस होम अब जॉर्ज मम्मी-डैडी के हाथों में महफूज है।

नोट : अगस्त 2008 में 'रियल हीरोज पुरस्कार' प्राप्त करने के बाद जॉर्ज प्रेसियस चिल्ड्रेन होम में रहनेवाले बच्चों की संख्या 130 से बढ़ाकर 150 कर पाने में सफल हुए हैं। उन्होंने इस बालगृह में 10 कंप्यूटरों से कंप्यूटर शिक्षा देनी भी शुरू कर दी है और इन बच्चों की मेडिकल जरूरतों के लिए घर के अंदर ही एक क्लीनिक की भी स्थापना कर ली है।

❑

रेनी जॉर्ज के साहसिक अभियान और उनके प्रेसियस चिल्ड्रेन होम की इस अनूठी गाथा को रोहिणी मोहन ने बेंगलुरु में रहकर फिल्माया और दुनिया के सामने रखा।

शरद शर्मा

कॉमिक क्रांति

अनेक समाचार-पत्रों और पत्रिकाओं में काम कर चुके तथा इलेक्ट्रॉनिक मीडिया में कार्टून के इस्तेमाल में महारत हासिल कर चुके शरद शर्मा एक और सफल भारतीय कार्टूनिस्ट थे। बावजूद इसके अपने दिल्ली स्टूडियो के सीमित दायरे में काम करते हुए देश की विकट समस्याओं पर बेबाक टिप्पणियाँ देते रहना ही उनके लिए काफी नहीं था। वे और अधिक संतोषजनक मुकाम हासिल करने के लिए अपने बुद्धि-कौशल का प्रयोग करना चाहते थे। जैसा कि वे कहते हैं, ''मैं पाठकों से बात करते समय अपने कार्टूनों के जैसे ही अपने को महसूस करता था और वे भी मुझसे कुछ कहते हुए प्रतीत होते थे।'' वह कुछ जल्दी ही सामने आने लगा। सन् 2002 में शर्मा ने एक संस्था खोली—'वर्ल्ड कॉमिक्स भारत', जहाँ वे सबसे निचले तबके के कॉमिक्स की बात करते हैं। मैं इसे ग्रासरूट कॉमिक्स इसलिए कहता हूँ कि इससे मसलों को स्थानीयता का स्पर्श देना संभव होता है। इसकी अवधारणा बिलकुल आसान है—मुद्दों को बोधगम्य और सरल बनाने के लिए कॉमिक पावर को इस्तेमाल किया जाए और अभिव्यक्ति एवं संवाद को सरल बनाया जाए।

अपनी बिलकुल नई अवधारणा के साथ कॉमिक यथार्थवाद के संदेश का प्रचार-प्रसार करते हुए वे काफी लोकप्रिय हुए; किंतु यह लोकप्रियता स्थानीय स्तर पर ही थी। उन्होंने मिजोरम में एक पाँच दिवसीय कार्यशाला का आयोजन किया, जो उत्तर-पूर्व भारत में अपनी तरह की पहली कार्यशाला थी। इसके बाद वे राजस्थान की महिला पंचायत में इसका शिक्षण देने लगे और फिर भोपाल में कार्यकर्ताओं को। उन्होंने कॉमिक के माध्यम से संवाद एवं अभिव्यक्ति कला सिखाने के लिए पाकिस्तान में भी कार्यशालाएँ कीं। शर्मा का मानना है कि कॉमिक्स से आम आदमी की सोच खुलकर सामने आती है। एक बार स्कैच बन जाने के

बाद उनकी फोटोप्रतियाँ तैयार की जाती हैं और उन्हें गाँवों में या बाजार में बाँटने के लिए भेज दिया जाता है, ताकि लोगों की प्रतिक्रियाओं को जाना जा सके। इस प्रकार इन कॉमिक वॉल पेपरों की वजह से समाज में खुली डिबेट का मौका मिलता है, जिससे अंततः बदलाव का सिलसिला शुरू होता है। गाँव के लोग इस तकनीक का प्रयोग ट्रेनर के रूप में शुरू कर सकते हैं—और चाहें तो इसी तरह की कार्यशालाओं का आयोजन स्थानीय स्तर पर भी कर सकते हैं।

शर्मा की इस विचारधारा की ताकत को राजस्थान में देखा जा सकता है। वहाँ रैलियों में युवा स्त्री-पुरुष साइकिल पर सवार होकर गाँवों व मुहल्ले से गुजरते हैं और स्थानीय महत्त्वपूर्ण मुद्दों पर संदेश का प्रचार-प्रसार करते हैं, जैसे 'बालिका बचाओ अभियान'। इस अभियान के अलावा 'वर्ल्ड कॉमिक्स इंडिया' ने स्कूलों में शारीरिक दंड और स्थानीय शासन व्यवस्था में बच्चों की भागीदारी पर अनेक अभियानों का संचालन किया है। युवक और युवतियाँ साइकिल चलाते हुए गाँव-गाँव घूमते हैं और पंचायत प्रमुखों व महिलाओं के साथ कार्यशालाओं का आयोजन करते हैं। गाँव के स्कूलों में वे बच्चों में कार्टून के माध्यम से अभिव्यक्ति के गुणों को भी प्रोत्साहित करते हैं।

शर्मा का यह अकेला अभियान आठ वर्ष पहले शुरू होने के बाद से आज तक काफी उपलब्धियाँ हासिल कर चुका है। वर्ल्ड कॉमिक्स भारत ने भारत का पहला 'कॉमिक एंथालॉजी ऑफ डेवलपमेंट' का संकलन किया। इस संकलन में झारखंड, असम, कश्मीर, राजस्थान और देश के दूसरे भागों से कहानियों को शामिल किया गया है, जिनमें उन क्षेत्रों के विकास की कहानियाँ कही गई हैं। इनमें असम के मछुआरों और कश्मीर की असहाय औरतों की कहानियाँ हैं। गोवा में मजेदार पर्यटन तथा जादूगुडा में यूरेनियम खनन के गंभीर परिणामों के संबंध में कहानियाँ हैं। कोलकाता के ट्राम की कहानी तथा झारखंड के आदिवासियों की कहानियों का वर्णन है। इस संकलन में यह भी दरशाया गया है कि बड़े पैमाने पर विकास को लेकर आम लोगों की क्या प्रतिक्रियाएँ हैं।

एक परियोजना, जिस पर शर्मा को बहुत गर्व है, शासन में बच्चों की भागीदारी के लिए अभियान से संबंधित है, जिसे बिहार के मुजफ्फरपुर में शुरू किया गया था। इसमें विभिन्न मुद्दों पर कार्टून बनाने के लिए बच्चों को प्रशिक्षण दिया गया।

ये ऐसे मुद्दे थे, जो उनके समाज में फैले हुए थे। जिन्हें वे सरपंच के समक्ष ले जाना चाहते थे। इन कॉमिक ड्राइंगों का अद्भुत प्रभाव पड़ा। अनेक बाल विवाह रोक दिए गए। इलाकों की साफ-सफाई शुरू हुई और भ्रष्टाचार के मसले

उजागर हुए। इसके अलावा इन बच्चों ने 30 बच्चों की एक अन्य टोली को भी प्रशिक्षण दिया, जो पड़ोस के गाँवों की थी। इन बच्चों ने अपने गाँवों में इस मॉडल का सफलतापूर्वक प्रयोग किया।

भारत में अपनी मौजूदगी दर्ज कराने के बाद 'वर्ल्ड इंडिया' ने 'ग्रासरूट कॉमिक्स' की अवधारणा का दूसरे देशों में भी प्रचार-प्रसार किया है। इससे पाकिस्तान, श्रीलंका, नेपाल, इंग्लैंड, फिनलैंड, स्वीडन, ब्राजील आदि देशों में लोगों को मॉडल बनाने में मदद मिली है। यू.के. में शर्मा ने 'कम्यूनिटी कॉमिक्स यू.के.' नामक एक समूह को सहायता दी, जो संवाद एवं अभिव्यक्ति के लिए एक साधन के रूप में कॉमिक्स का प्रयोग करने के संदेश को लेकर समर्पित संस्था है। शर्मा का कहना है, "मेनस्ट्रीम मीडिया में आम आदमी की बातों को कभी तवज्जो नहीं दी जाती। इस प्रकार स्व-अभिव्यक्ति और संचार के साधन के रूप में इस साधन को लोगों ने बड़ी गर्मजोशी से अपनाया।" कॉमिक फॉर्म में शर्मा के इस नवोन्मेषी प्रयोग को लेकर लोगों में दूर-दूर तक चर्चा पहले ही शुरू हो चुकी है। ऑस्ट्रेलिया की क्वींसलैंड यूनिवर्सिटी ने हाल ही में उनके काम के लिए उन्हें पुरस्कृत किया है। आमतौर पर कॉमिक्स को बच्चों के मनोरंजन और मजाकिया कला के रूप में देखा जाता है, लेकिन शर्मा इस अवधारणा को बदलना चाहते हैं और इस प्रकार अपने इर्द-गिर्द के संसार में भी बदलाव लाना चाहते हैं।

नोट : वर्ष 2008 में 'रियल हीरोज पुरस्कार' के बाद शरद शर्मा ने कॉमिक पत्रकारिता पर पाठ्य सामग्री का भी विकास किया है, जिसे वे जर्नलिज्म के स्कूलों में चलाना चाहते हैं। वे 'विकास कॉमिक्स' के तीसरे संकलन पर भी काम कर रहे हैं, जो एशिया के विभिन्न भागों से कॉमिक कहानियों पर आधारित है, जिनमें इन देशों की स्थानीय समस्याओं पर प्रकाश डाला गया है।

❑

शरद शर्मा के बारे में इस कहानी की शूटिंग जुलाई 2007 में रिशप मल्होत्रा ने दिल्ली में की थी।

जापूतो आंगमी

दया का फरिश्ता

नागालैंड में स्थायित्व का थोड़ा अभाव है। बहुत दिनों से चले आ रहे भूमिगत सशस्त्र विद्रोह, विकास के अभाव व राजनीतिक दृष्टिहीनता ने इसे एक ऐसे राज्य के रूप में तब्दील कर दिया है, जहाँ हिंसा, परिवारों का बरबाद होना और परित्यक्त बच्चे जीवन की हकीकत हैं। यह कई दशकों से होता चला आ रहा है और शापूतो आंगमी, जो एक प्रशिक्षित नर्स हैं, ने इसके परिणाम को किसी दूसरे व्यक्ति से अधिक झेला है। इन परिस्थितियों में अमूमन लोग पागल अथवा उदास हो जाते हैं। किंतु 'आंगमी के मामले में जो दुःख-दर्द उन्होंने अपने चारों ओर देखे, ने उन्हें दया के फरिश्ते के रूप में बदल दिया।

उनकी जेहाद के लिए प्रेरणा वह दृश्य बना, जिसमें एक परित्यक्त बच्चे को उन्होंने कोहिमा गवर्नमेंट हॉस्पीटल में देखा था, जहाँ वे काम करती थीं। 1973 का वर्ष था। प्रसूति के दौरान पत्नी की मृत्यु के बाद उसके पिता ने इस बच्चे को त्याग दिया था। होनेवाले परिणाम की परवाह न करते हुए आंगमी, जो स्वयं हाल ही में वैधव्य का दंश झेल रही थीं, ने नवजात शिशु को अपने साथ ले लिया। यह एक ऐसा काम था, जिसने उनके जीवन की दिशा को अप्रत्याशित रूप से बदल दिया। जो कुछ भी उन्होंने किया, उसके बारे में चारों ओर चर्चा होने लगी और जल्दी ही सहानुभूति एवं दया के इस अकेले कार्य ने उनके घर को बालगृह के रूप में परिवर्तित कर दिया। एक वर्ष के भीतर वे सात परित्यक्त बच्चों की देखभाल करने लगीं। आंगमी कहती हैं—"मुझे आश्चर्य होता है कि बिना माँ-बाप के इतने सारे बच्चे कैसे रहते हैं? किंतु मुझे खुशी तब महसूस हुई जब मैं उनके साथ रहने लगी।"

1973 का वर्ष नागालैंड के लिए बहुत ही उथल-पुथल भरा रहा। नागा भूमिगत आंदोलन के एक घटक ने आत्मसमर्पण कर दिया था और बहुतों को यह

आशा थी कि इसके बाद शांति और स्थायित्व वापस आएगा। हिंसा के बीच एक समूची पीढ़ी पल-बढ़कर तैयार हुई थी। कइयों ने अपना जीवन खो दिया था। सशस्त्र विद्रोह के सबसे बड़े शिकार असुरक्षित बच्चे हुए, क्योंकि भारत सरकार ने विद्रोहियों का मुकाबला करने के लिए सेना को भेज दिया। इत्तफाक से इस तात्कालिक दुःखपूर्ण घटना से शापूतो आंगमी का अपना जीवन बहुत प्रभावित हुआ और संभवतः इससे उन्हें उन परित्यक्त बच्चों की देखभाल करने की प्रेरणा मिली। 1960 के दशक के मध्य में वे अपने भावी पति से मिलीं, जो भारतीय सेना के एक सैनिक थे। नागा महिला द्वारा सेना के जवान के साथ शादी करना उनके लिए अत्यधिक साहसपूर्ण कार्य था। सशस्त्र विद्रोहियों की नजर में यह धोखा था। किंतु प्यार-मोहब्बत ने सारी कठिनाइयों को दूर कर दिया और उन्होंने शादी कर ली।

वर्ष 1973 में अपना पहला 'परित्यक्त शिशुगृह' शुरू करने से पहले उन्हें सूचना मिली उनके पति खो गए हैं। उन्हें बताया गया कि खाड़कुओं ने उन्हें मार डाला था। उनकी इस व्यक्तिगत ट्रेजडी ने उन्हें अनाथालय खोलने की प्रेरणा एवं ताकत दी। किंतु उनके निजी इतिहास से अधिक उनके कारनामे हैं। विचार एवं विश्वास से वे गांधीवादी हैं। वे जहाँ कहीं भी जाती हैं, हाथ में महात्मा गांधी पर एक छोटी पुस्तक लिये रहती हैं। हिंसा के बीच अहिंसा का पालन कर पाना कठिन है, इसी तरह एक औरत के लिए यह भी चुनौतीपूर्ण है, जो सामाजिक व आर्थिक चुनौतियों का अकेले ही सामना करती है, ताकि वह यह तय कर सके कि उसकी देखरेख में रह रहे अनाथ बच्चों का भविष्य उज्ज्वल हो।

शापूतो आंगमी अपनी बेटी नेबानुओ व दामाद के साथ मिलकर 'कोहिमा अनाथालय' चलाती हैं। यह अनाथालय एक छोटे भूखंड पर है, जहाँ 80 अनाथ बच्चे रहते हैं। वर्ष 1982 में आंगमी ने यह तय किया कि वे अपने अनाथालय का पंजीकरण 'कोहिमा ऑरफनेज एंड इंसटिट्यूट होम' के नाम से कराएँगी। और इसके लिए उपयुक्त भूखंड की तलाश शुरू कर दी। प्लाट तो मिल गया, लेकिन स्थानीय विरोध के कारण उसे छोड़ना पड़ा। "हमें कोहिमा साइंस कॉलेज के पास जगह दी गई; लेकिन वहाँ के लोग हमें अपशगुन के रूप में देखने लगे, इसलिए वहाँ से भी जाना पड़ा।" आंगमी कहती हैं कि "आज हम इस मुकाम पर हैं। साइंस कॉलेज के आसपास के लोग अकसर हमें देखकर चिल्लाते थे और कहते थे कि हम वहाँ से चले जाएँ। वे कहते थे कि इन बच्चों की देखभाल की तो वे मेरा सिर मुँड़ा देंगे। मैं बिलकुल अकेली पड़ गई और इस प्रकार हम यहाँ आ गए।"

यह जमीन शापूतो के दामाद की है। यहाँ पर 'कोहिमा अनाथालय' 37 वर्षों का हो चुका है, जहाँ न केवल परित्यक्त बच्चों को आश्रय मिलता है, बल्कि उन्हें शिक्षा भी दी जाती है। बच्चों का दिन यहाँ 6 बजे प्रार्थना के साथ शुरू होता है, जिसके बाद कक्षाएँ लगती हैं। अनाथालय में चौथे दरजे तक सरकारी प्राइमरी स्कूल है। यहाँ कमी है तो सिर्फ खेल के मैदान और साजो-सामान की, जो धनाभाव के कारण है।

दरअसल, रास्ता उतना ही कठिन है जितना कि यह शुरू में था। आज भी आमदनी का कोई स्थायी जरिया नहीं है। अनाथालय दान के भरोसे चलता है, जो विभिन्न क्षेत्रों से यदा-कदा प्राप्त होता रहता है। ये क्षेत्र हैं—राज्य सरकार, राज्यपाल, शुभचिंतक, चर्च और असम राइफल्स के लोग। मदद चावल की बोरियों, ब्रेड, अथवा केक आदि के रूप में होती है। आंगमी का कहना है—"कई दफा ऐसा भी होता है कि हमारे पास चावल कम पड़ जाता है और पैसा बिलकुल भी नहीं होता। हमारे पास घर नहीं है, न ही जमीन या धान के खेत हैं। यहाँ तक कि इनकी अपनी श्मशान भूमि भी नहीं है। जब मेरे बच्चे बड़े हो जाएँगे और उन्हें काम करना आ जाएगा तो मैं अपने को धन्य समझूँगी।"

लाख कठिनाइयों के बावजूद शापूतो आंगमी ने नागालैंड के अनाथ बच्चों के लिए उनके घर, आश्रय, शिक्षा और भविष्य को लेकर अपनी प्रतिबद्धता के बारे में दोबारा नहीं सोचा। शुरू किए जाने से लेकर अब तक इस अनाथालय से 50 बच्चों को विभिन्न परिवारों ने अपनाया है। कुछेक भारतीय सेना की असम राइफल्स और असम रेजीमेंट में भरती हो गए हैं। उनकी वचनबद्धता इतनी गहरी है कि नागालैंड में हरेक घर में शापूतो का नाम आदर के साथ लिया जाता है। जब उनके पास भोजन का अभाव हो जाता है अथवा धन बिलकुल नहीं होता तो कुछ चमत्कार जैसा होता है और दान पहुँचना शुरू हो जाता है।

आज देखने में आंगमी एक दुबली-पतली महिला लगती हैं। उनके बाल सफेद पड़ गए हैं, चेहरे पर पड़ी हुई अनगिनत झुर्रियाँ इस बात का प्रमाण हैं कि उन्होंने कितनी कठिनाइयों का सामना किया है। फिर भी उनके दीप्त मुखमंडल की मुसकान दिखावा नहीं है, न ही उनका यह विश्वास डिगता है कि अब तक उन्होंने जो कुछ हासिल किया है, उसकी बदौलत उनके बच्चे बेहतर भविष्य की आशा कर सकते हैं।

संभवत: उन्हें देखकर गांधीजी को गर्व होता!

नोट : शापूतो आंगमी का मार्च 2011 में देहावसान हो गया। उनकी पुत्री,

जो 2009 में उनके साथ चलकर आई थीं और 'रियल हीरोज सम्मान' ग्रहण किया था, अब उस अनाथालय को सँभालती हैं। उन्होंने बताया कि बच्चों के लिए खेल का मैदान बनवाने के वास्ते उन्होंने एक नई जमीन खरीदी है।

❑

शापूतो आंगमी की इस प्रेरणादायक कहानी को फिल्माने के लिए सी.एन.एन.-आई.बी.एन. के गुवाहाटी ब्यूरो प्रमुख अरीजित सेन 300 किलोमीटर की यात्रा करके कोहिमा गए और शापूतो की यह दिल को छू लेनेवाली कहानी हमारे सामने लाए, शापूतो जो अपनी मरजी से अभागों की माँ बनी।

शामजीभाई जे. अंथाला

सौराष्ट्र के पाइड पाइपर

सौराष्ट्र, गुजरात क्षेत्र के इस भाग के लोग उन्हें रैनमैन या और स्पष्ट रूप से कहें तो 'सौराष्ट्र के पाइड पाइपर' कहकर पुकारते हैं। उनका असली नाम शामजीभाई जे. अंथाला है और वे देश के इस भाग के किसानों के लिए एक नायक से बढ़-चढ़कर है। वे इनके रक्षक हैं। इनके अग्रणी कार्यों की वजह से स्थानीय जलाशयों में भूजल के तेजी से गिरावट के बावजूद भयंकर-से-भयंकर सूखे के दौरान भी इस क्षेत्र के किसानों के लिए पर्याप्त जल भंडारण बना रहता है। यह बारह वर्ष पहले की बात है, किंतु आज 75 वर्ष की उम्र में भी अंथाला बैठकर अपने जीवन पर संतोष व्यक्त करते हैं। जो भी हो, वे मानसिक रूप से काफी सचेत रहते हैं और हमेशा पर्यावरण अनुकूल खोजों को करने के लिए तरीकों और नई परियोजनाओं पर विचार करते रहते हैं। उनका पहला बड़ा कदम ओपन वेल रिचार्जिंग कुएँ की दुबारा जल भराई शुरू करना था। औपचारिक शिक्षा के अभाव में भी उन्हें कृषि संबंधी मसलों और तकनीकी एवं वैज्ञानिकता के बारे में आश्चर्यपूर्ण समझ है। खुले कुओं का विचार उनके मन में तब आया था, जब उन्होंने देखा कि सौराष्ट्र और कच्छ क्षेत्र में कुओं व बोरवेलों की संख्या 4 लाख से अधिक हो चुकी है, जो वर्ष 1960 के दशक और 90 के दशक के बीच हुई 15 गुना वृद्धि के बराबर है। इससे भूजल के भंडारों में कमी के साथ कुछ क्षेत्रों में कुएँ 300 मीटर तक गहरे करने पड़े। मतलब बिलकुल साफ था—क्षेत्र में सिंचाई के लिए वर्षा के जल पर निर्भरता बढ़ जाएगी, जिसका कृषि उत्पादन पर बुरा प्रभाव पड़ेगा और कम वर्षा होने पर आजीविका पर भी प्रतिकूल प्रभाव पड़ेगा। वे कहते हैं—"पानी के बिना लोगों की समस्याओं को मैंने अनुभव किया था, अत: मैंने सोचा, अच्छा होता, प्रकृति से ही इसका समाधान निकाला जाता।"

अंथाला ने बाद में खुले कुओं में वर्षा-जल को ले जाने के लिए तंत्र का

विकास किया। नालों से पाइप लगाकर वर्षा के जल को गड्ढों में ले जाया जाता और बजरी व रेत की परतों के जरिए यह जल नालियों के माध्यम से कुओं में डाल दिया जाता। इस तरह स्पष्ट किया कि इन कुओं की भंडारण क्षमता में न केवल वृद्धि हो गई, बल्कि भूजल रिचार्ज भी होने लगा। शामजीभाई को भरोसा था कि थोड़ी मात्रा में वर्षा होने पर भी पर्याप्त मात्रा में जल एकत्र किया जा सकता है।

भूजल खत्म होने की समस्या के लिए उनके इस अद्भुत समाधान की जड़ें जल संरक्षण के पारंपरिक तौर-तरीकों एवं साधनों से जुड़ी थी। ग्रामीण वर्षा जल संचय की अवसंरचनाएँ ऐतिहासिक रूप से भारत भर में फैली हुई हैं और इस पारंपरिक पर्यावरण सुरक्षित कार्य को भारत के कुछ भागों में दोबारा से चालू किया जा रहा है, खासतौर पर उन क्षेत्रों में जहाँ बेरोक-टोक भूजल दुरुपयोग का सर्वाधिक खामियाजा भुगतना पड़ा है। अंथाला के 'हरित मुहिम' की सोच सिर्फ जल बटोरना और उसे एकत्र करना नहीं है। उनका आकलन है कि यदि उनके तंत्र का इस्तेमाल करके गाँव का प्रत्येक किसान अतिरिक्त डेढ़ एकड़ पर फसल उगाता है तो इसका उसे बहुत फायदा होगा।

वे एक स्थानीय अखबार में प्रसार प्रबंधक थे। नौकरी के साथ-साथ उन्होंने लोगों को कुओं को पुन: भरने का तरीका और विशेषता बताना शुरू कर दिया। आरंभ में वे एक गाँव से दूसरे गाँव में यात्रा करते रहे, ताकि लोगों के विचारों में बदलाव लाया जा सके कि सतही वर्षा जल का मार्ग बदल देने से कुओं के जल की गुणवत्ता में कमी आएगी। उन्होंने किसानों और पंचायत के अगुवाओं से बातें कीं, बड़ी-बड़ी शादियों में पर्चियाँ बाँटीं, धर्मगुरुओं से भी मदद ली, जो उनका विश्वास करें और अपने भक्तों को वर्षा जल-संग्रह के बारे में समझा सकें। संयोग से, 1990 के दशक के उत्तरार्द्ध में, विशेष रूप से सन् 1999 में भारत के कई भागों में मानसून नहीं आया। उस समय अंथाला की अवधारणा गाँव के लोगों की समझ में आने लगी। तब उन्होंने 'सौराष्ट्र लोक मंच' नाम से एक एन.जी.ओ. की स्थापना की, जिसने गुजरात में लगभग 3 लाख कुओं को रिचार्ज करने का काम किया। वे इस समय अनेक गाँवों में स्थानीय सरकारी संस्थाओं के साथ भागीदारी कर रहे हैं। केंद्र सरकार की ओर से एक योजना भी शुरू की गई है, जिसमें 7 राज्यों और 50 लाख से अधिक गाँवों में शामजीभाई के विचारों एवं अवधारणा को अपनाया गया है। महाराष्ट्र और कर्नाटक के सरकारी अफसरों ने उनके विचारों और प्रचार रणनीति को अपनाने के लिए उनसे अनुरोध किया है। वे गर्व से कहते हैं कि अपनी माली हालत खराब होने के बावजूद उन्होंने कभी उधार नहीं लिया, जब वे

इस सामाजिक पर्यावरणात्मक उद्यम पर काम कर रहे थे।

आज वे पहले जितना काम नहीं करते हैं, किंतु उनका आविष्कार काम कर रहा है। वे गाँव-गाँव जाते हैं, सभाओं में भाग लेते हैं, पर्चियाँ छापते हैं। ढोराजी गाँव के किसान कहते हैं कि वे वर्षा जल-संग्रह सिखाने के लिए उनके सदैव ऋणी रहेंगे। अच्छी वर्षा होने पर उन्हें दूसरी फसल काटने का मौका मिलता है, जिससे काफी आमदनी होती हैं। अंथाला स्वयं अस्वाभाविक रूप से अपने काम तथा ग्रामीणों तथा पर्यावरण सुधार को लेकर विनीत बने रहते हैं,"मेरी कोई पारिवारिक पृष्ठभूमि नहीं थी, आर्थिक पृष्ठभूमि भी नहीं, न ही शैक्षिक पृष्ठभूमि, तब मैं इसे कैसे कर पाया? अगर कोई आदमी समाज के भले के लिए पूरी ईमानदारी और लगन से काम करता है तो वह सफल हो सकता है," यह उनका सामान्य फॉर्मूला है। यह वह मंत्र है, जिसने अनगिनत लोगों को बदल दिया है और सभी देशों, विशेष रूप से भारत जैसे कृषि प्रधान देशों की सर्वाधिक विकट समस्या का समाधान प्रस्तुत किया है, जो सबसे कीमती सीमित संसाधन—भूजल के संरक्षण की चुनौती है।

नोट : वर्ष 2009 में रियल हीरोज पुरस्कार प्राप्ति के बाद शामजी भाई ने गुजरात और देश के बाकी हिस्सों में घूमते हुए कुओं को रिचार्ज करने तथा जल संरक्षण के बारे में जागरूकता फैलाने के अपने प्रयास को दोगुना कर दिया है।

❑

सौराष्ट्र के इस जलपुरुष की कहानी की शूटिंग मई 2008 में अनु जोगेश द्वारा की गई।

सावित्री वैथी

उम्मीद की किरण

चेन्नई के मरीना बीच पर रोजाना सुबह 80 वर्ष की उम्रवाली तथा सफेद हो चुके बालोंवाली कुछ महिलाओं को टहलते देखा जा सकता हैं। इनमें से एक महिला उनके नेता के रूप में दिखती है, जो उनकी टहलने की चाल और दिशा के बारे में उन्हें अनुदेश दे रही होती है। यही सावित्री वैथी हैं, जो न केवल उनके समूह की नेता हैं, बल्कि सफेद बालोंवाली महिलाओं की रक्षक भी हैं। वैथी ने इन महिलाओं को निराश्रित रेलवे स्टेशनों, पटरियों एवं सड़कों के किनारे इधर-उधर घूमते, खोया हुआ, दुःखी अवस्था में पाया था और उन्हें चेन्नई में अपने वृद्धाश्रम में ले आईं। आज जब वे हँसती और एक-दूसरे से मजाक करती हैं तो उनका पिछले दिनों का दुःख-दर्द उनके झुर्रीदार चेहरों पर दिखाई नहीं देता।

यह सबकुछ एक आवाज के कारण संभव हो सका, जिसे वैथी ने तब सुना था, जब वे मुश्किल से सत्रह साल की थीं और उन्होंने झुग्गियों में बसनेवाले लोगों के लिए आयोजित एक स्वास्थ्य शिविर में स्वेच्छा से भाग लिया था। यह अनुभव इतना हृदय विदारक था कि शादी के बाद उन्होंने गृहणियों के लिए एक 'मंडे चैरिटी क्लब' की शुरुआत की, जो आगे चलकर एक मिशन के रूप में परिणत हो गया, जहाँ चौबीसों घंटे वृद्ध और परित्यक्त महिलाओं की देखभाल की जाती है। यही वह जिम्मेदारी है, जो समय बीतने के साथ बदलती गई। वे कहती हैं, ''पहले मैं केवल निराश्रित, अबला औरतों को ही आश्रम में लेती थी, किंतु आज हम अन्य लोगों की भी वहाँ देखभाल करते हैं, क्योंकि ऐसे तमाम लोग है, जिन्हें उनके बच्चों ने घर से निकाल दिया है।'' उनका वृद्धाश्रम 'विश्रांति' एक तरह का कॉलोनीनुमा बँगला है, जिसका कुशलतापूर्वक संचालन वहाँ रह रही महिलाओं द्वारा किया जाता है।

वैथी इस बात का पूरा ध्यान रखती हैं कि उनके आश्रम में रह रही औरतों का

आत्म-सम्मान बना रहे और उन्हें ऐसा न महसूस हो कि वे दान के भरोसे वहाँ रह रही हैं। इसके लिए वैथी ने उन्हें इस घर को चलाने की अनुमति दे रखी है। वे सब्जी काटती हैं, बिस्तर लगाती हैं, कपड़े बुनती हैं और साफ-सफाई करती हैं, और सबकुछ गीत गाते हुए और आँखों में चमक लिये हुए। गजब का सखाभाव है उनमें। ऐसा इसलिए कि वे एक ही तरह की त्रासदपूर्ण और दुःखदायी अनुभव से होकर गुजरी हैं। इस वृद्धाश्रम में धर्म के आधार पर कोई भेदभाव नहीं है, क्योंकि ये औरतें अलग-अलग पृष्ठभूमि से आई हैं और उनकी आस्थाएँ, विश्वास आदि भी भिन्न-भिन्न हैं। हकीकत तो यह है कि उनके पूजा घर में सभी धर्मों के देवी-देवताओं की पूजा होती है।

वर्षों के दरम्यान विश्रांति विपत्ति एवं दुःख में पड़े किसी भी व्यक्ति के लिए चैन की साँस लेने की जगह के रूप में बन पाई है। यह ऐसे गरीब बच्चों, जिनके माँ-बाप में से केवल एक ही है, के लिए फरिश्ते का काम कर रही है। इनके रहने तथा पढ़ाई-लिखाई का सारा खर्च इस केंद्र द्वारा उठाया जाता है। शाम को ये बच्चे आश्रम में बुजुर्गों के साथ समय बिताते हैं। दुःख की मारी महिलाओं के लिए एक अल्पकालीन विश्रामगृह भी है, जिसका नाम निझाल है, जहाँ अधिक-से-अधिक तीन माह तक महिलाएँ रह सकती हैं और उन्हें इस दौरान काउंसलिंग आदि दी जाती है। यहाँ एक ट्रांजिट होम भी है, एक ऐसी जगह जहाँ कुछ दिनों के लिए चेन्नई के बाहर जाने पर परिवार के लोग अपने बुजुर्ग सदस्यों को छोड़ जाते हैं। कभी-कभी ये महीनों भर के लिए रहते हैं। यहाँ उन्हें उचित फीस देकर रहने के लिए एक बेहतर आवास और भोजन मिल जाता है।

शाम को अकसर वैथी को आश्रम की महिलाओं के साथ बैठा हुआ तथा उन्हें प्रेरणादायक कहानी आदि सुनाते हुए पाया जा सकता है। इन कहानियों का मकसद बुजुर्ग महिलाओं की भावनाओं को ऊपर उठाना होता है, किंतु उन्हें चिंता रहती है कि ज्यों-ज्यों ये औरतें वृद्ध होती जाती हैं, बीमारियाँ और मनोवैज्ञानिक समस्याएँ खुद-ब-खुद आने लगती हैं। वे स्वयं भी वृद्ध हो रही हैं और अभी हाल ही में उन्होंने अपना 80वाँ जन्मदिन मनाया है।

"अब सब बहुत कठिन लगता है। तीस साल बाद अब मुझे इस बात का एहसास होता है," दुःख भरी आवाज में वे स्वयं इस बात को कहती हैं। समय बहुत तेजी से बीत गया। उन्हें अभी बहुत कुछ करना है और कई लोगों की देखभाल है। एक बात तय है कि वे उन लोगों को कतई नहीं छोड़ पाएँगी, जिनकी उन्होंने परिवार की माफिक देखभाल की है।

नोट : वर्ष 2009 में 'रियल हीरोज पुरस्कार' प्राप्त करने के बाद सावित्री वैथी को मानवता से संबंधित अन्य कई पुरस्कार मिले हैं। उनका घर अब इतना अधिक बड़ा हो चुका है कि उसमें 170 महिलाएँ आ सकती हैं और अपनी संस्था को चलाने में वे स्वयं भी बहुत सक्रिय हैं।

❑

दिसंबर 2009 में चेन्नई में मरीना बीच के पास तथा सावित्री वैथी द्वारा चलाए जा रहे वृद्धाश्रम की गतिविधियों को सी.एन.एन. और आई.बी.एन संवाददाता माधवी महादेवन ने बड़ी खूबसूरती से दरशाया है कि इस आश्रम में वृद्धावस्था को किस तरह नया जीवन प्रदान किया जा रहा है।

सुनीता कृष्णन

सकारात्मक होने का मतलब

हैदराबाद शहर की भव्य चारमीनार के पास एक विशाल भवन है, जहाँ स्कूली यूनिफॉर्म में बच्चों का एक समूह अपनी स्कूल टीचर को चारों ओर घेरे रहता है। यह 30 वर्ष की आयु की एक टीचर है तथा ये बच्चे आपस में बात करते हुए हँसते रहते हैं। जब आप काफी करीब से इन्हें देखें तो पाएँगे कि सबकुछ वैसा ही नहीं है जैसा कि प्रतीत होता है। अपनी अध्यापिका के साथ-साथ ये सभी बच्चे एच.आई.वी. पॉजिटिव हैं। ये या तो सेक्स वर्करों के बच्चे हैं या इनका यौन शोषण हुआ है। सुनीता कृष्णन के इनके जीवन में प्रवेश से पहले इनकी जिंदगी निराश व हताश सी थी। कृष्णन का एंटी ट्रेफिकिंग होम इस बात का एक ठोस प्रमाण है कि हिम्मत और सहानुभूति के बल पर आदमी क्या कुछ हासिल नहीं कर सकता। 'प्राजवाला' के नाम से मशहूर यह घर एक टूटी-फूटी सीढ़ी पर बसा हुआ है और इसमें सुविधाओं के नाम पर कुछ भी नहीं है। किंतु इन बच्चों के मुखमंडल पर जो खुशी और विस्मय दिखाई देता है, वह उनकी पृष्ठभूमि और दुर्दशा की दृष्टि से विरोधाभासी है। कृष्णन स्वयं छोटे कद की हैं, जिनकी लंबाई इन बच्चों से अधिक नहीं है। बावजूद इसके वे इनके लिए प्रेरणा की मूर्ति हैं—उनकी बड़ी बहन, माँ और स्कूल की प्रधानाध्यापिका सबकुछ। वे कहती हैं, "जरा उन्हें खिलखिलाकर हँसते और मस्ती में खेलते हुए देखो, कोई कल्पना भी नहीं कर सकता कि वे सब-के-सब एच.आई.वी. ग्रस्त हैं।"

यह कल्पना कर पाना असंभव है कि ये बच्चे कितनी यातना और कष्ट से होकर गुजरे हैं। इनमें से एक-एक को अलग-अलग तरह के यौन शोषणों से बचाया गया है। पोर्नोग्राफिक फिल्मों में, जिन्हें वेश्यालयों में बेचा जाता है, इस्तेमाल किए जाने से लेकर इतनी कम उम्र में उन्होंने जिंदगी के सबसे घिनौने चेहरे को भी देख लिया है। कृष्णन के साथ भी ऐसा ही हुआ। उनकी निस्स्वार्थ प्रतिबद्धता के

पीछे उनके साथ घटित एक निजी ट्रेजेडी का प्रभाव है, जो उन बच्चों की दर्दनाक कहानी से बहुत अलग नहीं है—"किशोरावस्था में मेरे साथ सामूहिक बलात्कार हुआ। शुरू में तो लगा कि अब मैं जीवन भर के लिए हादसे का शिकार हो गई; किंतु अंदर से टूट जाने की जगह मुझे अपनी नियति पर बड़ा गुस्सा आया।"

उनका गुस्सा तब और भयंकर रूप से फूटकर बाहर आया, जब वर्ष 1996 में हैदराबाद के सबसे पुराने रेडलाइट एरिया को खाली कराया गया। अचानक हजारों यौनकर्मियों को उनकी जगह से उखाड़ फेंका गया और कहीं और बसा दिया गया। इस घटना में सबसे अधिक चोट बच्चों के दिलों पर लगी। उनमें से अधिकांश एड्स से ग्रस्त थे और अब उनके पास रहने को घर नहीं थे। उनकी दयनीय दशा से न केवल कृष्णन का हृदय द्रवित हो गया बल्कि इससे उन्हें प्रेरणा भी मिली। इस प्रकार 'प्राजवाला' का उदय हुआ।

यह चौदह वर्ष पहले हुई घटना थी और ट्रेफिकिंग विरोधी संगठन की कार्रवाई ने रेडलाइट इलाके की उस मुख्य घटना की याद को और ताजा कर दिया। तब से आज तक कृष्णन यौन हिंसा के शिकार बच्चों और महिलाओं को बचाती ही आ रही हैं। उनका कहना है, "मैं बहुत दिनों से हिंसा झेलती आ रही हूँ। केवल समाज विरोधी और एंटी ट्रेफिकिंग को ही मेरी उपस्थिति से ऐतराज नहीं है बल्कि कभी-कभार राज्य मशीनरी भी नाजायज दबाव बनाने के इस खेल में शामिल होती है। जो भी हो, मैं उनमें से नहीं हूँ, जो इन धमकियों के आगे झुक जाऊँगी।"

उनका अथक व अनवरत चल रहा अभियान उनके अदम्य साहस और इच्छा-शक्ति का प्रमाण है। दरअसल वे महिलाओं और बच्चों के बचाव को लेकर ही चिंतित नहीं हैं, उन्हें संतोष तब होगा जब उनके लिए एक वैकल्पिक आवास और आजीविका की व्यवस्था हो जाए। उनके इस प्रयास एवं प्रतिबद्धता के लिए धन्यवाद। अब 'प्राजवाला' बच्चों का नया घर बन चुका है, जिसे वे अब छोड़ना नहीं चाहते हैं। 29 वर्ष की तबस्सुम, जिन्हें पाँच साल पहले कृष्णन ने बचाया था, कहती हैं, "जिस तरह की खुशी और अपनापन हमें यहाँ मिलता है, बाहर कहीं नहीं मिल सकता। बाहर के लोग हमारे साथ हुई पिछली घटनाओं को भाँप लेते हैं और इसी के आधार पर हमारे बारे में सोचते हैं।" कृष्णन कहती हैं कि यही वह भाव-बोध है, जिससे बच्चों को उबार पाना बहुत कठिन है। एक बार कविता-पाठ की एक प्रतियोगिता में आए हुए अतिथि ने कहा कि जो 'बच्चा सबसे अच्छी तरह कविता सुनाएगा, उसे वे चॉकलेट देंगे।' हमारे बच्चों में से भी एक बच्ची उस प्रतियोगिता में शामिल हुई। किंतु उसे चॉकलेट इसलिए नहीं मिल पाई कि उसने

अच्छे से कविता नहीं सुनाई थी। प्रतियोगिता संपन्न होने के बाद वह बच्ची अतिथि महोदय के पास गई और बोली, 'क्या मैं अपना फ्रॉक ऊपर उठाऊँ तो आप मुझे चॉकलेट दोगे।'

आज वेश्याओं और यौनकर्मियों के बच्चों के लिए कृष्णन आंध्र प्रदेश में 17 स्कूल चलाती हैं। इन स्कूलों में इन बच्चों को बेहतरीन शिक्षा प्रदान की जाती है। आज उनका मन उत्साह एवं आशा से भरा हुआ है और वे बेहतर भविष्य गढ़ने के लिए श्रम कर रहे हैं। शिक्षा ही एक जरिया है, जिसके माध्यम से उनकी खरीद-फरोख्त को रोका जा सकता है। जिनका पुनर्वास किया जा चुका है और जो घर लौट जाने की स्थिति में होती हैं, उन्हें कृष्णन सिर्फ एक बात बताना चाहती हैं, 'तुम यहाँ के जीवन और आवास के बारे में मत सोचना, क्योंकि इसका संबंध तुम्हारी घृणित समझी जानेवाली बीती जिंदगी से है।'

इस बात के प्रमाण मिलते हैं कि उनकी पिछली जिंदगी उनके प्रयासों को डराने लगती है। वर्ष 2009 में ट्रेफिकर्स ने उनके मकान मालिक पर दबाव डाला था कि वह उन्हें अपने मकान से निकाल दे। 'प्राजवाला' अब हैदराबाद से बाहर एक जगह पर स्थानांतरित कर रहे हैं। इस घटना से कृष्णन को और अधिक प्रेरणा एवं ताकत मिली है। इस समय 'प्राजवाला' में 600 बच्चे वयस्क हैं, जो मानव तस्करी से बच गए हैं। कृष्णन ने शेल्टर-शरणगृह चलाने के लिए आवश्यक न्यूनतम मानदंड को निर्धारित करनेवाले आंध्र प्रदेश सरकार के कानून को पारित करने में भी महत्त्वपूर्ण भूमिका निभाई है। 'प्राजवाला' का शाब्दिक अर्थ 'चमचमाता हुआ' है, जो इसके नाम को सार्थक कर रहा है और मनुष्य जाति के बच्चों में आशा व खुशी की भावना को बढ़ावा दे रहा है।

नोट : 2008 में 'रियल हीरोज' पुरस्कार के बाद अब सुनीता कृष्णन वेश्याओं और यौन कार्मिकों के बच्चों के लिए हैदराबाद में 17 स्कूल चलाती हैं। जहाँ उन्हें शिक्षा, आशा, उत्साह और इन सबसे बढ़कर एक उज्ज्वल भविष्य मयस्सर हो सकता है।

❑

इस कहानी की शूटिंग करना विशेष रूप से कठिन काम था। रोहिणी मोहन ने किसी की व्यक्तिगत पहचान उजागर किए बिना ही कहानी के सभी पक्षों को उजागर किया। इसकी शूटिंग मई 2007 में हैदराबाद में हुई।

सुभाषिनी मिस्त्री

परिस्थितियों से जूझनेवाली मानवतावादी

त्रासदी और विपन्नता मनुष्य के जोश को कुचल सकते हैं, किंतु उनमें छुपी हुई ताकत और उस जोश के पीछे विद्यमान उद्‍देश्य भी सामने आ सकते हैं। सुभाषिनी मिस्त्री की कहानी भी कुछ इसी तरह है। एक ऐसी महिला, जो गरीबी में पैदा हुई, जवानी में ही अपना पति खो दिया, लेकिन अपने असाधारण प्रयासों के बल पर दुःख में फँसे दूसरे लोगों को मदद पहुँचाने में आनेवाली कठिनाइयों पर विजय प्राप्त की। यह मानवीय शक्ति की कहानी है।

सुभाषिनी हंसपुकुर की रहनेवाली हैं, जो कोलकाता के पास एक छोटा शहरीकृत गाँव है। उनका जन्म एक निर्धन परिवार में हुआ था और वे माँ-बाप की 13 संतान में से एक थीं। 12 वर्ष की आयु में एक कुली सादन से उनकी शादी हो गई और 20 वर्ष की उम्र आते-आते उनके 4 बच्चे हो चुके थे। उसी समय उनके जीवन में एक परिवर्तनकारी दुःखद घटना हुई। उनके पति का स्वर्गवास हो गया। उस घड़ी की विपत्ति को याद करते हुए वे कहती हैं, ''मैं अपने पति और चार बच्चों के साथ अपनी सीधी-सादी जिंदगी से बहुत खुश थी। हम लोग बहुत गरीब थे, किंतु इतनी कमाई तो हो ही जाती थी कि रोज दो वक्त खाना मिल सके। तभी अचानक मेरी बसी-बसाई दुनिया उजड़ गई। मेरा पति अचानक बीमार पड़ गया और कलकत्ते के एक सरकारी अस्पताल में उसे भरती कराया गया। किंतु उसका सही इलाज नहीं हो सका और उसकी मौत हो गई। वह चार बच्चों को मेरे सहारे छोड़कर इस दुनिया से चला गया।''

इस तरह की विपत्ति किसी को भी अंदर से हिला सकती है, पर सुभाषिनी को न हिला सकी। इस विपत्ति में ही उन्हें जीवन का लक्ष्य मिल गया—''उस दिन अपने पति के शव के पास मैंने कसम खाई और स्वयं से कहा कि मैं एक दिन

गरीबों के लिए एक अस्पताल बनवाकर रहूँगी, जहाँ सभी लोगों का इलाज हो सकेगा और मेरे जैसे किसी को इलाज के लिए लाचार एवं दु:खी नहीं होना पड़ेगा। और मैं यह कोशिश करूँगी कि मेरा एक बेटा एक अच्छा डॉक्टर बने।''

अपने पति की मृत्यु के बाद उन्हें कुछ दिनों के लिए घरेलू नौकरानी के रूप में भी काम करना पड़ा। बाद में कोलकाता में घर बनानेवाले मजदूर के रूप में उन्हें नौकरी मिल गई। इस मेहनतकश और छोटी नौकरी को करते हुए उन्होंने जीवन में किए गए अपने वायदों से नजर नहीं हटाई कि उनका एक बेटा डॉक्टर बने इसके लिए उन्होंने अजॉय को चुना। वह पढ़ाई-लिखाई में अच्छा था। उन्होंने उसे एक अनाथालय में भेज दिया, ताकि उसे अच्छी शिक्षा और पर्याप्त भोजन मिल सके।

हंस पुकुर का अस्पताल अब एक बड़ा एवं जाना-माना संस्थान बन गया है। इसके नाम 'ह्यूमैनिटी हॉस्पिटल' से सबकुछ पता चल जाता है। यह कोई छोटा-मोटा ग्रामीण औषधालय एवं निदान केंद्र नहीं है, बल्कि तीन मंजिला, पूर्णरूपेण सुसज्जित उचित चिकित्सा सुविधाओं से लैस अस्पताल है। हर रोज यहाँ इलाज के लिए गरीब मरीज आते हैं और इसकी संस्थापिका साधारण सी साड़ी पहने, छोटे कद की तथा नंगे पाँव रहनेवाली इस महिला को अपनी श्रद्धांजलि भी देते हैं।

सुभाषिनी की कहानी त्याग, पक्का इरादा, कठिन मेहनत, दृढ़ निश्चय और किए गए वादों को पूरा करने की कहानी है।

इस बीच सुभाषिनी ने कोलकाता के पार्क सर्कस में सब्जियों की एक छोटी दुकान खोल ली। उन्होंने हर माह 500 रुपए कमाई शुरू कर दी। इसमें से अधिकांश उन्होंने बचाना शुरू कर दिया और अजय की पढ़ाई के लिए भेजने लगीं। अंततः सन् 1992 में उन्होंने इतनी बचत कर ली कि वापस हंसपुकुट लौटकर अस्पताल की आधारशिला रख सकें। उनका सपना आकार लेने लगा। उन्होंने 10,000 रुपए में एक एकड़ जमीन खरीदी और एक कमरा बनवाया। जितना बन सकता था, गाँववालों ने भी मदद करनी शुरू कर दी, और धीरे-धीरे उन्होंने वह मुकाम हासिल कर लिया, जो कदाचित् असंभव-सा था। उन्होंने स्थानीय डॉक्टरों को इस बात के लिए राजी कर लिया कि वे लोग अस्पताल में मुफ्त सेवा देंगे। ह्यूमैनिटी हॉस्पीटल के दरवाजे वर्ष 1993 में आम जनता के लिए खुल गए। पहले ही दिन 250 मरीजों का मुफ्त इलाज हुआ।

उनका सपना अब हकीकत बन चुका था और जैसा कि उन्होंने घर में एक डॉक्टर बनाने का फैसला किया था, अजॉय मिस्त्री सन् 1994 में डॉक्टर बन गया। अपनी माँ के त्याग एवं समर्पण को ध्यान में रखते हुए वह भी ह्यूमैनिटी अस्पताल

में काम करने आ गया, ताकि अपनी माँ के सपने को साकार बनाने में मदद कर सके। उसी वर्ष उन्होंने इलाके के सांसद को कुछ धन दान देने के राजी कर लिया और इसी के साथ नए भवन के निर्माण का काम शुरू हुआ।

आज मिस्त्री का सारा परिवार अस्पताल के काम में लगा हुआ। अजॉय मिस्त्री की पत्नी मौसुमी रोगियों की देखभाल में अपना समय बिताती है। उनके भाई और बहन भी यही काम करते हैं, वे सादा जीवन जीते हैं, किंतु उनमें बेमिसाल संतोष है। वे कहते हैं, ''जब हम किसी गरीब रोगी को मुसकराते और उपचार के बाद खुशी-खुशी घर जाते देखते हैं तो हमें लगता है कि उस खुशी को कितनी भी बड़ी धनराशि देकर खरीदा नहीं जा सकता।

नोट : वर्ष 2008 में 'रियल हीरोज पुरस्कार' प्राप्त करने के बाद ह्यूमैनिटी हॉस्पीटल ने कार्डियोलॉजी, न्यूरोलॉजी, बालरोग, स्त्री रोग जैसे विभाग खोले हैं, जहाँ 25 डॉक्टर स्वेच्छा से सेवा प्रदान करते हैं। उन्होंने सुंदर वन में भी एक ब्रांच खोल रखी है। इनमें 10 रुपए मात्र की फीस लेकर प्रत्येक दिन लगभग 400 रोगियों का इलाज किया जाता है। गंभीर रोग के मामलों में रोगियों की भरती की जाती है और सर्जरी की जाती है वह भी नाममात्र की फीस पर।

❑

इस स्टोरी की शूटिंग कोलकाता के बाहरी इलाकों और महानगर के भीतर की गई। इसमें सी.एन.एन. और आई.बी.एन. के त्रिदीप के. मंडल ने इस कहानी के भावनात्मक दृश्यों के फिल्मांकन के साथ न्याय करने की कोशिश की है।

सुषमा आयंगार

वर्ष 2001 में गुजरात के कच्छ जिले में विध्वंसकारी भूकंप आया था। इस भूकंप में भुज नामक शहर सबसे अधिक तबाह हुआ। भारी तबाही के बावजूद पुनर्वास प्रयासों को लेकर कच्छ एक उदाहरण बन गया। उस दौरान एक महिला सुषमा आयंगार सर्वाधिक चर्चा में आई थीं, जिन्होंने कच्छ क्षेत्र के परंपरागत साहस का परिचय देते हुए इस सूखे और चुनौती भरे भू-क्षेत्र में राहत कार्यों की अगुआई की थी। इस कार्य को अंजाम देते हुए उन्होंने आपदा प्रबंधन, पुनर्वास और इन सबसे बढ़कर महिला सशक्तीकरण की नई जमीनें तलाश कीं। यह सब उन्होंने अपनी संस्था के माध्यम से हासिल किया, जिसका नाम है—'कच्छ महिला विकास संगठन', जिसने इस क्षेत्र में महिलाओं के जीवन में भारी बदलाव किया है। उन्होंने अपने अथक परिश्रम और अग्रणी कार्य के माध्यम से जो कुछ हासिल किया है, उसको लेकर किसी भी तरह के सुझाव को दरकिनार करते हुए वे सहभागिता और मिल-जुलकर काम करने की शक्ति पर अधिक ध्यान केंद्रित करती हैं।

इस क्षेत्र का हरेक व्यक्ति यह स्वीकार करता है कि यहाँ महिलाओं के जीवन में उल्लेखनीय सुधार हुआ है, उनकी भूमिकाएँ और भागीदारियाँ सशक्त हुई हैं और पशुपालक तथा कशीदाकारी जैसी उनकी परंपरागत आजीविकाओं को मदद मिली है। इससे अनेक मसलों पर आवाज बुलंद करने की शक्ति प्राप्त हुई है, जैसे कि घरेलू हिंसा, जननी स्वास्थ्य, भूमि अधिकार और यहाँ तक की राजनीतिक भागीदारी। 39 वर्षीय आयंगार जोर देती हैं कि 'इस उपलब्धि के लिए किसी को श्रेय नहीं दिया जा सकता, उन्हें भी नहीं, प्रचार-प्रसार से दूर वे भरसक प्रचार और प्रशंसा से अपने को अलग रखती है। परंतु उनके प्रयासों के परिणाम सर्वत्र दिखाई दे रहे हैं। खवडा में स्थानीय स्वास्थ्य केंद्र इसका उदाहरण है। तीन कमरोंवाले इस

मेडिकल सेंटर पर स्थानीय कच्छ महिलाओं को बतौर मिडवाइफ प्रशिक्षित किया जाता है। उनकी भूमिका प्रसव में सहायता भर देना नहीं है, वे महिलाओं को उनके प्रजनन अधिकार के बारे में तथा स्वास्थ्य और परिवार नियोजन के बारे में भी सुझाव देती हैं। दरअसल ये महिलाएँ इस क्षेत्र में स्तंभ बन चुकी हैं, जहाँ से कच्छ महिला विकास संस्थान और इसकी संस्थापिका आयंगार को ताकत एवं प्रेरणा प्राप्त होती है।

आयंगार स्वयं को एक शिक्षिका, उत्प्रेरक और जिज्ञासु के रूप में देखती हैं। वे कहती हैं कि इस कार्य में अंततः यह आभास होता है कि आपको अकेले ही आगे बढ़ना होगा, किंतु सशक्त ढंग से यह सबकुछ कर पाने में समर्थ होने के लिए आपको मिल-जुलकर चलना होगा। मैं सोचती हूँ कि गरीब लोगों को इसका सबसे अधिक आभास होता है। अपने घमंड, ऊँच-नीच की भावनाओं को त्यागकर मिलजुलकर काम करने में इन महिलाओं को कोई गुरेज नहीं है। यह बताने के लिए कि उनके संगठन का काम समेकित एवं मिला-जुला प्रयास है, वे भागीदारी शब्द का बहुधा इस्तेमाल करती हैं। उनका मानना है कि मैं (अहम्) की भावना लोगों को आपस में मिलने नहीं देती, किंतु अपनी उपलब्धियों को कम आँकने के उनके इस प्रयास से हकीकत को नजरअंदाज नहीं किया जा सकता। इसके लिए कच्छ की उनकी संस्था की महिलाएँ धन्यवाद की पात्र हैं, जो जाति, वर्ग और संप्रदाय एवं धर्म से ऊपर उठकर एकजुट हुई हैं। यह काम इतना आसान नहीं था। कभी-कभी उनके संकोच और रीति-रिवाज इस कार्य में बाँधा पहुँचाते थे, किंतु आयंगार अपने प्रयास में लगी रहीं। उनकी सोच बदलने का प्रयास करती रहीं और भागीदारी एवं मिल-जुलकर काम करने की ताकत का एहसास कराती रहीं।

यह ताकत सिर्फ महिलाओं तक सीमित नहीं है। कई वर्षों से गुजरात में रहने के कारण उन्हें इस बात का पता है कि असली सशक्तीकरण तब आता है, जब आप उन लोगों के साथ अकेली चल रही होती हैं, जिन्हें आपके लक्ष्य से दरकार नहीं होती है। इस प्रकार जो चीज महिला आंदोलन के रूप में शुरू हुई, उसमें पुरुष, पिता, भाई और पति भी सहयोगी के रूप में शामिल हैं। दरअसल कच्छ की परंपरा से हटकर आप यहाँ पाएँगे कि स्थानीय महिलाओं को पुरुषों द्वारा लंच परोसा जा रहा है। 'कच्छ महिला संगठन' द्वारा संस्थापित 'शिल्प केंद्र' इस संस्था की उपलब्धियों का प्रमाण है। परंपरा के अनुसार कच्छ की महिलाएँ अपनी पोशाकों के रूप में सुंदर-सुंदर कसीदाकारी किए हुए वस्त्राभूषण रखा करती थीं, जिन्हें शादी के बाद वे अपने पति के घर ले जाती थीं। एक के बाद एक आई प्राकृतिक

आपदाओं ने सदियों से चले आ रहे इस रिवाज को खत्म कर दिया। धन के अभाव में ये महिलाएँ अपनी इस धरोहर को कौड़ियों के मोल बेचने के लिए मजबूर थीं। आयंगार इसे देखकर आगे आईं और उन्हें अपने शिल्प को फिर से शुरू करने के लिए मिल-जुलकर काम करने में मदद की। कारोबार को दुरुस्त किया गया, बिचौलियों को हटा दिया गया। इससे उनकी वित्तीय स्थिति में सुधार हुआ, साथ ही उनका आत्मविश्वास भी बढ़ा। आज शिल्प केंद्र पर महिलाओं का झुंड दिन-भर मेहनत करने के बाद मरदों द्वारा पकाया गया और उनके द्वारा परोसा जा रहा खाना खाता है।

महिला संगठन की स्थापना इस उद्देश्य से की गई थी, ताकि इसके माध्यम से महिलाओं की कमाई में इजाफा करते हुए उन्हें सशक्त किया जा सके। आज उनका यह लक्ष्य बहुत ऊपर जा पहुँचा है। आज 175 गाँवों की लगभग 14,000 महिलाएँ पर्यावरण बहाली और सूखे से बचाव जैसे मुद्दों पर काम कर रही हैं। 'कच्छ महिला विकास संगठन' का चाहे जो भी प्रयास रहा हो, समुदायों का विकास करना उनके प्रयास कार्यों का केंद्र रहा है। इस प्रकार चाहे वह भुज के पुनर्निर्माण की बात हो या उसे फिर से बसाने की—इन समुदायों का शामिल होना और ग्रामीण कौशल का इस्तेमाल इसका केंद्र बिंदु रहा है। जैसे-जैसे आयंगार एक प्रयास से दूसरे प्रयास की ओर आगे बढ़ती गईं, उन्होंने इस बात को सुनिश्चित किया कि यह समूह आत्मनिर्भर हो जाए और अपने बूते पर भागीदारी करने के लिए प्रतिबद्ध एवं तैयार हो जाए। कई दफा उन्हें बाहरी समझा गया, किंतु वे प्रतिबद्ध रहीं और प्राकृतिक आपदाओं द्वारा दुर्भाग्यग्रस्त स्थानीय महिलाओं के गुस्से को बदलाव के ईंधन के रूप में बदलने का काम करती रहीं। जैसा कि वे कहती हैं, ''किसी भी बदलाव के लिए गुस्से का होना सबसे पहली आवश्यकता है; क्योंकि गुस्सा होने का मतलब है कि अगला पूरी तरह जागरूक हो चुका है और वह व्यवस्था को ज्यों-का-त्यों स्वीकार करने के लिए तैयार नहीं है। किंतु इस गुस्से को परिवर्तन के साधन के रूप में बदलना बहुत जरूरी है।'' विकास के इस तौर-तरीके को अपनाते हुए आयंगार की पहली पहल संचार नेटवर्क की स्थापना करना है, जो सूचना केंद्रों के रूप में समुदायों को सहायता पहुँचाने का काम करेगा। महिलाओं द्वारा संचालित यह सामुदायिक रेडियो उसी उपक्रम का एक भाग है। रेडियो का यह कार्यक्रम आमतौर पर शासन के बारे में वाद-विवाद का ही एक हिस्सा है, जिसमें महिलाओं द्वारा भागीदारी की जाती है।

उन लोगों के लिए, जिन्होंने इस पहल को आगे बढ़ाने का काम किया है,

आयंगार स्वयं संगठन में कोई कार्यकारी पद नहीं धारण करतीं। वे कहती हैं, संगठन और पहलों को निजी प्रयास से चलाई जानेवाली संस्था के रूप में बदले जाने से रोकना बहुत जरूरी है, तभी हम नए लोगों को आगे आने का अवसर प्रदान कर सकते हैं।

उनका मानना है कि संगठन की सफलता का यही मूल मंत्र है। अपने संगठन और अपनी पहल के माध्यम से इतनी बड़ी तादाद में महिलाओं को सशक्त बनाने के बाद वास्तव में यह गर्व और उपलब्धि की सामूहिक जीत है; किंतु दूर-दृष्टि के अभाव तथा एक महिला के इस समर्पण के अभाव में इसमें से कुछ भी संभव नहीं हुआ होता।

❑

सी.एन.एन. और आई.बी.एन. की अनुभा भोंसले एक महिला द्वारा गुजरात के सूखाग्रस्त क्षेत्र में महिलाओं की आजीविका के लिए किए गए प्रयासों से यह प्रेरणाप्रद कहानी लाई थीं। यह कहानी मई, 2007 में कच्च, गुजरात में शूट की गई।

सोनम वांग्चुक

नई आशा

असफलताएँ कभी-कभी लोगों को अप्रत्याशित उपलब्धियाँ हासिल करने के लिए प्रेरित करने का काम कर जाती हैं। फे, लद्दाख के सोनम वांग्चुक के साथ कुछ ऐसा ही हुआ। विद्यार्थी के रूप में उन्हें एक मनोवैज्ञानिक डर था, जिससे लद्दाख क्षेत्र के अधिकांश बच्चे प्रभावित हैं कि उन्हें अत्यधिक खर्चीली शिक्षा-प्रणाली से होकर गुजरना पड़ता है। इसका एक कारण यह है कि यह क्षेत्र अपनी भौगोलिक स्थिति को लेकर देश के दूसरे भागों से बिलकुल अलग-थलग है, जो दूर-दूर हैं—बर्फ से ढकी बंजर भूमि, अधिक ऊँचाई और संपर्क के साधनों तथा सरकारी परिवहन का अभाव। सरकारी स्कूलों में पहले अखिल भारतीय मॉडल चलता था, जिसमें पाठ्य पुस्तकों में अपरिचित एवं चुनौतीपूर्ण, विषयों की पढ़ाई-लिखाई होती थी। आठवीं कक्षा तक पढ़ाई-लिखाई का माध्यम उर्दू भाषा थी—बाद में इसे बिना सोचे-विचारे अंग्रेजी कर दिया गया, जिसके परिणाम बहुत ही खतरनाक दिखे। औसत मैट्रिकुलेशन की उत्तीर्ण प्रतिशतता कम होकर 5 प्रतिशत रह गई।

अपने स्कूली दिनों के दौरान ऐसी समस्याओं से रू-ब-रू होने के कारण वांग्चुक इस समस्या की गंभीरता को समझते थे। यह छात्र की उतनी अधिक असफलता नहीं थी, जितनी शिक्षा प्रणाली की। उन्होंने इसे दूर करने के लिए कमर कसी। इसी दौरान उनका प्रवेश 'नेशनल इंस्टीट्यूट ऑफ टेक्नोलॉजी' दिल्ली में हो गया, किंतु स्कूल के दिनों के दौरान की कठिनाइयाँ भूली नहीं थीं। वर्ष 1988 में उन्होंने ऊँची उड़ानवाली इंजीनियरिंग की नौकरी छोड़ दी और वापस फे आ गए और उन्होंने संकल्प किया कि वे बदलाव लाएँगे और लद्दाख की शिक्षा प्रणाली को दुरुस्त करेंगे।

वांग्चुक ने इसकी शुरुआत 'ऑपरेशन न्यू होप से' की थी। यह स्थानीय

शिक्षा प्रणाली में सुधार लाने के लिए आंदोलन था और इस पर अमल की शुरुआत फे में स्टूडेंट्स एजूकेशनल एंड कल्चरल मूवमेंट ऑफ लद्दाख (S.E.C.M.O.L.) की आधारशिला से हुई। इसमें समय और मेहनत तो लगी, किंतु वर्ष 1995 तक वांग्चुक ने स्थानीय प्रशासन को यह समझा दिया कि शिक्षा-प्रणाली में बदलाव लाने की आवश्यकता है और इसके लिए पुस्तकों व छात्रों के बीच अंतर को पाटना होगा। उनके निर्देशन में पाठ्यक्रम में फेरबदल किया गया और उसमें स्थानीय शब्दों, रुचियों और इतिहास को शामिल किया गया, ताकि सांस्कृतिक रूप से इसे महत्त्वपूर्ण बनाया जा सके। अब तक छात्रों को T फॉर ट्रेन और S फॉर शिप सिखाया जाता, जिन्हें उन्होंने अपने जीवन में कभी देखा ही नहीं। वे कहते हैं, अब हम स्थानीय शब्दों को इस्तेमाल करते है, जिन्हें आसानी से पहचाना जा सके।

वांग्चुक का अध्ययन बतौर प्रयोगों पर आधारित है, जिसमें स्थानीय नामों, उपयुक्त लद्दाखी दृश्यों और साफ एवं संक्षिप्त अंग्रेजी पर मॉडल की गईं राइम बुक्स शामिल हैं। 'ओल्ड मैकडोनाल्ड हैड ए फॉर्म को बदलकर मेमी रेजरिंग हैड ए फॉर्म कर दिया गया है।' वे मुसकराते हुए कहते हैं और बच्चों की लोकप्रिय किताब के राइम का उदाहरण देते हैं। हरेक सरकारी स्कूल ने शीघ्र नई शिक्षा प्रणाली को अपना लिया और जो परिणाम सामने आए, वे प्रत्यक्ष हैं। वर्ष 2000 के बाद मैट्रीकुलेशन पास करनेवाले छात्रों की प्रतिशतता तेजी से बढ़ते हुए 5 से 12 तथा उसके बाद 2001 में 18 तक हो गई है। 2004 तक इसमें नाटकीय ढंग से वृद्धि होकर यह 55 प्रतिशत तक हो गई। दूर-दराज के इलाके में स्थित एक सरकारी स्कूल ने तो उल्लेखनीय प्रगति हासिल की और उसने 100 प्रतिशत सफलता प्राप्त कर ली।

वांग्चुक की सफलता सिर्फ इस बात के लिए नहीं है कि उन्होंने इस मॉडल की शुरुआत की बल्कि उन्होंने इसे प्रत्येक गाँव में स्थापित किया। S.E.C.M.O.L. या स्टूडेंटस एजूकेशनल एंड कल्चरल मूवमेंट ऑफ लद्दाख ने एक हजार से ज्यादा अध्यापकों को प्रशिक्षित किया और उन्हें जवाबदेह बनाया। वे समुदायों की सहभागिता से एक नई शिक्षा प्रणाली की स्थापना कर रहे थे। लोग स्थानीय ग्रामीण शिक्षा समितियों के माध्यम से सहायतार्थ आगे आ रहे थे। वे यहाँ तक कि नए स्कूल बनवाने के लिए भी आगे आ रहे थे। इस प्रकार हरेक व्यक्ति किसी-न-किसी रूप में इस प्रणाली से जुड़ा हुआ था। वांग्चुक कहते हैं कि वे प्रत्येक ईंट के लिए अपने आपको जवाबदेह मानने लगे। स्वयंसेवक हर क्षेत्र से आ रहे हैं। कुछ मुंबई से, दूसरे जर्मनी जैसे दूसरे देशों से। वे सबके सब एक ही

लक्ष्य से प्रेरित लगते हैं, जिससे वांग्चुक प्रेरित हुए थे और वह है शिक्षा में बदलाव करना। यह वह लक्ष्य है, जिससे उन्हें अन्य मुद्दों पर भी जागरूकता फैलाने की प्रेरणा प्रदान की। S.E.C.M.O.L. कैंपस में बिजली की कम कीमत पर सोलर पैनलों से विद्युत आपूर्ति होती है। प्रत्येक भवन का निर्माण स्थानीय सामग्री का प्रयोग करके किया गया है और वह सौर ऊर्जा से चलता है। बर्फीले जाड़े की ऋतु में कक्षाएँ गरम रहती हैं। भोजन प्रणाली, जिससे छात्रों और अध्यापकों को भोजन मिलता है, सौर ऊर्जा से चलती है। इसमें मितव्ययता और पर्यावरण सुरक्षा की भावना है। वांग्चुक कहते हैं, ''प्रत्येक वर्ष हम लोग इस तरह 10 लाख से अधिक रुपए की बचत कर लेते हैं।''

उन्हें उनकी अमेरिकी पत्नी रेबेका नॉरमन, जो छात्रों के लिए बेकी हैं, से सहायता और प्रोत्साहन प्राप्त होता है। रेबेका S.E.C.M.O.L. में अंग्रेजी पढ़ाती हैं और धाराप्रवाह लद्दाखी भाषा बोलती हैं। 'वे उतनी ही भागीदार हैं, जितना कि वे स्वयं है', उनके पति का कहना है। उन्होंने काम को आगे बढ़ते हुए देखा है। लद्दाख के दूर-दराज के शरमीले और पिछड़े छात्रों को आत्मनिर्भर, आत्मविश्वासी और बोलने में पारंगत बनाया गया है। बेकी और वांग्चुक को मालूम है कि उनका सबसे बड़ा पुरस्कार हरेक छात्र के अंदर छिपा है और जिस तरह से वे इस संस्थान को चलाते हैं, इसके तौर-तरीके से ही उनका पुरस्कार परिलक्षित होता है। शिक्षा प्रणाली का तात्पर्य सिर्फ तीन 'आर'—रीडिंग, राइटिंग और अर्थमेटिक्स ही नहीं है। इसके मायने तीन 'एच' भी हैं : अर्थात् स्किल्ड हैंड, ब्राइट हेड और काइंड हार्ट।

वांग्चुक छात्रों को प्रबंधन शास्त्र और सामूहिक उत्तरदायित्व के बारे में भी शिक्षा प्रदान करते हैं। ''वे अब यहाँ प्रबंधक के रूप में हैं। वे कैंपस को चलाते हैं और इस प्रकार प्रबंधन के गुण सीखते हैं।'' वे कहते हैं। यहाँ हरेक छात्र की जवाबदेही है। 15 वर्ष के पदमा लामो के जिम्मे बाग और साग-सब्जियों का काम है, जबकि चांगथांग के लायसैंग लहडोल सौर विद्युत् प्रणाली का काम देखते हैं। छात्रों की भागीदारी कक्षाओं से काफी बाहर चली जाती है। वे साग-सब्जियाँ उगाते हैं, गायों को पालते हैं, खाना बनाते हैं और सफाई करते हैं। साथ-ही-साथ लोकतंत्र की आधारभूत बातों को भी सीखते हैं।

इनके विरोधियों में काफी बदलाव आ गया है। अकसर स्थानीय शिक्षकों और प्रशासन के लोगों की लॉबी उनके खिलाफ काम करती थी। पीठ पीछे चुगली और चुनौतियाँ दी जाती थीं, किंतु वांग्चुक और बेकी सैनिकों की माफिक डटे रहे

और भ्रम फैलानेवालों पर विजय प्राप्त कर ली। वांग्चुक का विश्वास है कि मतभेद होना अच्छी चीज हो सकती है। वे यह बात कहते हुए स्पष्ट करते हैं, "मेरा काम समाज की जबरन सफाई करना है। जब बच्चों को नहलाया जाता है तो वे रोते-चिल्लाते हैं और फिर उसके बाद तरोताजा भी महसूस करते हैं। समाज के साथ भी यही बात है।" प्रत्येक छात्र के अंदर वे लद्दाख के लिए एक मेधावी व उज्ज्वल भविष्य देखते हैं।

नोट : सोनम वांग्चुक को वर्ष 2008 में 'रियल हीरोज पुरस्कार' से नवाजा गया। उनके छात्र अब उन्हें प्यार से फुनसुक वांगडू कहते हैं, जो आमिर खान की प्रसिद्ध फिल्म 'थ्री इडियट' का प्रमुख पात्र है, वे कहते हैं कि उनकी वेशभूषा, कहानी और वह तौर-तरीका, जिससे वांग्चुक ने शिक्षा प्रणाली में बदलाव किया, ऐसा लगता है, फिल्म को प्रेरित करने का काम किया। 'सबके लिए शिक्षा' अभियान के तहत आजकल वे नेपाल सरकार के लिए 50,000 जलवायु आधारित ग्रीन स्कूलों की डिजाइन का काम कर रहे हैं। S.E.C.M.O.L. छात्रों को प्रशिक्षण दे रहा है, हालाँकि लेह काउंसिल ने नौकरशाही कठिनाइयों के चलते 'ऑपरेशन न्यू होप' को बंद कर दिया है। वांग्चुक ने अब एक वार्षिक 'रियल हीरोज स्कॉलरशिप योजना' शुरू की है, जिसके अंतर्गत विशेष किस्म का पाठ्यक्रम पढ़नेवाले छात्र को आर्थिक सहायता प्रदान की जाती है। उनका प्रेरणा प्रदान करने का अभियान लगातार जारी है।

❑

वर्ष 2007 की गर्मियों में सी.एन.एन.-आई.बी.एन. के पवन बाली फे, लद्दाख में सोनम वांग्चुक के साथ रहे और इस कहानी पर काम किया।

स्वप्न मुखर्जी

खुला आसमान

वर्ष 2004 में छोटे बजट की एक फिल्म 'आई एम' ने दुनिया भर में तहलका मचा दिया। इस फिल्म को एथेंस में अंतरराष्ट्रीय बाल फिल्म समारोह में ग्रेंड प्राइज पुरस्कार से नवाजा गया और पुरस्कार के बाद अंतरराष्ट्रीय मीडिया का ध्यान इस फिल्म ने आकर्षित किया। इस फिल्म को ओपेरा विन्फ्रे शो में भी दिखाया गया।

'आई एम' फिल्म की शुरुआत बच्चों के शॉट से होती है। बच्चों का यह समूह आसमान की तरफ देख रहा है। ये बच्चे रह-रहकर ऊपर आसमान में उड़ रहे विमानों को देख रहे हैं। पास से लोकल रेलगाड़ियाँ गुजर रही हैं और नदी से होकर नावें जा रही हैं। इस पृष्ठभूमि में बड़े कलात्मक ढंग से एक सपने का सिक्वेंस आता है। बच्चे अपने को एरोप्लेन, ट्रेन और बोट के रूप में कल्पना करते हैं और वे सपने में देखते हैं कि वे ट्रैक्स के साथ-साथ उड़ सकते हैं, तैर सकते हैं और नदी में एक नाव-जहाज की तरह तैर सकते हैं। यह उनकी कल्पना, उनका सपना होता है। इस उल्लेखनीय फिल्म का निर्माण स्वयं उन बच्चों ने ही किया और उसमें केवल उन बच्चों ने ही भूमिका निभाई है, जो कोलकाता में एक अनाथ बालगृह के बच्चे हैं।

इस घर को 'मुक्त नीड़' कहा जाता है। बँगला भाषा में इसका मतलब होता है—खुला घर अथवा स्वतंत्र निवास-स्थान और इसके संस्थापक स्वप्न मुखर्जी के लिए भी इसका यही आशय था। मुक्त नीड़ कोलकाता के बाहरी क्षेत्र में स्थित है और इस समय उसमें कुल 40 अनाथ बच्चे रहते हैं, जिनमें अधिकांश बाल मजदूर हैं, जिन्हें मुखर्जी बचाकर यहाँ लाए हैं।

इन्हीं में से एक का नाम शहीफुल मंडल है। जब वह 13 वर्ष का था तब मुखर्जी द्वारा उसे फिल्म बनाने की कुछ जरूरी ट्रेनिंग दिलाने के बाद हैंडीकैम दिया

गया था। मंडल इस पुरस्कार विजेता फिल्म की शूटिंग करने लगा और अपना पुरस्कार लेने के लिए उसे ऑस्ट्रेलिया तक की यात्रा करनी पड़ी।

मुक्त नीड़ की शुरुआत सेंटर फॉर कम्यूनिकेशन ऐंड डेवलपमेंट (सी.सी.डी.) से शुरू हुई, जिसे मुखर्जी ने कमजोर बच्चों की मदद के लिए वर्ष 1978 में आरंभ किया था। इसका असली उद्देश्य बच्चों को शिक्षा प्रदान करना था। इसकी प्रेरणा उन्हें एक भयंकर दुर्घटना से मिली, जो कोलकाता में बारूद बनानेवाली फैक्टरी में हुई विस्फोट की घटना थी। इस विस्फोट में 23 बच्चों की जान गई थी, जो यहाँ गैर-कानूनी ढंग से रह रहे थे। मुखर्जी कहते हैं—''जब फैक्टरी ने ट्रेजेडी के बाद मुआवजा देने से मना कर दिया तो मुझे बहुत गुस्सा आया। अंत में मामले को मैं न्यायालय तक ले गया और सभी बच्चों के लिए मुआवजा लेकर ही मैंने दम लिया।'' यह सी.सी.डी. के बच्चों के लिए आंदोलन की शुरुआत थी।

इसके बाद छह माह तक मुखर्जी ने पश्चिम बंगाल के मुर्शिदाबाद जिले के गाँवों का दौरा किया। उन्होंने जो कुछ देखा, ''वह अजीबोगरीब था। मैं लगभग 1,400 परिवारों से मिला। इन परिवारों के 364 बच्चों को सऊदी अरब में बेच दिया गया था, जहाँ उन्हें ऊँटों के पैरों से बाँधा जाता था। ये ऊँट रेत में दौड़ लगाते थे। अंतरराष्ट्रीय मानवाधिकार एजेंसियों की सहायता से मैं उन्हें बचा पाने में समर्थ रहा।''

उन्हें बचाना एक बड़ा काम था, किंतु उनके रहने के लिए घर, भोजन, पानी और शिक्षा का बंदोबस्त करना उससे भी बड़ा काम था। जैसा कि वे कहते हैं, ''मैंने महसूस किया कि इन बच्चों के लिए खुले घर की जरूरत थी। कई बच्चों के पास घर नहीं था कि जहाँ वे जाते; कइयों के घरवाले इतने गरीब थे कि वे उनकी देखभाल नहीं कर सकते थे।'' इन्हीं सब फिक्र का परिणाम था—मुक्त नीड़, जिसके दरवाजे पहली दफा 2001 में खुले थे। इसे शुरू में कुछ दानदाताओं और शुभ-चिंतकों की मदद, फिर बाद में अंतरराष्ट्रीय मानवाधिकार एजेंसियों की मदद मिलने लगी। फिलहाल यह एक दो मंजिली बिल्डिंग में चल रहा है, जहाँ 40 बच्चों को नया जीवन दिया गया है और उनके पास अब अवसर है कि वे अपने सपनों को हकीकत में बदल सकें। ठीक उसी तरह जैसे उन्होंने अपनी डॉक्यूमेंटरी बनाई है, जिसकी वजह से वे इतने मशहूर हुए। बचाए गए बच्चों को 'मुक्त-नीड़' में भोजन और छत प्रदान की जाती है। उन्हें पढ़ने के लिए स्थानीय स्कूलों में भेजा जाता है और वह आजादी भी उन्हें दी जाती है, जहाँ वे अपना विस्तार कर सकते हैं, जो अब फिल्म निर्माण के रूप में परिणत हो चुका है।

बच्चों की तस्करी के खिलाफ मुखर्जी के जेहाद के प्रमाणस्वरूप इन बच्चों की दयनीय स्थिति की वास्तविक वीडियो टेप बनाई गई, जो जरूरी थी। दूसरी जगहों के बच्चों की तरह 'मुक्त नीड़' में भी बच्चों को कैमरे का बड़ा शौक है। वे स्वप्न मामा से कहते हैं कि क्या वे अपनी जिंदगी पर फिल्म बना सकते हैं? पहले तो मैंने उनकी बात को गंभीरता से नहीं लिया। मैंने सोचा, शायद वे मौज-मस्ती के लिए ऐसा करना चाहते हैं। मैंने यह भी सोचा कि शायद वे स्वयं को बॉलीवुड के हीरो लोगों की तरह समझते हों, जो पेड़ों के इर्द-गिर्द गाना गाते और नृत्य करते फिल्मों में दिखाए जाते हैं।

मुखर्जी ने उनमें विद्यमान क्षमता को पहचान लिया। उन्होंने महसूस किया कि चाहें तो ये बच्चे इस विशाल दुनिया का ध्यान अपनी ओर खींच सकते हैं। फिल्मों की अंतरराष्ट्रीय तथा सार्वभौम भाषा होती है और उनकी मदद से आसानी से अपने को अभिव्यक्त किया जा सकता है। इसलिए उन्होंने सोच-समझकर फिल्म बनाने के लिए बच्चों को प्रोत्साहित किया। जो परिणाम सामने आया, वह पुरस्कार विजेता फिल्म 'आई एम' थी, जिसने दुनिया भर का ध्यान अपनी ओर आकर्षित किया था। इन युवा फिल्म निर्माताओं ने इसे 'वी' तक लाने की कोशिश की है, जो पर्यावरण पर आधारित एक फिल्म है और 'वी आर' फिर से बचपन की आकांक्षाओं के बारे में एक फिल्म बनकर उभरी। इन फिल्मों को वर्ष 2008 में बाल अधिकार सम्मेलन, कोपेनहेगन में दिखाया गया।

फिल्म बनाने का काम इतना आसान नहीं होता, विशेष रूप से 'मुक्त नीड़' जैसी जगहों पर, जो अधिकांश रूप से मित्रों और शुभचिंतकों द्वारा दिए गए चंदे से चलाया जाता है। मुखर्जी कहते हैं, "शुरू में फंड जुटाने में काफी कठिनाई आ रही थी। मुझे बच्चों के लिए भोजन, पढ़ाई, लिखाई का ध्यान भी रखना था। इन सबसे बड़ी बात यह थी कि बच्चे फिल्म बनाने पर आमादा थे। ऐसे काम के लिए चंदे पर्याप्त नहीं हुआ करते, किंतु चूँकि बच्चों द्वारा बनाई इन फिल्मों को अंतरराष्ट्रीय समुदाय ने देखा है, अत: उन्हें तरस आया है। अभी भी सबकुछ ठीक-ठीक नहीं चल रहा, किंतु निश्चित रूप से हम पहले से काफी बेहतर हैं।"

शहीफुल मंडल जैसे बच्चों के लिए, जिसने फिल्म बनाने में एक इतिहास रच डाला है—उसकी अपनी कहानी ही वह फिल्म है, जो दिखाती है कि 'मुक्त नीड़' ने उसके जीवन को कैसे बदल दिया। जब वह मात्र 3 साल का था, तभी उसके पिता की टी.बी. से मौत हो गई। उसने एक खेतिहर मजदूर के रूप में काम शुरू कर दिया। उसकी माँ पर मानसिक उथल-पुथल की समस्याओं का दौर चल

रहा था और वह काम नहीं कर सकती थी—''वे दिन दरअसल बड़े संघर्षपूर्ण थे। बमुश्किल हम दो जून की रोटी जुटा पाते थे।'' जब मुखर्जी के पास वह आया तो उसकी उम्र 6 वर्ष की थी। वह 'मुक्त नीड़' में आ गया। वह कहता है, ''आज जिंदगी बिलकुल बदल गई है। मेरे पास खाने के लिए पर्याप्त है, सोने के लिए अच्छा बिस्तर है। मैं आगे बढ़ना चाहता हूँ और एक फिल्म मेकर बनना चाहता हूँ और अपनी कहानियों को दुनिया को दिखाना चाहता हूँ।''

जब ये बच्चे स्वप्न मामा के पास एकत्र होते हैं तो उनकी हँसी और बातचीत से बेहतर कल बनाने का उनका विश्वास और उनकी आशा दिखाई देती है। शहीफुल ने कक्षा 10 की परीक्षा वर्ष 2010 में उत्तीर्ण की है। उसे आशा है, एक दिन वह एक सफल फिल्म मेकर बनेगा।

नोट : 2008 में 'रियल हीरोज पुरस्कार' के बाद इन बच्चों ने दो और फिल्में बनाई हैं—एक गुलामी के शोषण पर और दूसरी झींगे की खेती के बारे में। 'मुक्त नीड़' में 24 बच्चे हैं। वे फिल्म के अलावा भी बहुत कुछ सीख रहे हैं। उन्हें कला और फेंक दी गई एवं बेकार पड़ी वस्तुओं से सामान बनाना सिखाया जाता है। ❑

इस कहानी का छायांकन त्रिदीप के. मंडल द्वारा सन् 2007 के मानसून के दौरान कोलकाता से करीब 50 किलोमीटर दूर मध्यमग्राम में किया गया।

हनीफ लकड़वाला

अंतर को पाटते हुए

नरोदा पाटिया गुजरात के नक्शे में एक काले धब्बे के रूप में बदनाम रहेगा। अहमदाबाद के रिहायशी इलाके में यह वह जगह थी, जहाँ सन् 2002 में गुजरात में भड़के दंगे का सबसे दर्दनाक मंजर गुजरा था। यहाँ रहनेवाले प्रत्येक परिवार ने अपना अजीज खोया है और उस पीड़ादायी घटना के घाव अभी भरे नहीं हैं और दोनों समुदायों के बीच अलगाव ऐसा लगता है, कभी न भरा जा सकेगा।

इस दर्दनाक हादसे का सर्वाधिक हिंसात्मक प्रभाव मुसलिम समुदाय के लोगों को झेलना पड़ा। इस परिप्रेक्ष्य में पेशे से डॉक्टर और सामाजिक कार्यकर्ता 58 वर्षीय हनीफ लकड़वाला का नाम विशेष रूप से उल्लेखनीय व प्रशंसनीय है। आज आलम यह है कि हिंदू और मुसलिम समुदाय के स्थानीय बच्चे एक ही टीम में क्रिकेट का खेल बड़े जोश के साथ खेलते हैं और इस अथक प्रयास के लिए लकड़वाला निस्संदेह धन्यवाद के पात्र हैं। लकड़वाला स्वयं कहते हैं—"हम चाहते थे कि ऐसे रास्ते निकाले जाएँ, ताकि दंगे के बाद लोगों को एक साथ मंच पर लाया जा सके और उनमें बातचीत का सिलसिला शुरू हो। हमने सन् 2002 के पहले से चली आ रही कुछ परंपराओं पर नजर दौड़ाई, जो तकरीबन घटना के बाद बंद पड़ गई थीं। इन्हीं में से एक परंपरा थी—क्रिकेट खेलने की। हमने महसूस किया कि गली-मुहल्ले में हिंदू और मुसलिम बच्चों द्वारा खेले जानेवाले क्रिकेट को फिर से शुरू किया जा सकता है।

वह सेतु केवल क्रिकेट ही नहीं है, जिसका निर्माण लकड़वाला ने दोनों समुदायों के आपसी रिश्ते की बहाली के लिए किया है। उन्होंने सामुदायिक स्वास्थ्य कार्यक्रम भी इसी क्रम में शुरू किया, जिसका नाम 'संचेतना' है, जो किशोरावस्था की लड़कियों को प्रजनन संबंधी स्वास्थ्य शिक्षा देने के अलावा भी एक बड़ा काम करता है। वे और उनकी टीम के लोग दोनों समुदायों की लड़कियों को एक मंच

पर लाने की कोशिश करते हैं, विशेष रूप से दंगाग्रस्त इलाकों में।

एक मुसलिम लड़की का कहना है कि पहले तो स्थिति यह थी कि हम हिंदू लड़कियों और लड़कों से बातचीत तक भी नहीं करते थे, किंतु अब स्थिति बदल चुकी है। वह बात, जो इस पहल और अभियान को पहले से अधिक प्रभावी व प्रेरणादायक बनाती है, वह यह है कि लकड़वाला की टीम में वे वालंटियर शामिल हैं, जो दंगाग्रस्त क्षेत्र की महिलाएँ हैं। उन्हें सबसे पहले एक ट्रेनिंग कार्यक्रम से गुजरना पड़ता है। उसके बाद वे दोनों समुदाय की महिलाओं के साथ सीधे बातचीत शुरू करती हैं। ये महिलाएँ जनन स्वास्थ्य शिविर का इस्तेमाल एक ऐसे मंच के रूप में करती हैं, जहाँ इस संबंध में बड़े मसलों पर समाधान प्रदान किया जाता है। इसके अलावा दस स्कूलों की किशोरी लड़कियाँ, जो दोनों समुदायों की होती हैं, को इस ज्वलंत मुद्दे के बारे में जागरूक बनाया जाता है, जिसका वास्ता उनसे होता है और उन्हें उनसे निपटने के तौर-तरीकों को भी सिखाया जाता है।

इससे न केवल उनकी सोच में बल्कि तमाम औरतों के जीवन में भी बदलाव आया है। एक स्वयंसेवक का कहना है—"मुझे इस बात की चिंता नहीं रहती कि कोई हिंदू है या मुसलिम। मैं दोनों को एक ही मानता हूँ।" समुदायों में इस तरह की सोच धीरे-धीरे बहाल की जा रही है। इसके लिए लकड़वाला और उनके सहयोगी धन्यवाद के पात्र हैं। परचों और भाषण देने के अलावा वे दूसरे नए तरीकों का प्रयोग कर रहे हैं, जिनसे दोनों समुदायों में धैर्य और सतत प्रयास के माध्यम से बेहतर संबंध विकसित करने का प्रयास किया जाता है, जैसा कि वे बताते हैं—"सन् 2002 से पहले मैं स्थानीय लोगों में एक डॉक्टर और सामाजिक कार्यकर्ता के रूप में जाना जाता था, किंतु उससे पहले लोग मुझे मुसलिम के रूप में देखते थे। इससे अकसर समस्या पैदा होती थी और मुझे प्रायः यह हिदायत दी जाती थी कि मैं नरोदा पाटिया में डॉक्टरी करना बंद कर दूँ, किंतु मैं अपने काम में लगा रहा और कुछ वर्षों के बाद मैंने पाया कि वही लोग, जो मुझे काम करने के रोक रहे थे, मुझे आमंत्रित करने लगे कि मैं आऊँ और उनकी मदद करूँ; क्योंकि जो काम हम कर रहे थे, उसे उन्होंने देखा था।" उनकी इस प्रतिबद्धता से दोनों समुदायों के घावों को भरा जा सका है, किंतु अभी लड़ाई पूरे तौर पर जीते जाने के करीब नहीं है। उनका वादा है कि जब तक अहमदाबाद में हिंदुओं और मुसलिमों के बीच मतभेद पूरी तरह से दूर नहीं हो जाते, वे काम करते रहेंगे। यह देश के लिए एक अनुकरणीय उदाहरण है।

नोट : 2008 में समाज कल्याण श्रेणी में 'रियल हीरोज पुरस्कार' के बाद

लकड़वाला ने समुदाय आधारित संगठन 'संघर्ष' और 'एकता समिति' की स्थापना की है, जिसमें दोनों समुदायों की औरतें काम करती हैं। यहाँ उन्हें समुदाय स्वास्थ्य संबंधी कार्यों में प्रशिक्षण दिया जाता है तथा यह भी सिखाया जाता है कि आधारभूत सुविधाओं की कमी का समाधान कैसे किया जाए। आर.टी.आई. की ताकत के बारे में जागरूकता और उन्हें कैसे दायर करें, यह भी सिखाया जाता है। अहमदाबाद के 40 स्लम पॉकेटों में 300 से अधिक औरतें इस परियोजना का हिस्सा हैं और वे लगभग 3 लाख की आबादी का ध्यान रखती हैं। इस पुरस्कार की अधिकांश राशि का इस्तेमाल समुदाय विकास कार्यकर्ताओं को प्रशिक्षित करने पर किया गया।

❑

इस शांति के दूत के संबंध में कहानी जून 2007 में नूपुर तिवारी द्वारा शूट की गई थी।

हरेकाला हजब्बा

त्याग का फल

न्यूपादुपु कर्नाटक के उन तमाम गाँवों में से एक है, जहाँ विकास की किरण अभी तक नहीं पहुँची है। महिलाएँ बीड़ी बेचती हैं और उन्हें स्थानीय वितरकों व दुकानदारों को सप्लाई करती हैं। पुरुष अधिकतर ठेके के मजदूर होते हैं अथवा गली-गली घूमकर बेचनेवाले, जिनका कारोबार मंगलौर शहर के इर्द-गिर्द चलता है। यह इस गाँव का सदियों से चला आ रहा पेशा है और आनेवाली हरेक पीढ़ी उसी पेशे को अपना लेती है। बच्चे बहुत कम उम्र से ही इस काम में लग जाते हैं और कोई भी बच्चा विद्यालय जाने की बात तक नहीं सोच पाता। जो भी हो, दस साल पहले न्यूपादुपु की सदियों से चली आ रही चुप्पी बड़े नाटकीय ढंग से टूटी। बच्चों को अपने माता-पिता के पेशे और कारोबार से कोई मतलब नहीं रह गया। अब उनके सिर पर कोई भार है तो वह है सिर्फ स्कूल बैग का भार। इस परिवर्तन का श्रेय एक अनपढ़, स्थानीय फल विक्रेता हरेकाला हजब्बा को जाता है, जिनकी प्रेरणा से इस अजीबो-गरीब, लुभावनी सामाजिक क्रांति का उदय हुआ।

हजब्बा बचपन से नारंगियाँ और संतरे बेचा करते थे। वे पढ़े-लिखे नहीं थे और उन्हें यह भी पता नहीं था कि कन्नड़ में बोलते कैसे हैं। उन्हें केवल स्थानीय बोली 'बेहरी' आती थी।

भाषागत इस कठिनाई के बावजूद उन्होंने गाँव के बच्चों को बीड़ी बनाने के इस गंदे काम से बाहर निकालने और बेहतर जीवन देने का निर्णय लिया। अपने उद्देश्य के प्रति प्रतिबद्ध होकर उन्होंने अपनी कमाई का कुछ हिस्सा बचाना शुरू किया। 10 साल पहले 25 किलोमीटर दूर मंगलौर में संतरे बेचकर उन्हें 60-70 रुपए रोज की कमाई हो जाती थी। उन्हें कामयाब होने में 2 वर्ष का समय लगा और अपना निजी त्याग करना पड़ा। उन्हें तीन बच्चों से भरे परिवार का भरण-पोषण करना था और इसी में से एक छोटे मदरसे के लिए भी बचत करनी थी। मदरसे में

शुरू में 28 बच्चे आए, किंतु हजब्बा का सपना था कि उनके गाँव के हरेक बच्चे को शिक्षा का अवसर मिले। यह एक बड़ा सपना था। उन्होंने जिला कलेक्टर से संपर्क किया, जिन्होंने स्कूल खोलने के लिए इस शर्त पर जमीन दी कि इस पर भवन बनवाने की जिम्मेदारी हजब्बा की होगी। पूरे दम-खम के साथ हजब्बा इस काम में लग गए। वे कहते हैं—अपनी बचत के अलावा जो भी मिलता था उनसे विद्यालय के लिए दान देने की प्रार्थना करता था। जितने भी लोगों को मैं संतरे बेचता था, उन सबसे मैं दान देने को कहता। वे अकसर बात को नजरअंदाज कर देते अथवा मुझ पर हँसते थे, किंतु उन्हीं में से कुछ दान देने के लिए तैयार भी होते थे।

आठ साल बाद स्कूल तो खड़ा हो चुका है, किंतु हजब्बा को अपनी बचत में से धन निकालकर दान को पूरा करना पड़ता है। यह बहुत बड़ा काम था और अधिकांश लोग बीच में ही इसे छोड़ देते, किंतु हर एक बच्चे को स्कूल में देखने की उनकी दृढ़ प्रतिज्ञा और निश्चय उन्हें निरंतर आगे बढ़ने की प्रेरणा दे रहा था।

धन की परिभाषा की दृष्टि से वे अब भी बहुत गरीब आदमी हैं, किंतु समूचे गाँव की कृतज्ञता एवं उनकी उपलब्धियाँ उन्हें किसी पूँजीपति से कदापि कमतर नहीं रहने देतीं।

स्कूल अब बन चुका है और चल रहा है। उसका निर्माण पक्का है और कई कक्षाएँ हैं तथा खेल का एक मैदान भी है। यह वास्तविकता कि वे अब भी फल बेचते हैं, जो उनकी महत्त्वाकांक्षा को कम नहीं करती। आज गाँव का हरेक बच्चा स्कूल जाता है, उनकी अपनी बेटी भी। इसके लिए इस छोटे से फल विक्रेता को श्रेय जाता है। जैसा कि वे कहते हैं, ''यद्यपि मैं एक गरीब आदमी हूँ, परंतु यह स्कूल मेरे लिए महत्त्वपूर्ण है। मेरी यह प्रबल इच्छा थी कि मेरे गाँव का हरेक बच्चा स्कूल जाए। मैंने अपनी आमदनी में से जो कुछ भी बचाया है, सब इसी स्कूल में जाता है। गाँव के बच्चों के लिए, यह एक ऐसी दुनिया, जहाँ पहुँच पाना संभव होगा, जो उन्होंने सपने में भी नहीं सोचा होगा। नजीर, हजब्बा के स्कूल के एक छात्र का कहना है—''मैं नौवीं कक्षा में पढ़ रहा हूँ। हजब्बा मुझे मदरसे ले आए, जब मैं एक छोटा सा बच्चा था। यदि मैं पढ़ता नहीं तो अपने पिता की तरह एक कुली होता।'

प्रत्येक दिन धोती-कुरता पहनकर हजब्बा स्कूल पहुँच जाते हैं। उन्हें देखकर इस स्कूल के संस्थापक का नहीं बल्कि एक चपरासी होने का भ्रम होता है। इस दुबले-पतले से आदमी के लिए यह बड़ा संघर्षपूर्ण जीवन था। वे अब पचास के पार हैं। उनके अपने जीवन में भी बड़ा बदलाव आ चुका है। अब भी उन्हें समय

पर खाना नहीं मिलता और वे अपने संतरे बेचने के लिए मीलों चलते चले जाते हैं। किंतु जो चीज सबसे अधिक प्रेरणा प्रदान करती है, वह है उनकी दिनचर्या। वे छात्रों और अध्यापकों के आने से एक घंटा पहले स्कूल पहुँच जाते हैं और स्कूल में झाड़ू लगाने तथा सफाई का काम शुरू कर देते हैं। उस छोटे से प्ले ग्राउंड में वे चारों तरफ पानी छिड़कते हैं, ताकि बच्चों की यूनिफॉर्म में धूल न लग जाए। अंत में शहर में फल बाजार के लिए प्रस्थान करने से पहले वे शौचालयों को साफ करते हैं। ''मैं पढ़-लिख नहीं सकता। इसलिए यही एक रास्ता है कि मैं छात्रों को पढ़ने के लिए मदद कर सकता हूँ और स्कूल के लिए कुछ कर सकता हूँ।''

वे बहुत ही मितव्ययी इनसान हैं, जिन्हें इतना कुछ हासिल होने के बाद भी घमंड नहीं है। उन्हें इस बात का बिलकुल भी दुःख नहीं है। उन्होंने अपने अथवा अपने परिवार के लिए कुछ खास नहीं किया। सच कहें तो दूसरे लोग उनकी मेहनत का फायदा उठा रहे हैं और इस आदमी के लिए संतोष का यही सबसे बड़ा कारण है। अब उनके मन में न्यूपादुपु के बच्चों के लिए एक दूसरा सपना है, उनके लिए एक कॉलेज की स्थापना कराना, ताकि उन्हें बेहतर नौकरी और बेहतर जीवन नसीब हो सके। वे जिस किसी से मिलते हैं, हाथ जोड़कर यही प्रार्थना करते हैं— ''प्रार्थना है कि आप कुछ मदद करें, ताकि ये बच्चे अच्छी तरह पढ़ लें और बड़े आदमी बने।'' यह उनका नया मंत्र बन चुका है। स्कूल में दीवार पर उन लोगों के नाम लिखे हैं, जिन्होंने स्कूल निर्माण में सहायता प्रदान की है। उस सूची में उनका नाम कहीं भी नहीं है। यह एक अनुचित बात लगती है, परंतु न्यूपादुपु का यह फल विक्रेता से इसे लेकर बिलकुल भी चिंतित नहीं है। उनका पुरस्कार तो स्कूली बच्चों के खुशहाल चेहरों पर तब दिखता है जब स्कूल खत्म होने के बाद ये बच्चे उन्हें चारों ओर से घेर लेते हैं। उन्होंने उन्हें आगे देखने का रास्ता दिखा दिया है।

नोट : वर्ष 2009 में 'रियल हीरोज पुरस्कार' के भाग के रूप में अर्जित धन से उन्होंने स्कूल के लिए एक नए **प्लेग्रा**उंड का निर्माण कराया। 400 छात्रों के साथ न्यूपादुपु का हाई स्कूल विकास कर रहा है और हजब्बा कॉलेज बनाने के अपने सपने को पूरा करने के प्रयास में लगे हुए हैं।

❑

हजब्बा में सादगी और ईमानदारी के गुण जन्मजात हैं, जिसे सी.एन.एन.—आई.बी.एन. के संवाददाता विक्रम वेंकटेश्वरम ने बड़ी खूबसूरती से फिल्माया है। इसकी शूटिंग मंगलौर के पास न्यूपादुपु गाँव में दिसंबर 2008 में की गई।

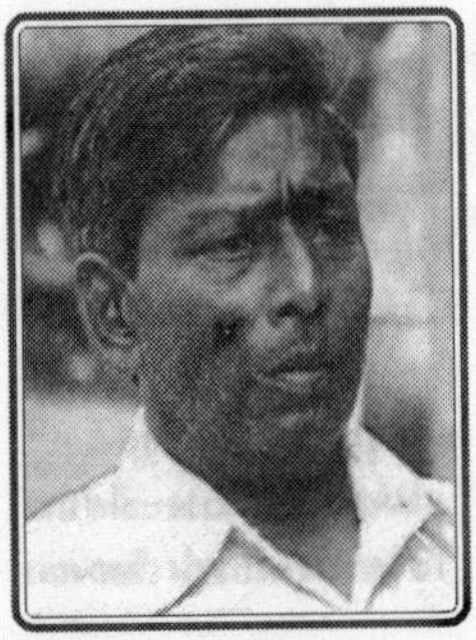

हेमंत पटेल

दिल में प्यार लिये हुए

किसी बड़ी मानवीय त्रासदी के होने पर आमतौर पर लोगों के लिए दया और सेवा के कार्यों के मायने तभी तक बने रहते हैं, जब तक वारदात शांत नहीं हुई होती। कई लोगों के लिए यह दिल में गहरी पैठी प्रतिस्पर्धा की ऐसी भावना प्रज्वलित करती है, जिसकी आग जीवन भर जलती रहती है। अहमदाबाद के रहनेवाले हेमंत पटेल के अनुभव से इसी बात की पुष्टि होती है। वर्ष 2002 में भारतीय इतिहास के काले पन्नों में गुजरात में गोधरा में दंगों की आग भड़क गई। लोगों की भीड़ एक-दूसरे के खून की प्यासी हो गई। हजारों लोगों की जानें गईं तथा लगभग 70,000 से अधिक लोग अपने घरों से पलायन कर गए। आपा-धापी और त्रासदी की इस घटना से एक छोटे से केटरर पटेल को अपने आस-पास के लोगों को देखकर बहुत दुःख हुआ। उन्होंने कुछ दोस्तों को इकट्ठा किया, अपनी खानपान की दुकान से कुछ खाना लाए और तनाव एव दंगाग्रस्त इलाकों की गलियों से होते हुए वी.एस. अस्पताल पहुँच गए। अगले कुछ दिनों के दौरान जब अहमदाबाद जल रहा था तो पटेल हादसे में मारे गए लोगों व घायलों के सगे-संबंधियों को खाने के पैकेट बाँट रहे थे। उनसे पूछने पर वे बताते हैं, ‘‘हम सभी लोग सुबह भूखे पेट उठते हैं, किंतु भगवान् ने मुझे यह आदेश दिया है कि मैं देखूँ कि रात को लोग बिना खाना खाए सोने न चले जाएँ।’’

हो सकता है कि इस मानवतावादी विचार के भीतर उनका धार्मिक विश्वास रहा हो, किंतु उन खून-खराबे के दिनों के दौरान कुछ बात थी, जो उनके दिल को गहराई से छू गई। आज सांप्रदायिक दंगा घटित होने के आठ साल बाद जरूरतमंद लोगों को भोजन मुहैया कराना उनके जीवन का लक्ष्य बन चुका है। वे उस दिन से रोज लगभग 300 लोगों को भोजन करा रहे हैं। ‘‘आप देखते हैं,

गरीबों को खाना खिलाने के वास्ते कोई भी आदमी पैसा दे सकता है और अपने घर में आराम से रहते हुए व्यक्ति सामाजिक सेवा करने का दावा कर सकता है, किंतु कोई आदमी समय निकालकर हजारों भूखे लोगों के लिए बढ़िया खाना बनाकर नहीं दे सकता। हर कोई कह सकता है, किंतु करछुल लेकर वास्तव में काम करना सबके बस की बात नहीं है।'' वे कहते हैं।

यही काम वे वर्ष में पूरे 365 दिन करते हैं। अहमदाबाद के एलिस ब्रिज इलाके में स्थित उनका पुराना दो मंजिला घर उनके 'फीड द हंग्री' अभियान के लिए काम करने का मुख्यालय बन चुका है। इस घर का बड़ा आँगन सामुदायिक रसोईघर का काम करता है, जहाँ मददगार लोग सब्जियों के बड़े-बड़े ढेरों की सफाई कर रहे होते हैं, उन्हें छील रहे होते और काट रहे होते हैं, जबकि दूसरे लोग आटा गूँध रहे होते हैं। पटेल पालथी मारकर बीच में बैठे होते हैं और पूरियाँ बेल रहे होते हैं और लोहे की बड़ी कड़ाही में गरम तेल में उन्हें छान रहे होते हैं।

क्या इस तरह के शरीर को थकानेवाले काम से उन्हें थकान नहीं होती? पटेल अपने सिर से पसीना पोंछते हुए कहते हैं, ''इसमें कोई दो राय नहीं है कि रोज लगभग 300 लोग के लिए खाना पकाना बहुत ही कठिन और थकानेवाला काम है; किंतु मैं इसे कर लेता हूँ, क्योंकि इससे मुझे रात को बड़े संतोष के साथ नींद आती है कि दूसरे लोग खाली पेट नहीं सो रहे हैं।''

मात्र दो घंटे के समय में पटेल और उनके पाँच सहयोगी पूरियों से भरी टोकरी और मिलोनी सब्जी तैयार कर लेते हैं जो 300 गरीब और भूखे लोगों की भूख मिटाएगी। उन्हें कुछ अलग से भी मिलता है, कुछ मीठा-मीठा। आज खीर है।

हर रोज शाम को 3 बजे भोजन से भरे कंटेनर लेकर पटेल के घर से एक वैन निकलती है। पहला स्टॉप वाशन की झुग्गी-झोंपड़ी होती है, जहाँ परित्यक्त बच्चे सड़क के किनारे खेल रहे होते हैं यहाँ स्लम के शुरू में ही इनके माँ-बाप हाथ में खाली कटोरे लेकर इंतजार कर रहे होते हैं। उन्हें मालूम है कि पटेल की वैन उनके और उनके बच्चों के लिए गरम खाना लेकर समय पर पहुँच जाएगी। यह बड़े आश्चर्य की बात है कि कोई हल्ला-गुल्ला या धक्का-मुक्की नहीं होती। जब पटेल खाना बाँटना शुरू करते हैं तो उनमें से हरेक लाइन में खड़ा हो जाता है। हालाँकि यह बहुत जायकेदार और जबरदस्त खाना नहीं होता, किंतु इस झुग्गी-झोंपड़ी के अधिकांश बच्चों के लिए यह एकमात्र इतना अच्छा खाना है,

जो उन्हें मयस्सर हो सकता है। वे कहते हैं, ''मैं बहुत अधिक नहीं कर सकता, किंतु इस खाने से उनके चेहरों पर खुशी आ जाती है।''

अगला स्टॉप वह जगह है, जहाँ से इस पुनीत काम की शुरुआत हुई—वी.एस. अस्पताल। यह एक सरकारी अस्पताल है, जहाँ उपचार या तो मुफ्त या नाममात्र की फीस पर किया जाता है, किंतु खाना मुफ्त नहीं होता। ढेरों गरीब रोगी और उनके रिश्तेदार अस्पताल के खाने का खर्च नहीं उठा पाते, क्योंकि उनके पास तो दवाई खरीदने भर का पैसा नहीं होता है। उनके लिए पटेल की वैन का दिखाई देना, दिन का सबसे सुखद क्षण होता है। हरेक को एक स्पेशल कार्ड दिया गया है। ''इन कार्डों को रोगियों के रिश्तेदारों को दिया गया है ताकि उन्हें पहचाना जा सके। हम चाहते हैं कि केवल जरूरतमंदों को ही मुफ्त खाना मिले।'' पटेल कहते हैं कि जब रोगी को अस्पताल से छुट्टी मिल जाती है तो वह कार्ड वापस कर देता है।

इस सेवादारी में भी पैसा खर्च होता है। पटेल प्रत्येक महीने लगभग 60,000 रुपए खर्च करते हैं। वे अपना पैसा भी लगाते हैं; किंतु अधिकांश पैसा दान से आता है, महीने के महीने। वे थोड़े समय अपने कैटरिंग कारोबार से भी पैसा कमाते हैं तथा गरबा और इसी तरह के कार्यक्रमों के आयोजन द्वारा भी उन्हें थोड़ी-बहुत कमाई हो जाती है। वर्ष में दो बार वे मेंटल हॉस्पीटल से रोगियों को लेकर अंबाजी मंदिर की धार्मिक यात्रा पर जाते हैं।

पटेल के इस काम की दिल को सबसे अधिक तसल्ली देनेवाली बात यह है कि यहाँ हरेक को एक समान समझ जाता है बिना किसी धर्म, जाति के जैसा कि पटेल कहते हैं, 'भूख का कोई धरम नहीं होता'। अस्पताल के बाहर लाइन में रईस खड़े हैं, जो अपनी बीवी के इलाज के लिए कच्छ के रन से चलकर आए हैं। वे अपनी प्लेट लेते हुए हाथ जोड़कर पटेल को धन्यवाद देते हैं। ''हमारे जैसे लोगों के लिए जो बाहर से आए हैं और अहमदाबाद में किसी को नहीं जानते, हेमंत भाई एकमात्र सहारा हैं। हर रोज शाम को मुझे और मेरे परिवार को बढ़िया खाना मिलता है। इसके लिए वे धन्यवाद के पात्र हैं।'' रईस कहते हैं, ''अल्लाह उन्हें बरकत दे।''

घर लौटते समय पटेल अपने पड़ोस में स्थित एक मंदिर के पास रुकते हैं और वहाँ प्रार्थना करते हैं। वे कहते हैं, ''यह मेरा रोज का काम है। मैं बहुत ही धार्मिक आदमी हूँ। मेरा मानना है कि मानव की सेवा ही भगवान् की सेवा है।''

नोट : वर्ष 2009 में 'रियल हीरोज पुरस्कार' प्राप्ति के बाद से हेमंत भाई ने 200 गरीब बच्चों के लिए पुस्तक वितरण परियोजना शुरू की है और मानसिक रोग अस्पताल के रोगियों के रिश्तेदारों को दिन में दो बार भोजन देना शुरू किया है। उन्होंने अहमदाबाद में एलिस ब्रिज थाने के पास 24 घंटे पेयजल की सुविधा भी लगाई है।

❑

दूसरे रियल हीरोज से उलट हेमंत पटेल के पास कहने के लिए कोई आधारभूत कहानी नहीं है। त्रिदीप के. मंडल ने उनके प्रयासों को कमतर आँके बिना उनकी कहानी को कहने का उल्लेखनीय काम किया है। इस कहानी की शूटिंग जनवरी 2009 में की गई।

रिलायंस इंडस्ट्रीज लिमिटेड

रिलायंस समूह निजी क्षेत्र का भारत का सबसे बड़ा उद्यमी समूह है, जिसका ऊर्जा और सामग्री मूल्य शृंखला में कारोबार है तथा जिनका वार्षिक राजस्व 58 बिलियन अमेरिकी डॉलर से अधिक है। रिलायंस इंडस्ट्रीज लिमिटेड के बैनर तले यह कंपनी एक फॉर्च्यून ग्लोबल 500 कंपनी है और देश की सबसे बड़ी निजी क्षेत्र की कंपनी है।

1970 के दशक के अंत में वस्त्र उद्योग से कारोबार शुरू करते हुए रिलायंस ने पश्चगामी समेकन की रणनीति का पॉलिस्टर, फाइबर, प्लास्टिक विज्ञान, पेट्रो-रसायन, पेट्रोलियम संसाधन और तेल एवं गैस अन्वेषण तथा उत्पादन आंरभ किया, ताकि माल और ऊर्जा मूल्य शृंखला के साथ उन्हें पूर्ण रूप से समेकित किया जा सके।

इस समूह के कार्य-कलापों में तेल व गैस का अन्वेषण और उत्पादन, पेट्रोलियम संसाधन एवं विपणन, पेट्रो केमिकल (पॉलिस्टर, फाइबर, प्लास्टिक एवं रसायनों), वस्त्र उद्योग, खुदरा और विशेष आर्थिक क्षेत्रों का काम शामिल है।

विश्व के सबसे बड़े पॉलिस्टर धागा और फाइबर उत्पादक होने के कारण रिलायंस को वैश्विक नेतृत्व का दर्जा प्राप्त है और यह प्रमुख पेट्रो केमिकलों के दस प्रमुख उत्पादकों में पाँचवाँ है।

सितंबर 2008 में अपने अस्तित्व के सिर्फ दो वर्ष पश्चात् ही रिलायंस इंडस्ट्रीज लिमिटेड ने भारत के पूर्वी समुद्रतट पर इसके KG-D6 ब्लॉक में उत्पादन शुरू किया जिसमें 420 ए.पी.आई. का कच्चा तेल पैदा हुआ। इस प्रकार यह विश्व की सबसे तेजी से विकसित हो रही हरित-क्षेत्र परियोजना बन गई। अप्रैल 2009 में रिलायंस ने भारत में पहली बार डीप वाटर प्रॉडक्शन फैसिलिटी द्वारा जहाँ गहरे समुद्र से तेल निकाला जाता है, गैस उत्पादन शुरू किया, जिसकी वजह से उर्वरक और विद्युत् जैसे मूल सेक्टरों पर काफी प्रभाव पड़ा और इस प्रकार विदेशी मुद्रा व

आर्थिक सहायता के भार में कमी आई। इस समय रिलायंस देश का सबसे बड़ा गैस उत्पादक है। 5,80,000 बैरल तेल प्रतिदिन उत्पादन क्षमता की रिफाइनरी शुरू करने के बाद रिलायंस पेट्रोलियम लिमिटेड विश्व की छठी सबसे बड़ी रिफाइनरी बन गई है और यह दुनिया की सर्वाधिक जटिल रिफाइनरियों में से एक है।

रिलायंस में भरपूर कोशिश की जाती है, ताकि बेहतर भविष्य के लिए क्रांतिकारी बदलाव लाया जा सके। हम लोगों का यह भरसक प्रयास है कि हरेक दिन को मोड़ बिंदु बनाया जा सके, जिसमें भविष्य की दिशा पुन: परिभाषित हो, फिर चाहे वह क्षेत्र उद्यम का हो या प्रौद्योगिकी का या फिर कॉरपोरेट सोशल रिसपोंसिबिलिटी का।

रिलायंस-कॉरपोरेट सोशल रिसपोंसिबिलिटी (सी.एस.आर.) को अपने कॉरपोरेट फ्रेम वर्क का ही एक अभिन्न हिस्सा समझता है। सी.एस.आर. की गतिविधियाँ अनेक आंतरिक और बाध्य क्षेत्रों में जुड़ी होती है, जिसमें शिक्षा, स्वास्थ्य, ग्रामीण आधारभूत विकास, आजीविका सहायता प्रशिक्षण, पर्यावरण और खेलों तथा खिलाड़ियों को प्रोत्साहित करना शामिल है।

शिक्षा और स्वास्थ्य दो ऐसे क्षेत्र हैं, जहाँ रिलायंस का सरकारी और गैर-सरकारी संस्थाओं के साथ सार्वजनिक-निजी सहभागिता से घनिष्ठ सरोकार है। एच.आई.वी. के बारे में जागरूकता तथा रोकथाम, टी.बी. उन्मूलन, दृष्टि—नेशनल एसोसिएशन ऑफ ब्लाइंड के साथ समाज के दलित वर्ग के दृष्टिहीन लोगों की जिंदगियों में रोशनी फैलाने के देश-भर में चलाए जा रहे अभियान ऐसी कुछ पहलें हैं, जिनमें रिलायंस ने बढ़-चढ़कर भाग दिया है।

यह संज्ञान में लेते हुए कि सतत और समेकित विकास करना देश की हरेक संस्था का परम कर्तव्य है, रिलायंस ने नवंबर 2009 में रिलायंस फाउंडेशन के निर्माण की घोषणा की। इस प्रतिष्ठान की स्थापना इस उद्देश्य से की गई है कि यह विश्व का अग्रणी पेशेवर उदारवादी संगठन बनेगा। 'रिलायंस फाउंडेशन' ऐसे विशेष कार्यक्रमों और परियोजनाओं का विकास करेगा, जिनके माध्यम से आज भारत के सामने खड़ी कुछ विकट चुनौतियों का समाधान पाया जा सकेगा।

रिलायंस फाउंडेशन के अंतर्गत रिलायंस एक आधुनिक विश्व स्तरीय निजी विश्वविद्यालय की स्थापना कर रहा है, जिससे विज्ञान एवं प्रौद्योगिकी से लेकर लिबरल आर्ट के क्षेत्रों तक ज्ञान के सभी क्षेत्रों में शिक्षा एवं अनुसंधान को बढ़ावा मिलेगा यह निजी विश्वविद्यालय विश्व भर के प्रतिष्ठित विश्वविद्यालयों में भागीदारी की कोशिश करेगा और अंतरराष्ट्रीय स्तर का होगा।

रिलायंस समूह मुंबई इंडियंस का आभारी है, जो इंडियन प्रीमियर लीग के सर्वाधिक समर्पित फ्रेंचाइजी हैं। मुंबई इंडियंस सबके लिए शिक्षा अभियान का समर्थन कर रहा है और इसके 'मुंबई इंडियंस रिस्ट बैंड' के माध्यम से सहायता जुटा रहा है। मुंबई इंडियंस–आकांक्षा, प्रथम, टीच फॉर इंडिया, उम्मीद और नन्ही कली जैसे भागीदारों के साथ संबद्ध है, जिन्होंने राष्ट्रीय जागरूकता फैलाने और प्रभाव डालने के उद्देश्य से शिक्षा के क्षेत्र में अद्वितीय कार्य किया है।

IMG. रिलायंस प्राइवेट लिमिटेड IMG और RIL के बीच समान संयुक्त उद्यम है, ने अखिल भारतीय फुटबॉल संघ और बास्केटबॉल फेडरेशन ऑफ इंडिया के साथ भी भागीदारी की है। इन सहभागिताओं के माध्यम से IMG भारतीय खेल परिदृश्य में क्रांति लाने के लिए कृत–संकल्प है, जो इन फेडरेशनों के साथ मिलकर काम करेगा, ताकि ग्रास रूट लेवल से पेशेवर लेवेल तक भागीदारी करते हुए भारत में खेलों के स्तर में सुधार लाया जा सके। IMGR ने IGM रिलायंस स्कॉलरशिप फॉर इंडिया की पहल की है, ताकि भारत में युवा एथलीटों की पहचान की जा सके और उन्हें प्रशिक्षित किया जा सके। रिलायंस स्कॉलर्स का पहला बैच एकेडेमिक्स, ब्रेडेंटन, फ्लोरिडा में प्रशिक्षण प्राप्त कर रहा है।

रिलायंस इंडस्ट्रीज लिमिटेड को इस बात का गर्व है कि यह सी.एन.एन.-आई.बी.एन. की रियल हीरोज पहल से लगातार तीन वर्षों से जुड़ा हुआ है। ये असली नायक निजी उन्नति की सीमा रेखा से बहुत ऊपर जा चुके हैं और इन्होंने समाज व देश की जो असाधारण सेवा की है, इसे भारत में किया जा सकता है; और जो भारत के लिए अच्छा है, वही RIL के लिए भी अच्छा है।

❑

C.N.N., I.B.N & TV 18

सी. एन.एन.-आई.बी.एन. नेटवर्क 18 की एक कंपनी है जो भारत का एक अग्रणी मीडिया समूह है तथा टाइम वार्नर इंसर्सन विश्व की एक अग्रणी मनोरंजक मीडिया कंपनी है। सी.एन.एन. और आई.बी.एन. भारत का अंग्रेजी समाचार चैनल है और यह भारत के लिए विश्व का झरोखा तथा विश्व के लिए भारत का झरोखा है। यह चैनल आज देश का सर्वाधिक सम्मानित और भरोसेमंद समाचार एवं सूचना चैनल है। सी.एन.एन. और आई.बी.एन. वैचारिक नेतृत्व प्रदानकर्ता रहा है और इसने अनेक अग्रणी पहलें भी की हैं जिनमें सी.एन.एन. और आई.बी.एन. इंडियन ऑफ दि ईयर, रियल हीरोज, नागरिक पत्रकार पुरस्कार, युवा भारतीय नेतागण, देश का द्विवार्षिक पोल स्टेट और सिटीजन फॉर अर्थ आदि शामिल हैं।

दिसंबर 2005 में इसकी स्थापना होने के बाद से यह चैनल हर दिन तकरीबन 3 करोड़ परिवारों से जुड़ता है और देश भर के प्रबुद्ध एवं विचारवान अंग्रेजी समाचार श्रोताओं की समाचार आवश्यकताओं को पूरा कर रहा है। सी.एन.एन. और आई.बी.एन. ग्राउंड जीरो से घटनास्थल की बेबाक रिपोर्ट देने में हमेशा अग्रणी रहा है तथा ब्रेकिंग न्यूज देने तथा राष्ट्रीय महत्त्व के विषयों पर गहन एवं विस्तार से विशेषज्ञ विश्लेषण एवं वाद-विवाद करने के साथ-साथ प्रभावशाली पत्रकारिता में यह चैनल वास्तव में अपने ब्रैंड को मूर्त रूप दे रहा है और चाहे जो भी कीमत चुकानी पड़े, हर हालत में समाचार देता है। देश के नागरिकों में सिटिजन जर्नलिज्म की पहल के साथ समेकित पत्रकारिता की अवधारणा शुरू करने में प्रथम रहा, जिससे आम आदमी को पत्रकारिता की विशेषताओं का अधिकार प्रदान किया गया है और जिसने अन्याय के खिलाफ लड़ने के लिए देश के नागरिकों को एक अद्वितीय मंच प्रदान किया है।

सी.एन.एन. और आई.बी.एन. की विशिष्ट दर्शन व आइज ऑफ जर्नलिज्म

से यह सुनिश्चित होता है कि इसके द्वारा दिया गया समाचार दृष्टिपरक, अन्वेषणात्मक, सूचनापरक, स्वतंत्र, प्रभावशाली, परस्पर आश्रित, समेकित, तात्कालिक तथा नवोन्मेषी प्रकृति का होता है। सी.एन.एन. और आई.बी.एन. ने बहुत थोड़े समय में भारतीय समाचार जगत् में अपना स्थान बना लिया और पत्रकारिता के नए मानदंड निर्धारित किए हैं।

सी.एन.एन. और आई.बी.एन. की संपादकीय टीम की अगुआई देश के सर्वाधिक चर्चित एवं विश्वसनीय अग्रणी व्यक्ति के हाथ में हैं, जो टेलीविजन पत्रकारिता में अग्रणी हैं अर्थात् पद्मश्री राजदीप सरदेसाई। देश-विदेश के समर्पित रिपोर्टरों के समूह द्वारा समर्पित तथा अत्याधुनिक संसाधनों से संपन्न यह चैनल अंतरराष्ट्रीय गुणवत्ता के समाचार देता है।

इस चैनल ने टेलीविजन के क्षेत्र से आगे बढ़ते हुए इंटरनेट, मोबाइल और वॉइस जैसे विभिन्न मीडिया माध्यम से अपने दर्शकों तक पहुँच बना ली है। चैनल का समाचार पोर्टल इंटरनेट की दुनिया के समाचार देता है।

अपनी स्थापना से लेकर आज तक सी.एन.एन.-आई.बी.एन. ने कई बार सर्वोत्तम अंग्रेजी समाचार चैनल का पुरस्कार जीता है तथा इंडियन टेलीविजन एकेडमी अवाड्र्स ('07, '08, '10 तथा '11), न्यू टेलीविजन अवाड्र्स, इंडियन टेली अवार्ड और एशिया ब्रैड कांग्रेस अवॉड्र्स जीते हैं। सी.एन.एन. और आई.बी.एन. ने आम चुनाव 2009 के दौरान लगातार दिन में वोटों की गिनती की कवरेज के लिए सर्वोत्तम समाचार कार्यक्रम की श्रेणी में प्रतिष्ठित एशियन टेलीविजन पुरस्कार भी जीता है। इस चैनल को एशियन टेलीविजन पुरस्कार वितरण के दौरान वर्ष 2010 का सर्वाधिक सम्मानित सी. ऐंड एस. चैनल भी चुना गया था।

❑❑❑